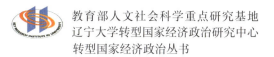

教育部人文社会科学重点研究基地
辽宁大学转型国家经济政治研究中心
转型国家经济政治丛书

REGIONAL INTEGRATION OF
THE COMMONWEALTH OF
INDEPENDENT STATES:
PATH AND PROGRESS

独联体
区域一体化

路 径 与 进 展

肖 影／著

社会科学文献出版社
SOCIAL SCIENCES ACADEMIC PRESS (CHINA)

摘　要

　　冷战结束，原计划经济国家的市场化转型开启了经济全球化的新时代。全球化引发的世界政治经济格局变化给原苏联国家政治经济发展带来巨大冲击，同时也使其获得了新的国际角色和发展机遇。2008年金融危机后，国际格局加速调整，各主要力量的博弈变得更加激烈与复杂。区域一体化成为世界各国尤其是大国参与国际竞争、确立区域影响力的主要手段。各种 FTA 谈判的推进以及 TPP、TTIP 等一体化进程的发展大行其道。在这一背景下，原苏联地区从紧密的联邦主义一体化层面走向分离化和区域合作碎片化的大趋势也在发生逆转。非同质国家的经济政治竞争驱使同质国家重新走向超级区域一体化这一潮流在独联体地区也呈现出新的趋势。普京第三次就任总统之后，继续强调推进独联体区域一体化。新独联体自由贸易区运行，俄、白、哈三国建立关税同盟，2015 年 1 月 1 日启动欧亚经济联盟的建设，乌克兰危机后俄罗斯面临的战略困境和"向东看"战略的实施等，都是独联体区域格局发生的新现象。那么，独联体区域一体化是否已经有了显著的进展？其前景如何？在国际格局剧烈变化背景下开始的独联体区域一体化遵循什么样的发展路径？这些问题都有待研究。

　　独联体地区是国际政治经济格局的重要一极，是决定国际政治经济格局变动的重要因素。同时，独联体区域一体化的发展方向与合作方式，也将对中国的国际环境、外交战略和区域合作选择产生重大影响。我们不能不重新审视独联体区域一体化的相关问题，以为中国参与区域一体化提供启示。

　　根据上述逻辑与问题，本书主要内容如下。

第一章在对本书的选题背景、意义进行阐述的同时，重点对相关研究文献进行综述和评论，同时对研究方法、创新之处、主要内容和结构安排加以说明。

第二章主要包括两部分内容，一是通过对政治学、经济学中"一体化"定义的梳理，对本书中区域一体化的内涵进行界定，并制定区域一体化进展的衡量标准。任何对区域一体化的研究都离不开对区域一体化内涵的界定，尤其是对有着争议的独联体区域一体化更是如此。二是通过对不同学科中区域一体化理论的介绍，概括其分析逻辑，建立分析框架，为后文的分析提供理论依据。

第三章是有关独联体区域一体化内容的概述，包括独联体区域一体化的简单发展过程、已经取得的成就及特点等。本章可谓总述，后面第四章至第六章会对本章相关内容进行更详细、更具体的分析。

第四章是独联体区域一体化的路径分析。本章通过对不同维度区域一体化选择的分析，得出独联体区域一体化有着不同于欧洲一体化的演化路径。笔者认为，独联体区域一体化并没有遵循欧洲一体化那样从低到高、由经济一体化向政治一体化逐渐推进的一体化演化路径。在某种程度上，它是政治一体化先于经济一体化、次区域一体化先于整体一体化的发展过程。独联体区域一体化的发展路径体现了实用主义原则，是根据国际和区域形势的发展，适时解决可以解决的问题，对不能解决的问题则暂时搁置。

第五章和第六章是独联体区域一体化的进展分析。其中第五章主要对独联体区域贸易投资便利化水平，以及其所带来的经济效果进行实证分析。第六章主要通过对独联体区域治理的制度构建、集体安全合作与政治合作及政治共同体的建设等进行规范分析。结果显示，独联体区域一体化取得一定进展与成就，但总的来说，独联体区域一体化的水平仍然比较低。独联体区域一体化的制度安排是先于经济和政治一体化实践的，独联体区域一体化有人为设计和主观推动的特征，是自上而下的，而不是实践诱导、自下而上的。

第七章是结论与启示。主要对独联体区域一体化的发展过程及取得的成就和问题进行概括，对影响其发展前景的主要因素给出判定，并在前文的基础上得出基本结论，以及对中国的启示。

ABSTRACT

The planned economy countries started their market-oriented transformation which marks a new era of economic globalization with the end of the Cold War. The change of world political and economic systems caused by globalization has had a significant impact on the national political and economic development of the former Soviet Union, and at the same time it has also helped the nation have a new international role and new development opportunities. The international system has accelerated its adjustment of change, and the great power game has become more intense and complex since the 2008 financial crisis. Regionalization has become the main means and the stage area for world nations, especially for the great powers, in international competition and regional influence. Various FTA negotiations and integration such as TPP and TTIP have been quite porpular. In this "competitive region" background, the trend of the former Soviet Union has been reversed from the close federal integration to the separation and regional cooperation for fragmentation. The economic and political competition of the non-homogeneous nations is driving the homogeneous states to seek super regional integration, which is also a new trend in the CIS region. Since Putin became president for the third time, he has continued to emphasize on promoting the regional integration with a new plan for the integration of the CIS; a new free trade area has been in operation for the CIS; Russia, Belarus and Kazakhstan have established a customs union and unified economic space, and they started the construction of economic union on January 1, 2015. Russian strategic dilemma and "Look East" strategy after Ukraine crisis are all new phenomena of the regional landscape in the CIS region. Then, has significant progress been made in the CIS regional integration? What will the future of it be? What kind of development path have the CIS countries followed for their regional integration in the dramatic changes in the international system? All these problems need to be studied

The CIS region is an important part of the international political and economic system, and an important factor determining the change in the international political and economic system. At the same time, the direction of development of the regional integration and cooperation of the Commonwealth of independent countries will also have a significant impact on China in its international environment, diplomatic strategy and selection of regional cooperation, which makes it necessary to re-examine the relative CIS regional integration problems mentioned above in order to help China with something that it can learn for its designig and participating in regional integration.

Based on the logic and the problems, the main contents of this book are as follows:

Chapter One elaborates on the background, the significance of the research, the comments on the key relevant research literature, and the research question. At the same time, it also explains the research methodology, innovation, main content, and the structure arrangement of the research.

Chapter Two mainly consists of two parts. The first part is the definitions of "integration" in politics and economics and the definition and the measure standards that research defines and uses in terms of inreginal integration and process. No regional integration research can be done without the definition of the connotation of regional integration, especially theCIS integration that faces controversy. The second part is the establishment of an analysis framework on a theoretical basis with the introduction to different theories of regional integration in different disciplines and summaries of logic analysis.

Chapter Three is an overview of the CIS integration including the brief evolution of the integration, and the achievements and characteristics are studied in Chapter Four, Chapter Five and Chapter Six in more and specific analyses.

Chapter Four analyses the path of the regional integration of the CIS. This chapter shows that the region has an evolutionary path for its regional integration different from that of the European integration by analysing the choices of different dimensions of regional integration in the internal and external constraints. The paper holds that the CIS region integration does not follow the

European integration from low to high, or from economic integration to political integration of successive evolution. But to some extent, it is a development process of political integration before economic integration and sub-regional integration before entire integration. The CIS development path of regional integration reflects pragmatism under the conditions of international and regional development with flexiabilty of solving problem within its capacity.

Chapter Fifth and Chapter Six analyse the progress of the regional integration of the CIS. Chapter Five deals mainly with the regional trade, investment facilitation and empirical analysis of its economic effect. Chapter Six has a normative analysis of the construction of regional governance in the CIS region, of collective security cooperation and of the political cooperation and the construction of political community. The results show that some progress and achievements have been made in the regional integration of the CIS, but in general, the level of the regional integration is still low. The institutional arrangements of the regional integration are put before the economic and political integration in practice with the characteristics of a man-made design and subjective driving. The integration is top-down, rather than bottom-up induction in practice.

Chapter Seven copes with the prospects of the regional integration of the CIS and something that can be learnt from it. It summarizes the main factors affecting the development prospects of the regional integration of the CIS by putting the development process, the achievements and the problems of the integration briefly, reaches the basic conclusion of this research on the basis of the above arguement, and offers something that China can learn.

目　录

CONTENTS

第一章

绪　论

第一节　选题背景及意义

20 世纪 90 年代，冷战结束和原计划经济国家的市场化转型开辟了经济全球化的新时代。经过 20 多年的发展，经济全球化到了一个寻找新方向的关键时期。全球化引发的世界经济和政治格局的调整使得发达国家和发展中国家获得了新的国际角色和发展机遇，同时也给这些国家的政治经济发展带来了巨大冲击。2008 年金融危机和其后发达国家经济政治的艰难调整使得这些国家对全球化的态度发生了重大变化。当前，经济全球化的停滞和超级区域一体化的发展正是这种认知态度和国际政策变化的表现。在当前的世界经济调整困境中，各种 FTA 协议的谈判推进以及 TPP、TTIP、EPA 等的发展大行其道。在这一"竞争性区域化"背景下，苏联地区从紧密的联邦主义一体化层面走向分离化和区域合作碎片化的大趋势也在发生逆转。非同质国家的经济政治竞争驱使同质国家重新走向超级区域一体化这一潮流在独联体地区也呈现出新的趋势。

独联体地区是国际政治经济格局的重要一极，是决定国际政治经济格局变动的重要因素。之所以这样说，一方面是因为俄罗斯作为重要的文明力量和地区力量，其恢复自身世界强国地位的努力必定会引发一系列的区域格局变动；另一方面，各种国际力量在独联体地区的争夺经历了冷战后的此消彼长之后，当前也呈现出新的趋势。美欧在独联体地区力量的扩张与收缩过程影响着独联体地区的区域合作，俄罗斯力量的消长也影响着这一地区国家对外战略和区域合作方向的选择。

从中国的角度看，独联体区域一体化的发展方向和合作方式，也将对中国的国际环境、外交战略和区域合作选择产生重大影响。中国经济的迅速发展正在改变世界政治经济格局，利益各方一方面将此视为机遇，另一方面也将中国的崛起视为挑战，使中国面临越来越大的外部环境压力。中国在独联体区域拥有重要的经济利益，同时也有强烈的动机发展与周边国家的关系。独联体区域是我国陆上丝绸之路经济带倡议涉及的主要区域，对于中国的周边外交战略和国家发展战略都具有重要意义。

独联体区域一体化是俄罗斯的支柱性区域合作战略。中俄战略协作伙伴关系的发展在新的形势下受制于俄罗斯推进的区域一体化战略的方向和进程，也受制于俄罗斯如何看待中国在中亚地区开展的丝绸之路经济带倡议。也就是说，独联体区域作为中俄两国利益的交叉地区，不仅对中国和俄罗斯各自的国家战略产生重要影响，而且也将制约中俄战略协作伙伴关系的发展。

一 选题背景

客观地讲，"独联体区域一体化"不是新问题。自苏联解体、独联体成立，独联体地区的"去一体化"和"一体化"就成为一个重要的实践问题，同时也成为重要的理论问题。但时至今日，对于独联体区域一体化的发展、演进和成效，不但理论界莫衷一是，而且在实践上，俄罗斯和其他独联体国家的民众、政治家和官员也没有大体一致的看法。那么，独联体区域一体化是否已经有了显著的进展？普京第三次就任总统之后，继续强调推进独联体地区的一体化，其基本判断和主要政策方向是什么？这些问题都有待研究。

首先，从独联体区域一体化自身的发展看，自2012年以来，在俄罗斯的推动下，独联体区域一体化有了新的发展。这种发展既表现在俄、白、哈三国关税同盟的运行，又体现在三国统一经济空间的启动，更体现在普京欧亚联盟战略的提出。

2011年10月3日，俄罗斯总统候选人普京在俄罗斯著名的《消息报》上发表了有关后苏联地区一体化新方案的署名文章。文章提出了在苏联地区建立欧亚联盟，把欧洲与充满生机和活力的亚太地区联系起来的设想。该文对未来的欧亚联盟进行了勾画，即以俄罗斯、白俄罗斯、哈萨克斯坦三国关税同盟以及于 2012 年 1 月 1 日启动的三国统一经济空间为基础建立欧亚经济联盟，随后建立集政治、经济、军事、人文为一体的超国家联合体——欧亚联盟。普京在文章中表示，希望把欧亚联盟打造成世界格局中新的一极，发挥其作为欧洲和亚太地区桥梁的作用①。

根据普京的描述，未来的欧亚联盟可能具有如下特征：第一，欧亚联盟不是松散的国家间联盟，而是类似于欧盟那样的具有超国家性的国际组织；第二，欧亚联盟的内容不仅包括经济一体化，而且兼具政治、经济、军事、外交等各方面的复合型一体化；第三，未来的欧亚联盟将起到中介作用，连接欧洲与亚洲，是未来多极化世界中独立的一极；第四，欧亚联盟虽是独联体区域一体化的新方案，但不是要推翻独联体等现有一体化组织，而是对其重新进行整合，并以其为工具，分领域、分阶段逐步实现独联体区域的一体化。因此，欧亚联盟与独联体区域原一体化方案并不矛盾，也不是要取而代之，而是继承与整合。

普京欧亚联盟战略的提出，恰逢经济全球化加速调整和国际格局剧烈变化之际。美国、欧盟、俄罗斯、中国、日本等各主要力量的博弈变得更加激烈与复杂，区域一体化成为世界各国尤其是大国参与国际竞争、确立区域影响力的主要手段。既有独联体区域一体化的新发展，又有美国主导的 TPP 和 TTIP 战略，还有东亚一体化以及南亚的区域一体化，等等。在每个区域一体化发展过程中都能看到主要国际力量的博弈和争夺，在不同的一体化进程中其主导力量不同，发展路径也不同。

俄罗斯为了应对全球的竞争和提高大国地位，一直力图恢复在苏联空间或者说独联体区域的影响力。从独联体成立伊始，到后来的发展及最近普京欧亚联盟战略的提出，都是大国博弈的反映。在这种背景下，独联体区域一体化会有什么新的发展，走什么样的发展路径，前景如何？对这些问题的分析具有特别重要的意义。

其次，从战略博弈和更广阔的背景看，乌克兰危机之后俄罗斯面临的

---

① Путин В. В., Новый интеграционный проект для Евразии—будущее, *которое рождается сегодня*// Известия. 3 октября 2011 г. http：//izvestia. ru/news/502761。转引自李兴《普京欧亚联盟评析》，《俄罗斯研究》2012 年第 6 期。

战略困境和"向东看"战略的实施，都是独联体区域格局发展的重要现象。2013 年 12 月，以乌克兰总统亚努科维奇暂停推进与欧盟联系国协定谈判为导火线，乌克兰危机爆发，乌克兰政治局势动荡，西方势力介入。在乌克兰战略选择摇摆不定的情况下，俄罗斯先发制人，收回克里米亚。此后，乌克兰东部陷入动荡。危机后，美国、欧盟等西方国家和地区发起对俄罗斯的经济制裁。乌克兰从独联体区域一体化的进程中脱离，同时俄罗斯寄希望于西方的现代化战略受阻。在这一背景下，俄罗斯"向东看"战略的实施和加速推进欧亚联盟，都给独联体区域一体化带来了新的变数。大国在独联体地区的力量博弈和影响力争夺进入新的阶段。

2013 年 9 月，中国主席习近平在哈萨克斯坦提出丝绸之路经济带倡议，这一倡议的主要方向正是中亚地区。最初，俄罗斯官方和学者对于中国提出的丝绸之路经济带倡议充满质疑。这恰恰是独联体区域一体化、俄罗斯在独联体的战略利益以及中国国家发展战略和开放战略转型之间的关系在实践中的反映。

上述背景使我们不得不重新审视俄罗斯主导的独联体区域一体化战略的发展与前景。

二 研究意义

独联体区域是国际政治经济格局中的重要一极，在国际格局剧烈变化以及大国博弈更加激烈复杂的背景下，独联体区域一体化出现了新的形势，俄罗斯采取了新的一体化战略。独联体区域一体化最终能否取得预期的目标，取决于许多因素，具有不确定性。但独联体区域一体化的发展及其政策方向与前景不仅会对独联体区域的国家产生重要影响，而且会对世界政治经济格局以及周边邻国产生重大影响。独联体区域中很大一部分国家是中国的近邻，俄罗斯是中国最大的邻国，中国新疆等西北地区与中亚地区多数国家接壤。因此独联体区域一体化的任何进展和变化都会对中国的外交、经济与安全产生重要影响，我们理所当然应予以关注。

同时，独联体区域一体化的研究也具有重要的理论意义。目前，一体化理论的研究主要集中于典型区域一体化集团，如欧盟、北美、东亚，并多从经济学或政治学的单一视角出发。由独联体区域转轨国家构建的复合型区域一体化，与其他区域的一体化有着不同的发展路径、进展与前景。因此对独联体区域一体化的研究既是对现有一体化理论的检验，同时又是对现有一体化理论的丰富和发展。

第二节 相关文献综述

有关一体化的研究是多方面的，既有关于一体化理论的研究，又有对一体化的动力、程度检验、效应评估、制约因素、路径与模式选择等方面的研究。自独联体成立以来，国内外学术界对独联体区域一体化进行了方方面面的研究，笔者将仅对与本书有关的内容予以综述。

一 独联体区域是否存在一体化及一体化水平的评估

国内外学术界对独联体国家间的关系是"合作"还是"一体化"并没有取得共识，部分学者认为独联体国家间的关系仅仅是区域性的合作，而非一体化。如 F. Stephen Larrabee 认为，独联体区域的国家关系以碎片化和非一体化为主要特征[①]。Roman Petrov 指出，独联体主要是为了协调不同成员国部门之间的一般性合作，而并非一体化[②]。Alexander Libman 也认为，独联体较少有一体化事实[③]。

多数学者认同独联体区域存在一体化，但对其一体化的水平及成就多持否定的悲观态度。孙晓谦通过对独联体经济一体化动因及制约因素的分析认为，独联体经济一体化的成就仅是画了一个草图，要实现真正的一体化，还需付出长期辛苦的努力[④]。毕洪业通过对独联体经济一体化过程的简单回顾及对影响因素的分析认为，独联体经济一体化虽具有不可逆转的

① Larrabee, F. S., "Russia and its Neighbours: Integration or Disintegration," *The Global Century* (2), 2001.
② Petrov, R., "Regional Integration in the Post-USSR Area: Legal and Institutional Aspects," *Law and Business Review of the Americas* 10 (3), 2004.
③ Libman, A., "Commonwealth of Independent States and Eurasian Economic Community," *The Democratization of International Organizations*, 2011.
④ 孙晓谦：《独联体经济一体化进展概况》，《西伯利亚研究》1997 年第 2 期。

发展趋势，但离真正的一体化还相去甚远①。李建民指出，由于独联体始终存在"独"与"联"的基本矛盾，其一体化未能取得预期的成果，整体一体化处于停滞状态②。Malgorzata Runiewicz 和 Hanna Antonova 认为，独联体一体化是不成功的③。陈新明通过对独联体区域一体化多种矛盾的分析认为，独联体区域一体化名存实亡，难以发挥一体化的作用④。Alexander Libman 通过对后苏联空间所有一体化方案的分析认为，后苏联空间所有一体化方案有一个共同的特点，即全部遭到失败，即使是发展最好的一体化方案也就是自贸区的水平⑤。李亚林认为，独联体区域整体一体化基本处于停滞状态，独联体范围内的次地区组织和经济集团也没有一个在预期一体化方面取得明显的成绩⑥。Zhenis Kembayev 认为，后苏联地区几乎没有任何区域政府间组织拥有超国家性的机构，其特别指出独联体是完全失败的⑦。Anastassia Obydenkova 指出，尽管独联体有庞大的机构和众多的条约，但都没有被遵守和执行，所以从制度有效性来看，独联体区域一体化不成功⑧。程敏也认为，独联体一体化更多的是纸上谈兵，没有实质性进展⑨。

如果对独联体区域一体化进行不同维度的划分，少数学者认为独联体区域经济一体化取得一定成就，但政治一体化是严重滞后的，甚至认为根本不存在政治一体化。刘小军认为，独联体经济军事一体化率先发展，政治一体化处于滞后状态⑩。李建民指出，由于政治一体化涉及国家主权，

① 毕洪业：《独联体经济一体化影响因素分析》，《今日东欧中亚》1999 年第 2 期。
② 李建民：《独联体经济一体化十年评析》，《东欧中亚研究》2001 年第 5 期。
③ Runiewicz, M., Antonova, H., "The Role of Commonwealth of Independent States (CIS) in the Economic Integration and Political Stability of the Region," *TIGER Working Paper Series* (83), 2006.
④ 陈新明：《独联体前景析论》，《现代国际关系》2006 年第 11 期。
⑤ Libman, A., "Interaction of the European and Post-Soviet Economic Integration in Eastern Europe," *Mpra Paper*, No. 10943, 2008.
⑥ 李亚林：《独联体存在的问题与前途》，《俄语学习》2009 年第 6 期。
⑦ Kembayev, Z., *Legal Aspects of the Regional Integration Processes in the Post-Soviet Area* (Berlin: Springer-verlag, 2009).
⑧ Obydenkova, A., "Comparative Regionalism: Eurasian Cooperation and European Integration. The Case for Neofunctionalism?" *Journal of Eurasian Studies* 2 (2), 2011.
⑨ 程敏：《普京欧亚联盟构想及其发展前景》，《国际研究参考》2013 年第 7 期。
⑩ 刘小军：《独联体一体化将如何发展》，《世界经济与政治》1996 年第 3 期。

最为敏感和最难以达成共识，除成立俄白联盟外，整体政治一体化根本没有提上日程①。吴大辉认为，在独联体区域一体化的发展进程中，由于把大部分资源集中用于促进贸易发展和国家安全的现实保障上，尚未把紧密的政治合作视为一体化的重点，政治一体化严重滞后②。Anastassia Obydenkova 指出，苏联时期的高度集权，导致新独立国家不愿向独联体转让任何政治与经济主权，独联体政治一体化十分脆弱③。黄登学认为，后苏联空间的一体化在经济方面只能到达关税同盟的阶段，至于政治联盟是不可能实现的④。

二 独联体区域一体化研究的理论问题

二战后欧洲的和解和区域经济一体化的发展使得区域一体化问题逐渐进入理论视野。自 20 世纪 50 年代开始，区域经济一体化和区域政治一体化理论研究逐渐活跃，并形成了解释区域一体化问题的理论体系。区域一体化实践是推动相关理论发展的重要动力。必须承认，在区域一体化研究方面，已有的理论在很大程度上是对已有区域一体化实践的抽象和总结，区域一体化的理论进展与实践相比还有滞后性。相对而言，独联体区域一体化实践时间较短，对其一体化认识存在差异，有关独联体区域一体化理论问题的研究相对较少，主要借鉴欧洲区域一体化的相关理论。概括起来可以分为两个方面：一方面是基于经济学的研究视角，另一方面是基于政治学的研究视角。

经济学对独联体区域一体化的研究较多从标准的经济一体化理论出发，其中较多运用的是美国经济学家雅各布·维纳（Jacob Viner）1950年提出，后经贝拉·巴拉萨（Balassa，B.）、理查德·李普西（Lipsey，R. G.）等修正与补充的关税同盟理论（Customs Union Theory），以及西托夫斯基（Scitovsky，T.）和德纽（Deniau，J. F.）提出的大市场理论

---

① 李建民：《独联体经济一体化现状及趋势》，《东欧中亚研究》1999 年第 3 期。
② 吴大辉：《新世纪初的独联体：转机与挑战》，《俄罗斯中亚东欧研究》2003 年第 2 期。
③ Obydenkova，A.，"Comparative Regionalism：Eurasian Cooperation and European Integration. The Case for Neofunctionalism？" *Journal of Eurasian Studiesz* 2（2），2011.
④ 黄登学：《俄罗斯构建"欧亚联盟"的制约因素》，《当代世界社会主义问题》2012 年第 4 期。

（Theory of Big Market）等。经济一体化理论主要是从纯经济学的角度出发，回答区域一体化的驱动力问题，即一体化能为成员国带来多少经济收益。关税同盟理论认为这种收益主要在于贸易创造和贸易转移的静态效应，以及规模经济、竞争、投资等动态效应。大市场理论则认为共同市场的建立解决了单个主权国家市场狭小的问题，可以产生规模经济效应。

鉴于苏联时期各加盟共和国使用卢布作为统一货币，解体后俄罗斯卢布在独联体区域中的地位与作用，以及独联体各国经济条件的变化等，一些学者对建立独联体区域货币联盟的可行性进行了探讨，其主要理论依据是由罗伯特·蒙代尔（Robert Mundell）提出，由麦金农（Mckinnon）、凯南（Peter Kenen）等补充的最优货币区（The Theory of Optimum Currency Areas）理论。最优货币区理论主要讨论了一个区域实行统一货币应该具备的条件，包括要素自由流动性、产品多样性、经济开放度等。

政治学家对独联体区域一体化的关注较多受联邦主义（Federalism）、功能主义（Functionalism）、新功能主义（Neofunctionalism）、政府间主义（Intergovernmentalism）与自由政府间主义（Liberal Intergovernmentalism）理论的影响。这些理论或对一体化的模式给予解答，或对一体化的动力给出答案。联邦主义对一体化的进程模式做了阐释，认为建立超国家性的中央机构对一体化的发展至关重要，所以主张政治一体化先于经济一体化，因为政治一体化能促进经济一体化的发展，反之则不能。以大卫·米特兰尼（David Mitrany）为代表人物的功能主义认为经济福利是区域一体化的主要动因，并认为一体化应首先在功能性的经济领域开始。以厄内斯特·哈斯（Ernst Haas）、利昂·林德伯格（Leon Lindberg）等为主要代表人物的新功能主义除关注经济利益对一体化的推动作用外，还强调外部因素及制度在一体化中的关键作用。此外，新功能主义还提供了先经济后政治的一体化路径，即功能性外溢与政治性外溢。以斯坦利·霍夫曼（Stanley Hoffmann）为代表人物的政府间主义认为，区域一体化的主要动机在于地缘政治利益，一体化过程主要由国家控制，超国家机构不发挥作用。以安德鲁·莫劳夫奇克（Andrew Moravcsik）为代表人物的自由政府间主义同意新功能主义有关经济因素是一体化动因的看法，但与新功能主义主要关注一体化的内生性力量不同，自由政府间主义主要关注国家的经济利益、政治约束以及制度等对一体化的推动作用。

以上政治学中有关一体化的各理论也可纳入自由主义和现实主义的研究范畴。此外，以亚历山大·温特（Alexander Wendt）为代表人物的建构主义也对一体化的动因及制约因素给予了回答，如建构主义认为国家间是否一体化及其方式、程度都是由集体认同决定的。同时建构主义认为，国际体系也制约着国家间一体化的行为。

三　独联体区域一体化的推动力与约束条件

（一）独联体区域一体化的推动力

对区域一体化问题进行系统研究的逻辑起点是其动力问题，一般区域一体化的推动力都会有一个或几个共同的成分，如对经济利益的追求、某种政治动因、一个或多个关心并推进区域一体化的领导国。欧洲一体化的推动力主要是各国对经济利益的追求，此外还包括对安全方面的考虑，抗衡超级大国、维护欧洲价值观的意图，等等。独联体区域一体化在不同发展时期，其推动力也有所不同。综合现有文献的观点，独联体区域一体化的推动力主要体现在以下三个方面。

第一，初期在政治上保证主权独立与国家安全，在经济上维持苏联时期的联系，保障对原有基础设施的共同有效使用等。Adams[1]、毕洪业[2]、王新俊和王用林[3]、K. C. 哈吉耶夫[4]、郑羽和柳风华[5]均有类似观点。理查德·萨克瓦也回答了欧亚联盟建立的部分动因在于，回应欧盟在后苏联空间的扩张与侵犯[6]。

第二，后期一体化的主要动力是对经济利益的追求。Evgeny

[1]　Adams, J. S., "The Dynamics of Integration: Russia and the Near Abroad," *The Journal of Post Soviet Democratization* 6 (1), 1998.

[2]　毕洪业：《独联体经济一体化影响因素分析》，《今日东欧中亚》1999年第2期。

[3]　王新俊、王用林：《独联体十年发展与俄罗斯的选择》，《俄罗斯研究》2002年第4期。

[4]　〔俄〕K. C. 哈吉耶夫：《后苏联空间》，《俄罗斯中亚东欧研究》2006年第2期。

[5]　郑羽、柳丰华：《普金八年：俄罗斯复兴之路（2000~2008）（外交卷）》，经济管理出版社，2001。

[6]　〔英〕理查德·萨克瓦：《欧亚一体化的挑战》，丁端译，《俄罗斯研究》2014年第2期。

Yuryevich Vinokurov 认为，普京尤其是在其第一任期，推动独联体一体化的主要动力在于维护国家经济利益①。Evgeny Vinokurov 等指出，后苏联国家一体化的动因是客观的经济因素②。于滨认为，普京第三个任期外交政策的主要着眼点是经济，以欧亚联盟的建设为目标的独联体区域一体化政策，主要是为了应对入世以后俄罗斯的经济状况，也为了应对中国在中亚的经济扩展，以及提供一个俄罗斯可以依托并操控的区域经济机制③。Selda Atik 认为后苏联国家区域一体化主要是为了进行区域经济合作以及适应世界经济发展的要求④。

第三，独联体区域中的大国俄罗斯出于政治、安全及经济利益的考虑对一体化的推动。许多学者从俄罗斯的角度探讨了独联体一体化推动力问题。Adams认为，没有俄罗斯就没有独联体⑤。郑羽指出，俄罗斯对独联体的政策，决定了独联体的发展方向和存在特征⑥。F. Stephen Larrabee 认为，普京时期把独联体政策作为外交政策的首要任务，同时在独联体政策上也有所创新⑦。顾志红认为，出于传统利益的考虑，独联体地区仍然是普京时期俄罗斯外交的优先方向⑧。王郦久认为，俄罗斯未来战略将是重点加强独联体在安全和经济领域的一体化建设⑨。Evgeny Yuryevich Vinokurov 指出，后苏联空间的 · 体化在俄罗斯的外交政策中一直处于优

---

① Vinokurov, E., "Russian Approaches to Integration in the Post-Soviet Space in the 2000s," *The CIS, the EU and Russia: The Challenges of Integration*, ed. Malfliet, K., Verpoest, L., Vinokurov, E. (London: Palgrave Macmillan, 2007).

② Vinokurov, E., Dzhadraliyev, M., Shcherbanin, Y., "The EurAsEC Transport Corridors," *Eurasian Integration Yearbook 2009*, ed. Vinokurov, E. (Almaty: RUAN Publishing Company, 2010).

③ 于滨：《普京三任外交启动：光荣、梦想与现实》，《俄罗斯研究》2012 年第 6 期。

④ Atik, S., "Eigional Economic Integrations in the Post-Soviet Eurasia: An Analysis on Causes of Inefficiency," *Procedia-Social and Behavioral Sciences* 109 (2), 2014.

⑤ Adams, J. S., "The Dynamics of Integration: Russia and the Near Abroad," *The Journal of Post-Soviet Democratization* 6 (1), 1998

⑥ 郑羽：《俄罗斯的独联体政策：十年间的演变》，《东欧中亚研究》2001 年第 4 期。

⑦ Larrabee, F. S., "Russia and its Neighbours: Integration or Disintegration," *The Global Century* (2), 2001.

⑧ 顾志红：《评俄罗斯的新独联体政策》，《俄罗斯中亚东欧研究》2006 年第 2 期。

⑨ 王郦久：《试论俄罗斯的国际定位与战略走向》，《现代国际关系》2005 年第 4 期。

先的地位①。Peter Havlik 指出，俄罗斯的复苏是独联体区域一体化的主要驱动力量②。谭德峰在其博士学位论文《俄罗斯独联体政策研究》中将俄罗斯对独联体一体化的政策目标定为：政治主导、经济联合、集体安全、文化扩展③。郑润宇指出，后苏联空间一直是俄罗斯重塑世界大国形象的一个重要基地，整合分散的后苏联空间力量，最大限度地推动以俄罗斯为主导的次区域一体化是俄罗斯多年来一贯推行的方针政策④。潘广云认为，俄罗斯对独联体经济一体化的政策在某种程度上决定了独联体经济一体化进程的"涨潮"和"退潮"⑤。Anastassia Obydenkova 指出，俄罗斯是独联体国家最大的贸易伙伴，是维持当前政治精英执政的支持者，俄语是区域的通用语言，俄罗斯对其他独联体国家来说具有较大吸引力，是整个区域的领导者，而领导者的角色的确能够成为一体化的引擎⑥。李中海曾指出，俄罗斯对独联体政策的演变决定着该组织的发展前景⑦。毕洪业指出，欧亚一体化的动力仍表现为俄罗斯的主动推动和依赖⑧。理查德·萨克瓦同样指出，欧亚联盟的建立是俄罗斯对全球权利平衡所发生变化的回应⑨。

此外，也有学者认为，区域经济集团化的外部环境是独联体区域一体化的主要外部推动力。康瑞华⑩、李建民⑪、郑羽⑫等对此均有表述。

（二）独联体一体化的约束条件

通过前文学者对独联体区域一体化水平及成就的争论基本可以判定，

① Vinokurov, E., "Russian Approaches to Integration in the Post-Soviet Space in the 2000s," *The CIS, the EU and Russia: The Challenges of Integration*, ed. Malfliet, K., Verpoest, L., Vinokurov, E. (London: Palgrave Macmillan, 2007).
② Havlik, P., "Russian Economic and Integration Prospects," *Integration* 34 (9), 2008.
③ 谭德峰：《俄罗斯独联体政策研究》，博士学位论文，吉林大学，2009。
④ 郑润宁：《从俄罗斯全球战略视角剖析俄哈关系安全模式》，《俄罗斯研究》2011年第5期。
⑤ 潘广云：《独联体框架内次区域经济一体化问题研究》，北京师范大学出版社，2011。
⑥ Obydenkova, A., "Comparative Regionalism: Eurasian Cooperation and European Integration. The Case for Neofunctionalism?" *Journal of Eurasian Studies* 2 (2), 2011.
⑦ 李中海：《俄罗斯经济外交理论与实践》，社会科学文献出版社，2011。
⑧ 毕洪业：《欧亚经济联盟：普京"重返苏联"?》，《世界知识》2014年第14期。
⑨ 理查德·萨克瓦：《欧亚一体化的挑战》，《俄罗斯研究》2014年第2期。
⑩ 康瑞华：《试析影响独联体一体化的因素》，《当代世界社会主义问题》1998年第4期。
⑪ 李建民：《独联体经济一体化现状及趋势》，《东欧中亚研究》1999年第3期。
⑫ 郑羽：《独联体十年：现状、问题、前景》（上、下卷），世界知识出版社，2001。

独联体区域一体化没能取得欧洲一体化那样的成就，那么其背后的约束条件是什么？这是学术界争论不休的问题。现有研究普遍认为独联体区域一体化的约束条件是多重的，但对于各种约束条件所占权重及优先顺序仍没有形成较为一致的认知。

部分学者认为独联体一体化的首要约束来自国家主权的敏感性。毕洪业认为，主权敏感性影响各成员国的一体化参与[①]。Roman Petrov 也有类似观点，他认为，独联体法律和制度的建立最初主要是为了保证新独立国家主权的独立，之后也多是为了协调不同成员国部门之间的一般性合作，缺少超国家性的因素。因此独联体就像是"陷在黏土里的巨人之脚"，不能履行通过的协议[②]。冯绍雷认为在独联体一体化的制约因素中，主权敏感性是排在第一位的[③]。勒会新认为，由于独联体国家民族国家意识强烈，因此区域意识缺乏[④]。林丽华认为，极强的主权敏感性造成独联体国家经济一体化的成本高昂[⑤]。Zhenis Kembayev 认为，导致后苏联空间较弱的一体化特征的因素主要在于精英人物对于主权的特殊利益[⑥]。李兴也认为制约欧亚联盟实现的首要因素是各国对主权的敏感性[⑦]。陆南泉等认为俄罗斯推出欧亚联盟的最终目的是实现政治联盟，而这对独联体国家来说是不能接受的，主要是担心国家主权的丧失[⑧]。

另有很多学者把各国的不同质性，如利益、发展水平、制度、文化、对外政策、对一体化立场态度等的不同，看作独联体一体化的重要约束条

---

① 毕洪业：《独联体经济一体化影响因素分析》，《今日东欧中亚》1999 年第 2 期。

② Petrov, R., "Regional Integration in the Post-USSR Area: Legal and Institutional Aspects," *Law and Business Review of the Americas* 10(3), 2004.

③ 冯绍雷：《"颜色革命"：大国间的博弈与独联体的前景》，《俄罗斯研究》2005 年第 3 期。

④ 勒会新：《独联体以及影响其走向的内部因素分析》，《俄罗斯中亚东欧研究》2006 年第 4 期。

⑤ 林丽华：《独联体演进态势的交易成本视角分析》，博士学位论文，辽宁大学，2007。

⑥ Kembayev, Z., *Legal Aspects of the Regional Integration Processes in the Post-Soviet Area* (Berlin: Springer-verlag, 2009).

⑦ 李兴：《普京欧亚联盟评析》，《俄罗斯研究》2012 年第 6 期。

⑧ 陆南泉等：《当今研究俄罗斯与中亚国家关系应关注的几个问题》，《探索与争鸣》2014 年第 7 期。

件。例如，毕洪业提出经济发展水平的差异①；李建民和郑羽指出利益、发展水平的不同②；潘广云列出经济实力、改革方面和对市场依赖程度的不同③；林丽华提出经济制度、经济水平及一体化目标的差异④。Alexander Libman 认为这种不同是后苏联国家在经济发展和文化上的不同质性，以及政治和经济制度的不同⑤；Anastassia Obydenkova 认为的不同是地理、人口、经济发展水平、资源禀赋、社会、环境与治理条件等的不同⑥；王树春、万青松认为的不同是经济发展水平、立场的不一致⑦；Yevgeny Vinokurov 和 Alexander Libman 认为的不同主要是各国成本收益的不同⑧；宋志芹认为的不同是俄罗斯与其他成员国利益上的不对称性⑨；顾炜认为的不同是各国发展程度与目标诉求的不同⑩；陆南泉等认为的不同是经济发展水平差异及在领土、民族利益、国家地区等方面的分歧⑪；理查德·萨克瓦认为在欧亚一体化存在的众多挑战中，国家间的异质性是主要障碍⑫。

还有学者认为是俄罗斯的因素阻碍了独联体区域一体化的进程。Ruslan Grinberg 指出，鉴于对俄罗斯帝国野心的感知，新独立国家为了维

① 毕洪业：《独联体经济一体化影响因素分析》，《今日东欧中亚》1999 年第 2 期。
② 李建民：《独联体经济一体化现状及趋势》，《东欧中亚研究》1999 年第 3 期；郑羽：《俄罗斯的独联体政策：十年间的演变》，《东欧中亚研究》2001 年第 4 期。
③ 潘广云：《独联体经济一体化举步维艰》（上），《中国经济时报》第 4 版，2006 年 11 月 16 日 。
④ 林丽华：《独联体演进态势的交易成本视角分析》，博士学位论文，辽宁大学，2007。
⑤ Libman，A.，"Russian Federalism and Post-Soviet Integration：Divergence of Development Paths," *Europe-Asia Studies* 63（8），2011.
⑥ Obydenkova，A.，" Comparative Regionalism：Eurasian Cooperation and European Integration. The Case for Neofunctionalism？" *Journal of Eurasian Studies* 2（2），2011.
⑦ 王树春、万青松：《试论欧亚联盟的未来前景》，《俄罗斯研究》2012 年第 2 期。
⑧ Vinokurov，E.，Libman A.，"Post-Soviet Integration Breakthrough—Why the Customs Union has More Chances than its Predecessors," *Mpra Paper* No. 62026，2012.
⑨ 宋志芹：《普京建立欧亚联盟计划的动因和变数分析》，《西伯利亚研究》2013 年第 1 期。
⑩ 顾炜：《双重结构与俄罗斯地区一体化成略》，《世界经济与政治》2013 年第 10 期。
⑪ 陆南泉、蒋菁：《当今研究俄罗斯与中亚国家关系应关注的几个问题》，《探索与争鸣》2014 年第 7 期。
⑫ 〔英〕理查德·萨克瓦：《欧亚一体化的挑战》，丁端译，《俄罗斯研究》2014 年第 2 期。

护主权的独立，在政治上与俄罗斯渐行渐远了①。黄登学认为，俄罗斯习惯性的大国思维和处理独联体国家事务的兄长式作风，是独联体进一步发展的先天性障碍②。Anastassia Obydenkova 分析到俄罗斯在独联体国家中的支配性地位，鼓励了独联体国家与之发展双边关系而非区域性的多边关系③。王郦久认为各国对俄罗斯动机的怀疑④，另一部分学者则认为主要是作为主导力量的俄罗斯的不作为，如孙晓谦认为俄罗斯对独联体政策的模糊性，有损经济一体化的进程⑤。F. Stephen Larrabee 认为俄罗斯缺乏连贯的独联体政策⑥；王郦久认为俄罗斯推出的独联体政策不当⑦；陈新明认为俄罗斯没能发挥核心作用⑧；Malgorzata Runiewicz 认为独联体经济一体化的不成功，部分可以归因为具有领导地位的俄罗斯的失败，包括其不成功的改革、恶劣的投资环境、贸易保护主义等⑨；林丽华认为俄罗斯由于自身原因，无法成功地担当区域内"领导国"的重任，阻碍了一体化的成功推进⑩；李新指出由于国际竞争力低下，与发达国家的技术和创新差距较大，俄罗斯不能成为独联体地区具有吸引力的地区领袖⑪；黄登学认为俄罗斯构建欧亚联盟的制约因素在于，俄罗斯的实力还不足以支撑欧亚联盟的构想⑫；程亦军则认为俄罗斯财力有限⑬；陆南泉等认为俄罗斯

① Grinberg, R. S., "Russia in the Post-Soviet Space: Search for Rational Behavior and Prospects of Economic Integration," The United Nations Economic Commission for Europe, 2005.
② 黄登学：《俄格冲突的影响探析》，《国际论坛》2009 年第 1 期。
③ Obydenkova, A., "Comparative Regionalism: Eurasian Cooperation and European Integration. The Case for Neofunctionalism？" *Journal of Eurasian Studies* (2), 2011.
④ 王郦久：《俄"欧亚联盟"战略及其对中俄关系的影响》，《现代国际关系》2012 年第 4 期。
⑤ 孙晓谦：《独联体经济一体化进展概况》，《西伯利亚研究》1997 年第 2 期。
⑥ Larrabee, F. S., "Russia and its Neighbours: Integration or Disintegration," *The Global Century* (2), 2001.
⑦ 王郦久：《俄罗斯的独联体政策及其走势》，《现代国际关系》2005 年第 11 期。
⑧ 陈新明：《独联体前景析论》，《现代国际关系》2006 年第 11 期。
⑨ Runiewicz, M., Antonova, H., "The Role of Commonwealth of Independent States (CIS) in the Economic Integration and Political Stability of the Region," *TIGER Working Paper Series* (83), 2006.
⑩ 林丽华：《独联体演进态势的交易成本视角分析》，博士学位论文，辽宁大学，2007。
⑪ 李新：《俄罗斯推进欧亚经济一体化战略分析》，《学术交流》2010 年第 10 期。
⑫ 黄登学：《俄罗斯构建"欧亚联盟"的制约因素》，《当代世界社会主义问题》2012 年第 4 期。
⑬ 程亦军：《后苏联空间一体化前景暗淡》，《俄罗斯学刊》2013 年第 1 期。

自身存在的经济问题，使其无法保障欧亚联盟参与国经济上的利益，这是制约欧亚联盟成功的一个重要因素①；顾炜认为由于俄罗斯在独联体地区的一体化战略缺乏明确的目标、连贯性和有效机制，未能取得预期的一体化效果②。

也有一些学者认为外部力量，如美国、欧盟、伊朗、土耳其等的分化政策是独联体区域一体化的重要约束。毕洪业认为，土耳其、伊朗、美国等外部因素的影响使独联体经济一体化不会有大的突破③。郑羽指出，西方的分化政策对独联体一体化没有取得进展起了重要作用④。陈新明指出，美国的介入和欧盟的东扩不利于独联体一体化的发展⑤。顾炜认为，美国和欧盟对欧亚联盟的发展持有不同态度，是俄罗斯主导的区域一体化的外部变数⑥。

同时还有部分学者认为是独联体内不同方向、不同水平的次区域组织的存在阻碍了独联体区域一体化的发展。F. Stephen Larrabee 认为俄罗斯把独联体打造成军事政治集团的努力因为古阿姆的成立而遭到失败⑦。张弘指出，古阿姆集团具有的浓厚的亲西方色彩已经造成独联体国家事实上的分化，甚至是一体化的完全停滞⑧。Yeldos Nashiraliyev 认为，独联体一体化的约束因素在于一体化内不同联盟的形成、不同的一体化方案⑨。理查德·萨克瓦认为，存在多个相互竞争的一体化方案，是欧亚一体化的障碍之一⑩。

此外，还有学者如边桂利从历史遗留问题的角度⑪，张弛从独联体国

---

① 陆南泉等：《当今研究俄罗斯与中亚国家关系应关注的几个问题》，《探索与争鸣》2014年第 7 期。

② 顾炜：《地区战略与大国崛起时对周边小国的争夺——俄罗斯的经验教训及其对中国的启迪》，《世界经济与政治》2015 年第 1 期。

③ 毕洪业：《独联体经济一体化影响因素分析》，《今日东欧中亚》1999 年第 2 期。

④ 郑羽：《俄罗斯的独联体政策：十年间的演变》，《东欧中亚研究》2001 年第 4 期。

⑤ 陈新明：《独联体前景析论》，《现代国际关系》2006 年第 11 期。

⑥ 顾炜：《双重结构与俄罗斯地区一体化成略》，《世界经济与政治》2013 年第 10 期。

⑦ Larrabee, F. S., "Russia and its Neighbours: Integration or Disintegration," *The Global Century* (2), 2001.

⑧ 张弘：《"古阿姆"与独联体的未来走向》，《国际论坛》2009 年第 3 期。

⑨ Nashiraliyev, Y., "Economic Integration in the Commonwealth of Independent State. Perspectives, Problems, Solution," *Arkansas Historical Quarterly* 24 (1), 2009.

⑩ 〔英〕理查德·萨克瓦：《欧亚一体化的挑战》，丁端译，《俄罗斯研究》2014 年第 2 期。

⑪ 边桂利：《独联体各成员国要独也要联》，《世界经济与政治》1995 年第 1 期。

家缺乏经济互补性的角度①分析了独联体一体化的约束条件问题。Lúcio Vinhas de Souza 则从一体化对成员国效应的评估入手，提出一体化的负面效果是一体化推进的主要约束②。Steven Blockmans 等从具体问题，如非关税壁垒的存在、俄罗斯的入世，以及预期的哈萨克斯坦可能的入世等角度探讨了独联体一体化的约束条件问题③。张弘则认为，独联体区域经济一体化的主要约束在于认同困境④。

四 独联体区域一体化的路径与模式选择

在独联体区域一体化现有约束条件下，探讨独联体区域一体化的路径与模式选择问题就成为必然了。但现有文献中与此问题有关的研究较少，且主要是以欧盟为参照系探讨独联体区域一体化的路径与模式问题。Ruslan Grinberg 认为，自上而下的一体化模式不适合独联体区域的转型国家，因为这对于新独立国家来说在政治上是不能接受的。他建议从微观经济的功能性领域开始经济合作而不是一体化⑤。Evgeny Yuryevich Vinokurov 认为，后苏联空间经济一体化的设计无论是整体上的独联体区域一体化，还是独联体框架下的次区域的一体化，都是模仿欧盟的三阶段增量发展法，即关税同盟、统一经济空间、经济联盟⑥。Najmitdinov Ahadhon 通过分析中亚国家的地缘政治及面临的各种困境，认为应参考欧盟的经验，即经济一体化主要为政治联盟的目标铺路，中亚国家的一体化也应先在多样性的经济部门开始逐步进行整合，建立超国家机构，使其有

① 张弛：《独联体经济一体化问题的若干分析》，《俄罗斯中亚东欧研究》2005 年第 1 期。

② Lúcio Vinhas de Souza, "An Initial Estimation of the Economic Effects of the Creation of the EurAsEC Customs Union on its Members," *World Bank-Economic Premise* (47), 2011.

③ Blockmans, S., Kostanyan, H., Vorobiov, I., "Towards a Eurasian Economic Union: The Challenge of Integration and Unity," *Social Science Electronic Publishing*, 2012.

④ 张弘：《独联体经济一体化中的认同困境》，《俄罗斯中亚东欧研究》2014 年第 3 期。

⑤ Grinberg, R. S., "Russia in the Post-Soviet Space: Search for Rational Behavior and Prospects of Economic Integration," The United Nations Economic Commission for Europe, 2005.

⑥ Vinokurov, E., "Russian Approaches to Integration in the Post-Soviet Space in the 2000s," *The CIS, the EU and Russia: The Challenges of Integration*, ed. Malfliet, K., Verpoest, L., Vinokurov, E. (London: Palgrave Macmillan, 2007).

能力制定最优策略,有足够的政治权利来强制执行一体化①。李新认为,由俄罗斯推动的独联体区域一体化的路线图是经济一体化先行,之后实现政治一体化,即自由贸易区—关税同盟—统一经济空间—欧亚经济联盟—欧亚联盟②。富景筠通过对后苏联空间一体化的梳理,认为后苏联空间一体化实际上因循了从经济一体化过渡到政治共同体的欧洲传统一体化模式③。理查德·萨克瓦认为,独联体区域一体化与欧盟及其他同类型组织相当,其进程首先是区域经济一体化,最终成为欧亚联盟④。

五　共识、分歧与有待解决的问题

国内外学者对独联体区域一体化问题给予了较大的关注,对其研究也较为全面和深入。从研究内容看,既涵盖了有关独联体区域一体化成就及前景的评估,又有对独联体一体化动力与约束条件的探讨,以及对一体化路径与模式的考量。

有关独联体区域一体化所取得成就与前景的评估中,除少数学者持较乐观态度外,多数学者认为独联体区域一体化取得的成就不大,前景并不乐观。少数学者对独联体区域经济一体化给予肯定,但多数学者对独联体区域政治一体化给予否定,甚至一些学者不认同独联体区域存在政治一体化。事实真的如此吗?本书将运用"一体化"的相关定义与相关理论并辅以实证分析,对独联体区域一体化的进展与成就进行分析,试图给出不同的答案。

国内外学者对独联体区域一体化推动力问题有一定的涉及,主要从初期政治经济方面的推动力、后期对经济利益的追求及大国俄罗斯的推动等方面入手。此方面问题多分散于其他主题的研究之中,本书也主要以此为基础探讨独联体区域一体化的路径问题。另外,现有文献对独联体区域一体化约束条件的研究较多,主要从国家主权敏感性的角度、成员国的不同

---

① Najmitdinov, A., "Central Asian Integration as a Way of Guaranteeing Regional Security, Economic Growth, Feasibility and Prospects," *Discussion Papers*, 2010.

② 李新:《普京欧亚联盟设想:背景、目标及其可能性》,《现代国际关系》2011 年第 11 期。

③ 富景筠:《新区域主义视角下俄罗斯区域合作战略演变的多维互动分析》,《欧洲研究》2013 年第 4 期。

④ 〔英〕理查德·萨克瓦:《欧亚一体化的挑战》,丁端译,《俄罗斯研究》2014 年第 2 期。

质性、俄罗斯因素、外部力量及次区域组织的存在等方面进行了探讨，这为本书尝试探讨独联体特定约束条件下特殊路径及模式的选择问题提供了丰富的资料。

此外，现有研究中涉及有关独联体一体化路径与模式的文献还较少，这正是本书力争取得突破的地方。

第三节　理论与方法

本书对独联体区域一体化的研究是综合性的，因此使用的理论工具和分析方法也是多样的。

在理论方面，关于独联体区域一体化研究主要是在大国区域博弈的背景下进行的，因此会使用国际政治经济学的相关理论。就独联体区域一体化的动力而言，主要是对经济利益的追求，因此有关经济一体化的理论也是适用的。从国际关系方面讲，政治学中一体化理论也是需要的。综上，本书理论工具主要有三个：国际政治经济学相关区域一体化理论、经济学中的一体化理论、政治学中的一体化理论。

在方法上，本书主要以理论逻辑演绎为内核，并辅以实证分析和规范分析。首先通过对独联体区域一体化研究所使用一体化理论的分析，概括出多种理论的分析逻辑，并建立分析框架，为独联体区域一体化的路径及进展分析提供理论基础。实证部分主要运用指标体系赋值法验证独联体区域经济一体化制度与实际进展之间的关系，进而分析其原因。

第四节　创新之处

本书从政治和经济两个角度探讨独联体区域一体化问题，认为在新的国际格局和全球化背景下，独联体区域一体化必须置于国际主要力量竞争和博弈的背景下予以观察。通过分析认为，在新的国际背景下，独联体区域一体化将不可能遵循国际格局既定下的欧盟一体化的路径，或者遵循垂直分工明确的北美自由贸易区由一国主导的模式，而将是一种混合型的一体化：首先，在路径上不会遵循由经济一体化向政治一体化逐次推进的演化路径；其次，在推动力上将不仅仅是由经济利益推进，国际政治因素可能发挥重要影响。从总体上看，独联体区域一体化将是一种根据国际和区域形势的发展，适时解决可以解决的问题的混合一体化。

以上分析涉及国际政治经济博弈、经济一体化分析、政治一体化分析以及区域内多个国家集体行动等问题。因此，在理论和方法上，将根据涉及的问题性质，综合运用国际政治经济学、国际经济学、国际政治学等相关理论，这也可以视为一种方法上的创新。

第五节　内容与结构安排

本书通过对区域一体化理论的梳理，概括出其分析逻辑，以此为基础对独联体区域一体化的动力、路径、进展、问题与前景等问题进行分析，主要结构如图 1 - 1 所示。

第一章即绪论。本章主要对选题背景及意义进行阐述，对相关研究文献进行综述和评论，同时对研究方法、创新不足之处、主要内容和结构安排加以说明。

第二章为理论分析。本章主要对独联体区域一体化的相关理论，从维度与演化机制的角度进行梳理。在维度上主要包括：经济一体化理论、政治一体化理论、国际政治经济学相关一体化理论。通过对各理论演化机制的逻辑分析，概括其分析逻辑，并确定本书的分析框架。

第三章是有关独联体区域一体化内容的概述。包括对独联体区域一体化的简单过程、已经取得的成就及特点进行介绍。本章可谓总述，后面第四、五、六章会对本章相关内容进行更详细、更具体的分析。

第四章是路径分析。本章首先通过对独联体区域一体化内外约束条件的分析，引申出独联体区域一体化的演化路径。独联体区域一体化有着不同于欧盟的一体化路径，是政治一体化先于经济一体化、次区域一体化优先于整体一体化的发展路径。

第五章是独联体区域经济一体化的进展分析。本章使用实证分析方法对独联体区域经济一体化维度下的不同内容，包括贸易、投资以及基础设施的一体化程度进行分析。结果发现，独联体区域经济一体化的制度建设成就大于实际的经济一体化进展。

　　第六章是独联体区域政治一体化成就与困境分析。本章主要从制度构建与运行、集体安全合作与政治合作及不同层次政治共同体的建立等方面，探讨独联体区域政治一体化所取得的成就，同时认为其一体化水平还较低，面临着国家主权敏感性及有限政治一体化等困境。

　　第七章是结论与启示。主要对独联体区域一体化的发展过程及取得的成就和问题进行概括，对影响其发展前景的主要因素给出判定，并在前文的基础上得出本书基本结论，以及对中国的启示。

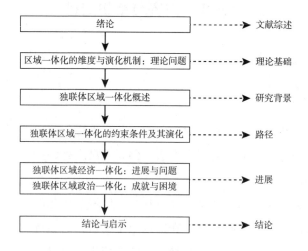

图 1 - 1　本书整体结构

第二章

区域一体化的维度与演化机制：理论问题

区域一体化是经济学与政治学研究中一个重要的议题，现有研究中也较多运用经济学与政治学中的区域一体化理论作为分析工具。但正如罗伯特·吉尔平（Robert Gilpni）所言，发展关于区域一体化的通用理论是不会取得成功的，采取折中的方法是可行的①。鉴于对于区域一体化这样一个复杂的政治经济现象做出一个普遍适用的解释或建立一种通用的理论可能是费力不讨好的，本书拟遵循折中方法对区域一体化运用多理论进行解释，包括经济学中关税同盟等经济一体化理论、政治学中新功能主义等一体化理论，以及 20 世纪后半期兴起的国际政治经济学理论等。尽管详细介绍这些理论超出了本书的研究范围，但在研究开始之前还是要用一定的篇幅对这些理论进行简单的介绍和评价，并在此基础上，勾勒出本书的分析框架。

第一节　区域一体化的内涵与衡量

一　区域一体化的内涵

"一体化"对应的英文是"integration"。在 1962 年出版的《牛津英

---

① 〔美〕罗伯特·吉尔平：《全球政治经济学——解读国际经济秩序》，杨宇光等译，上海人民出版社，2006，第 322 ~ 323 页。

语词典》中，"一体化"被赋予"将部分结合成一个整体"的含义。但一体化这一概念在不同的学科领域中所表达的含义并不一致，这恰恰反映了作为一种变化的过程和状态，一体化在政治学和经济学等学科中具有不同的维度。

（一）经济学中的一体化

尽管在一般意义上，一体化意味着部分被整合为一个整体，但学者们并不是一开始就这么认为的。在经济学领域中，"一体化"最初主要出现于产业组织研究中，指那些通过协定、卡特尔、康采恩、合并等形式将竞争者结合成工业组织，即水平一体化，或者指供给者和消费者结合成的垂直一体化。

从历史发展看，在20世纪50年代之前，"经济一体化"一词只是偶尔出现。从现有文献看，瑞典经济学家赫克歇尔（Heckscher）在《重商主义》一书中首先使用"经济一体化"一词，并将其解释为，重商主义仿佛是一个联合的系统，努力去推翻经济的非一体化[1]。德国经济学家盖蒂克（Herbert Gaedicke）和冯·尤恩（Gert von Eynern）在《欧洲的生产和经济一体化：一项关于欧洲国家对外贸易关联性的考察》一文中，测算了欧洲经济一体化的程度。美国经济学家范克里夫兰、摩尔和金德尔伯格在向美国政策规划参谋部主任凯南提交的报告中，呼吁美国政府"协调欧洲复兴计划以通往强大的和经济一体化的欧洲"[2]。1949年10月召开的欧洲经济合作组织大会上，时任美国经济合作署署长的保罗·霍夫曼鼓励西欧经济一体化。20世纪50年代后，随着欧洲一体化的建立与发展，"经济一体化"一词被普遍使用，其内涵也不断丰富和发展。

现代意义上经济领域的一体化研究，主要是关于现代主权国家之间在贸易、分工、系统和边境规制设置方面的障碍的取消和碎片化整合方面的分析。德国自由主义经济学派的代表人物威廉·罗普克（Wihelm Roepke）就主要从贸易自由化的角度为经济一体化下了定义。他认为，各国经济之间的贸易关

---

① Fmachlup, A. , *History of Thought on Economic Integration* （London：Macmillan Press, 1977）, p. 5.

② 柳风华：《俄罗斯与中亚——独联体次地区一体化研究》，经济管理出版社，2010，第3页。

系可以像在一个国家内部那样自由和有利可图，即为经济一体化。

20 世纪 50 年代，荷兰经济学家丁伯根（Tinbergen）将取消国别歧视，消除国家之间商品、服务和要素自由流动的障碍并建立相应协调制度的过程定义为一体化。同时，根据政府当局促进一体化措施的不同，他把一体化区分为"消极一体化"（negative integration）和"积极一体化"（positive integration）。前者指在共同监督下，通过消除国家经济规则和政策中的歧视，实现经济自由化；后者指建立新的规章制度，将一定的国家权力向共同机构进行部分让渡，为经济自由化实现制度上的创新。

美国经济学家贝拉·巴拉萨（Bela Balassa）在其名著《经济一体化理论》中较早并系统提出经济一体化概念。他指出："经济一体化既是一种过程，又是一种状态。就过程而言，它包括采取种种措施消除各国经济单位之间的歧视；就状态而言，则表现为各国间各种形式的差别待遇的消失。"其在《新帕尔格雷夫经济学大词典》中解释："一方面，两个独立的国民经济之间，如果存在贸易关系就可以认为是经济一体化；另一方面，'经济一体化'又是各国经济之间的完全联合。"从中可以看出，巴拉萨认为经济一体化包括从存在贸易关系到经济完全联合的广泛形式。约翰·平德（John Pinder）指出："一体化是指两个或两个以上的国家，不仅商品在它们之间自由流动，而且还允许生产诸要素自由流动，为此必须消除各国在这些方面存在的各种歧视，做出一定程度的政策协调。"维多利亚·柯森（Victoria Curson）主要从生产要素配置角度解释了经济一体化的概念，认为一体化的"过程"是全面一体化的成员国的生产要素的再配置，一体化的"状态"为业已一体化的国家的生产要素的最佳配置。彼得·罗布森（Per Robson）认为，经济一体化的本意在于以区域为基础，提高资源利用的效率。最大限度地实现这一目标的必要条件包括：在一体化区域内，消除阻碍货物与生产要素自由流动的一切障碍和集团成员国间一切以国籍为依据的歧视。此外，在资源由价格机制配置之处，需要有措施来保证市场能提供正确的信号，还需要有机构为市场提供足够的一体化动力。

拉丁美洲经济委员会的伊萨克·科恩·奥兰特斯强调，经济一体化应当是一个经济发展过程，在这个过程中，一方面各国相互依存、互惠互利、共同发展；另一方面要摆脱对发达国家的依赖，增强自身与发达国家谈判的能力。此外，在一体化进程中不能在政治上牺牲过多，即要保持国家的主权独立性。

多米尼克·萨尔瓦多（Dominick Salvatore）在《国际经济学》中对一体化的定义是影响广泛的界定。他认为，区域经济一体化是指仅在成员之间减少或消除歧视性贸易壁垒的商业政策。里查德·库伯（Richard Cooper）从国际经济一体化的标准出发，认为一个区域只要满足以下任何一条（①按巴拉萨的说法，消除了各种形式的差别；②按丁伯根的说法，达到最适度的国际合作；③要素价格均等），均可谓实现了经济一体化。彼得·H.林德特（P. H. Lindert）在其《国际经济学》一书中为经济一体化下的定义为：通过共同的商品市场、共同的生产要素市场，或者两者的结合，达到生产要素价格的均等。经济一体化的特征在于宏观经济政策的一体化和生产要素的自由流动以及成员国之间的自由贸易。

中国学者于光远在《经济大辞典》中认为，经济一体化是指"两个或两个以上的国家在社会再生产的某些领域内实行不同程度的经济联合和共同的经济调节，向结成一体的方向发展。一般根据国家间的协定建立，有共同的机构"。周建平、伍贻康认为，经济一体化是"两个或两个以上国家的产品和生产要素可以无阻碍地流动……一体化程度的高低是以产品和生产要素自由流动的差别或范围大小来衡量的，从而区域经济一体化组织也有不同的形式"。张幼文认为，简单地说，可以将区域经济一体化表述为"再生产过程各个阶段上国际经济障碍的消除"。

以上国内外学者关于经济一体化的相关研究表明，经济领域的一体化在实质上是分工和贸易超出一国边界之后，来自不同主权国家的规制障碍造成了相当高的国际资源配置交易成本，使得资本的力量受到制约，通过跨国界资源配置追求利润的经济行为受到阻碍，因此，需要通过政治和经济博弈与妥协实现市场规制的统一，从而实现资本、商品和要素的跨国配置，这一过程在实质上就是经济的一体化过程。这里包含要素和商品的无障碍跨国流动，以及国际一体化市场的制度设置和治理等内容。

（二）政治学中的一体化

在政治学中，对一体化的理解也有不同的视角。最早把一体化作为一种政治行为进行研究的是卡尔·多伊奇（Kark W. Deutsch），他将一体化概念用来描述区域国家之间出现和平与安全共同体的过程与状态。他认为安全共同体是"已经一体化了的人的群体"，它可以是"合并型"安全共同体，也可以是"多元型"安全共同体。前者指原来彼此独立的各政治行为体组成了一个具有统一政府的单一安全共同体；后者指由若干个仍保持司法独立性并相互分离的政府所组成的安全共同体①。从这一标准来看，目前独联体应属于"多元型"安全共同体。后来多伊奇又提出："政治一体化是政治行为者或政治单位（诸如个人、集团、城市、地区、国家）政治行为的结合。在政治中，一体化是一种关系，其中政治行为者、单位或组成部分的行为是受到制约的，即不同于他们没有结合在一起时的情况"②。

不同的学者强调了政治学中一体化的不同侧面，比如关系、状态、过程。一体化理论家菲利普·雅各布（Philip E. Jacob）提出，政治一体化"一般意味着在同一政治实体中人们之间存在的一种共同体的关系，也就是说这样或那样的联系纽带把人们结合在一起，并赋予该群体以一种共性与自我意识感"③。

厄恩斯特·哈斯将政治一体化定义为一个过程，在这一过程中，不同功能部门首先实现经济一体化，之后各行为体尤其是国家精英会将其注意力转向超国家层次的活动和决策，支持一体化进程和日益增多的共同利益④。一体化就由经济领域溢出到政治、社会领域并产生进一步一体化的政治压力，从而使一体化逐步发展和深化。这一政治一体化的过程最终将产生一个建立在原有一些国家之上的新的政治共同体。这一过

---

① 〔美〕詹姆斯·多尔蒂、小罗伯特·普法尔茨格拉夫：《争论中的国际关系理论》（第2版），阎学通、陈寒溪等译，世界知识出版社，2003，第453～455页。

② 〔美〕卡尔·多伊奇：《国际关系分析》，周启朋等译，世界知识出版社，1992，第267页。

③ 〔美〕詹姆斯·多尔蒂、小罗伯特·普法尔茨格拉夫：《争论中的国际关系理论》（第2版），阎学通、陈寒溪等译，世界知识出版社，2003，第456页。

④ 〔美〕詹姆斯·多尔蒂、小罗伯特·普法尔茨格拉夫：《争论中的国际关系理论》（第2版），阎学通、陈寒溪等译，世界知识出版社，2003，第448～449页。

程涉及向这个中心让渡部分主权的问题①。列昂·林德伯格（Leon Lindberg）认为，一体化是一个“各国放弃独立推行对外政策和关键性国内政策的愿望和能力，转而谋求做出联合决定或将决策活动委托给新的中央机构的过程。并且也是说服若干不同背景的国内政治行为体将其期望和政治活动转向一个新的中心的过程”②。林德伯格在后来的著作中侧重用集体决策系统的多种特性分析政治一体化，将其理解为一个相互作用的多维过程，强调通过一体化过程的各种变量特性，分析一组国家实行集体决策的程度，并将其作为衡量政治一体化水平高低的重要指标。唐纳·德普查拉（Donald J. Puchala）则强调一体化是一个“产生并维持一种国际性协调体系的过程”，在此国际体系中，政治行为者感到可以不断协调彼此的利益，调解相互间的分歧，并且从互动中共同受益③。

埃米特伊·埃特奥尼将政治一体化视为一种状态，认为政治统一是达到政治一体化状态的过程，这种统一会增进或加强系统内各个组成单位之间的联系。在他看来，政治共同体能否有效控制暴力手段的使用是衡量一体化水平的标准。政治共同体有一个分配资源和进行奖赏的决策中心，是大多数有政治意识的公民赖以确定政治身份的核心。罗纳德·瓦茨（Ronald L. Watts）指出，政治一体化是指把不同的团体、共同体或地区联合成能起作用的、有生命力的政治组织，是把各种政治机制联合成一个内在一致的整体的过程，或一种政治凝聚的状态④。

国内学者也对政治一体化进行了界定，如伍贻康等认为，一个地区中若干国家通过条约组成集团，建立一整套国际或超国家的组织机构，实行一定程度的政策协调和紧密结合，甚至制定和执行共同政策，

---

① 〔美〕詹姆斯·多尔蒂、小罗伯特·普法尔茨格拉夫：《争论中的国际关系理论》（第2版），阎学通、陈寒溪等译，世界知识出版社，2003，第549页。

② Leon Lindberg, *The Political Dynamics of European Economic Integration* (Stanford University Press, 1963), p.6。转引自金安《欧洲一体化的政治分析》，学林出版社，2004，第6页。

③ Puchala, D. J., " Of Blind Men, Elephants and International Integration," *Journal of Common Market Studies* 10 (3), 1971, p.277。转引自房乐宪《欧洲政治一体化：理论与实践》，中国人民大学出版社，2009，第13页。

④ 房乐宪：《欧洲政治一体化：理论与实践》，中国人民大学出版社，2009，第13页。

人们称之为"一体化"。在此基础上，主张政治一体化就是各国在政治和外交上加强合作和协调，在国际事务中力求用一个声音说话。畅征则把一体化视为处境相同的主权国家之间的"超国家"联合。一体化的目标在政治上是要建立一个更强大的统一的国际政治实体，在经济上是要建立一个更强大的统一经济区，在军事上是要建立一支更强大的统一军队，实行共同的防务政策。在此基础上，政治一体化即为几个国家联合建立"超国家"的政治机构，参与国把自己的一部分主权让渡给该机构行使。张蕴岭认为政治一体化分为高低两个层次：首先是国家之间的政治合作，其中最主要的是外交方面的合作；其次是国家之间超国家政治体制的建立。其认为，几十年来，主要的发展体现在前一个方面，即政治合作的发展，而在后一个方面则进展甚微。陈岳、宋新宁认为国际一体化就是国家间关系中不断处理和让渡国家主权的特殊阶段和特殊形式。

上述学者从不同维度对一体化进行的界定，尽管在形式上有所不同，但都从不同侧面反映了一体化的本质与内涵，对我们科学地认识和理解一体化具有重要的借鉴意义。

（三）一般意义上的一体化

研究独联体区域一体化问题，一个不可避免的重要前提就是对"一体化"概念的界定和理解。综合国内外学者对一体化不同维度的定义，结合本书的研究对象，我们认为，区域一体化是指在地缘意义上接近的民族国家（不强调地理上是否相邻），为了自身利益最大化，或基于某些共同利益和特性，在一些关键性领域包括经济、政治（安全）与社会（文化）等各个方面，通过国家间制度、协议等，调解利益分歧与矛盾冲突，加强合作乃至一体化的过程与状态。区域一体化根据是否存在主权的让渡可以分为两个阶段：不涉及主权转移的区域合作（cooperation）往往会成为区域一体化的前期准备，是区域一体化的低级阶段；当单个国家逐步将主权让渡给某个超国家的权力机构，并通过超国家制度有效对成员国进行某种程度的管辖和协调，即超国家性一体化体制的建立是区域一体化（integration）的高级阶段。根据一体化体制超国家性的不同，区域一体化也可分为不同的层次。

从概念的外延来看，一体化既有制度层面的界定，又有内容上的考量。在制度层面，经济一体化需要具备保障一体化建立与实施的机制建设或发展规划等；政治一体化需要建立共同管理机构，进行共同决策甚至实现主权的让渡。在内容层面，经济一体化包括贸易投资的便利化、生产要素的自由流动、宏观经济政策的一体化，以及实现经济完全融合等；政治一体化主要包括政治、外交、安全、社会等领域的共同决策、共同行动，具有共同体意识以及产生新的关系（政治共同体）。具体如表2-1所示。

表 2-1 一体化的内涵与外延

维度	制度层面		内容层面			
一体化 · 经济一体化	消除各种歧视制度	建立自由市场新制度	贸易投资便利化	生产要素自由流动	宏观经济政策一体化	经济完全融合
政治一体化	共同决策	主权的让渡	政治外交合作	安全领域共同行动	共同体意识	政治共同体

资料来源：笔者根据一体化定义整理。

值得说明的是，政治一体化的内涵是十分广泛的，所有由成员国主权让渡而形成的超国家性制度、政策等都包括在政治一体化范围之内。政治一体化以超国家政策、决策机构、超国家法律框架的存在和运作为主要特征。从概念上讲，政治一体化的最终目标是建立超国家性政治共同体，这将改变成员国间的政治关系。在发展过程中，根据条件与任务的不同可将政治一体化分为不同的层次：首先政治一体化要实现的是区域治理[1]，以区域治理为主要目的的制度构建是政治一体化发展的初级层次；其次要实现的是区域安全、防务等公共物品的提供，以此为目的，各国在政治、安

[1] 区域治理主要指，区域内国家间通过机制化的建设，各行为体协调合作，解决单一民族国家无法解决的区域安全稳定与经济发展等问题。该概念的界定主要参考了全球治理概念的内涵。根据全球治理委员会委员、国际关系著名学者詹姆斯·罗西瑙，较早对治理理论进行系统化总结的丹麦学者安妮·梅特·卡娅尔（Anne Mette Kjaer），以及国内最早系统引用治理理论思想的著名学者俞可平等国内外学者的界定，全球治理主要指由全球化带来的全球公共事务凸显，各行为体从自身利益及立场出发，参与到公共事务的解决，以及机制化建设的过程。

全、防务等政治领域的共同行动即为政治一体化的中级层次；最后是政治一体化的高级层次或者说最终阶段，彻底改变成员国间政治关系，建立超国家性"政治共同体"。还需要特别说明的是，安全一体化的归属问题。一些学者将政治一体化和安全一体化分别列出，认为安全合作不属于政治一体化的内容。事实上，政治一体化是不能与其他领域特别是如安全这样的高级政治明显区分开的。政治一体化的显著特征是主权的让渡，在各个维度的一体化中都有体现，特别是在安全一体化中体现得尤为明显，所以本书不再将安全一体化单独列出，而将其归入政治一体化内容。安全一体化既可在军事联盟中体现，也可在安全共同体等合作模式中体现。一般来说，军事联盟体现的是成员国中实力较强个体进入较弱个体决策过程的手段，以安全援助作为较弱个体的回报。而安全一体化要求所有的成员国，不分大小和实力强弱，共同决策、共同行动，类似于卡尔·多伊奇所说的安全共同体。

综上所述，以主权国家为基本单位的区域一体化是一种关系，也是一个过程，更是一种状态。从静态角度来看，区域一体化是独立主权国家相互关系的一种特殊状态，区域内国家已经达到了制度、治理甚至文化和生活状态的某种程度的同质化和高度相互依赖，是一种特殊的国与国之间关系，其中包含了共同治理、共同的制度安排与社会规制、统一的市场等。从动态角度看，上述状态不是突然出现的，逐渐实现的，是从国际分工和跨国界交易开始，到以共同规制和共同治理为分水岭，再到实现市场一体化和建立共同治理机制的一个过程，一体化在这里包含了内容、制度和治理三个层面的内容。

二 区域一体化的衡量

区域一体化是以国家间关系的加强为主要特征的复杂转化过程，它会产生新的治理形式，并与传统的国家政府治理模式共存。正如美国经济学家巴拉萨所说，区域一体化既是一种过程，也是一种状态。不同的区域一体化处于不同的过程和状态下，其一体化程度也不同。目前，区域一体化程度的衡量标准较多，分歧很大，而且主要集中于对经济一体化的衡量，现有评估区域一体化的主要方法如下。

（一）阶段衡量法

卡尔·多伊奇最早从理论上提出一体化的阶段划分。他认为，一体化运动显示了三个阶段的连续性：首先，是知识分子领导的阶段；其次，是大政治家领导的阶段；最后，是群众运动阶段或大规模的社会精英政治。多伊奇的这种分析是从领导者的角度并且也是从一体化的内涵所做的阶段划分。然而，更多的学者是根据厄恩斯特·哈斯对一体化的定义，从一体化不同阶段的实质性内容来划分的。包括我国学者陈岳、宋新宁在内的大部分学者将一体化分为经济一体化、政治一体化、军事一体化，并认为只有在经济一体化发展到相当高的程度并有一定基础的情况下，才能使政治一体化有所进展，而只有在经济、政治一体化有所突破的情况下，才可能涉及军事一体化和其他领域的一体化。

根据商品、生产要素自由流动的程度和经济政策的协调状况，又可将经济一体化分为不同的发展阶段。不同学者仍有不同的划分方法，如美国经济学家贝拉·巴拉萨提出的自由贸易区、关税同盟、共同市场、经济联盟、完全的经济一体化的五阶段划分法；理查德·李普西在自由贸易区前加上"特惠关税制度"的六阶段划分法；彼得·罗布森提出的自由贸易区、关税同盟、共同市场、货币联盟、经济与货币联盟的五阶段划分法；阿拉格提出的单一商品经济一体化、自由贸易区、关税同盟、共同市场、全面的经济联盟、完全政治一体化的六阶段划分法；等等。

综上可见，学者们对一体化尤其是经济一体化的阶段划分还存在不同看法。在实践中，有些区域一体化可能会呈现跨越式的发展，并不一定严格遵循由低到高的发展模式。因此，根据一体化发展的实质内涵，可以把一体化分为经济一体化和政治一体化，但经济一体化并不必然是政治一体化的基础，有些一体化方案或实践可以是政治一体化先行，由政治一体化带动经济一体化。

（二）指标体系衡量法

指标体系衡量法主要是指通过构建衡量区域一体化的不同指标体系并赋值，对区域一体化的程度进行定量分析的一种方法。但如同没有人们普遍接受的一体化定义一样，也没有一系列人们普遍认可的指标作为衡量的基础。不同学者、不同组织会构建不同的指标体系。布鲁斯·M.拉西特（Bruce M. Russett）在《国际区域与国际系统：政治生态学研究》一书中将区域一体化的指标分为经济、社会、文化、政治等方面[1]。欧亚发展银行（EDB）在评估欧亚一体化时构建了"市场一体化"、"经济体制集中度"和"制度合作"3个一级指标，以及贸易、劳动力迁移、电力、农业、教育、宏观经济政策、金融、财政、货币政策、专家调查、来自一体化组织的数据等多个二级指标[2]。欧盟发展委员会评估非加太核心国家的测度指标包括经济一体化、功能性区域一体化、管理金融和制度、来自共同预算的金融方案和项目。联合国非洲经济委员会（UNECA）提出8个指标：贸易和市场一体化、货币财政和金融一体化、交通、通信、工业、能源、食品和农业、人类发展和劳动力市场。日本"国际连合大学"的一个研究中心（UNU – CRIS）提出，贸易自由化、贸易发展、服务贸易、过境便利化、货币集中、国内支付和结算系统、银行和利率交易7项指标[3]。亚洲区域一体化中心（ABD）衡量亚洲区域一体化使用贸易、外国直接投资、货币和金融指标[4]。由此可见，目前已有一些公认的测度指标，涵盖贸易、金融和生产要素指标等。

（三）本书对一体化的衡量

考虑本书研究对象的特殊性及数据的可获得性，参考不同学者及欧盟发展委员会和欧亚发展银行等组织衡量一体化的方法，本书使用一般意义上区域一体化的衡量方法对独联体区域经济一体化进行测量，同时从制度等政治层面对独联体区域政治一体化所取得的成就进行评估，其评价体系及方法见表2－2。

---

[1] Bruce M. Russett, *International Regions and the International System*：*Astudy in Political Ecology*（Chicago：Rand & Menally & Company，1967），p. 11.

[2] Vinokurov, E., *The System of Indicators of Eurasian Integration*（Almaty：RUAN Publishing Company，2010），p. 49.

[3] Vinokurov, E., *The System of Indicators of Eurasian Integration* Almaty：RUAN Publishing Company，2010），pp. 39 – 43.

[4] http：//aric. adb. org/integrationindicators/2015. 02. 13.

表 2 - 2　衡量区域一体化指标体系

一级指标	二级指标	评价方法与解释
经济一体化	贸易便利化	贸易便利化水平 区内贸易比重：区内贸易额/总贸易额 区域贸易强度：区域贸易比重/区域内贸易与其他地区贸易比
	投资便利化	投资便利化水平 区内(直接)投资比重：区内(直接)投资/总(直接)投资 投资结构是否优化
	基础设施 一体化	区域基础设施本身一体化程度及是否充分利用 是否拥有共同管理政策
政治一体化	制度构建	制度建立与功能的定性评估
		决策机制有效多数或一票否决，权力分配是否平等
		制度有效性，包括会议是否定期召开，决议执行情况等
	政治领域的 合作与一体化	外交方面是否用同一个声音说话
		安全领域是否具有共同行动
		政治上是否作为一个整体出现
	政治共同体	共同体的性质
		中心机构超国家性程度

资料来源：参考欧亚发展银行指标，结合独联体区域一体化实践整理。

1. 经济一体化

商品、生产要素的自由流动，经济政策的协调以及最终实现经济的完全融合等是经济一体化的重要内容。鉴于独联体区域经济一体化实践主要体现为商品、生产要素的自由流动，经济政策的协调主要在俄、白、哈三国间发生，因此对其经济一体化的衡量主要考虑以上内容，即通过商品、生产要素的跨境流动程度来衡量。其中，衡量商品自由流动性最传统的办法是用区域内贸易额占总贸易额的比重来衡量，即国家之间贸易一体化的程度。这种方法的优点在于它是最简单的方法，相关统计数据比较容易得到。缺点是容易出现过于乐观与悲观的结果，因为当一组一体化国家的GDP 占全球 GDP 的比重上升或下降时，区域内贸易的增加和减少可能与一体化的关系不大，这样会扭曲一体化的衡量结果。此外，区域内国家的数量也会影响衡量结果。因此需要使用多样化指标来修正区域内贸易指标所具有的缺点，如贸易依存度、区域贸易强度指数等。生产要素主要指的是资金和劳动力，区域内生产要素的流动性越强，说明其区域经济一体化程度越高。本书主要使用区域内投资或直接投资的比重来衡量生产要素的自由流动程度。除了贸易与投资的一般性指标，基础设施属于功能性指标。一个区域基础设施的网络化、一体化不仅是维持一体化的重要前提，也是推动一体化的重要因素。

　　2. 政治一体化

　　对政治一体化的衡量较为困难，因为政治一体化的指标体系不清晰，且很难实现定量分析，因此对政治一体化的衡量主要采用定性分析。制度是区域一体化的重要方面，同时，以区域治理为主要目的的制度构建也是政治一体化发展的初级内容。因此本书将独联体及其框架下各次区域一体化组织的制度构建纳入政治一体化衡量的范畴。此外，成员国在政治、外交、安全等领域的合作与共同行动，以及政治共同体的建立等也是政治一体化的主要内容。有关制度的内容主要以是否建立保障区域一体化实施的制度、制度是否具有超国家性、制度有效性如何等为评价标准。其中是否建立保障区域一体化实施的制度，可通过制度名称及主要功能进行评价；制度的超国家性可通过决策机制与相关权力分配进行评价；制度有效性可通过不同级别会议的定期召开及协议实施情况进行评价。对政治领域的合作与一体化的衡量主要关注成员国是否持有共同态度或共同行动，以及共同的程度如何，如外交方面是否用同一个声音说话，安全领域是否具有共同行动，以及政治上是否作为一个整体出现在国际舞台上等。对政治共同体的衡量主要以共同体的性质及超国家性程度为衡量标准。

第二节　区域一体化分析的基本理论及其假设

　　区域一体化是国际政治经济发展中一种重要的现象。在现代主权国家制度和国际体系确立后，主权独立和独享是至高无上的原则，通过合作的方式在主权国家之间建立一体化制度安排，是 20 世纪出现的新现象。经济学和政治学理论都试图对这一现象给出自己的解释，从而形成了关于一体化分析的一系列基本理论。

一　经济学关于区域一体化的分析和解释

在经济学的视野中，区域经济一体化是在市场力量的推动下，交换和分工在国际繁荣、深化的结果。15～16世纪的地理大发现和资本主义的发展，极大地推动了商业活动地理空间的扩大和经济分工的深化。但直到19世纪末，资本和商业活动的跨国界发展还极大地受到国家主权设置的边界制约，强大的资本曾经携国家暴力开展广泛的殖民活动，但争夺殖民地和势力范围的冲突最终酿成两次世界大战，给人类社会带来了巨大灾难，也给商业财富带来了毁灭性的破坏。

二战之后，欧洲在和解思想的主导下，从煤钢联营开始，逐渐实现了商品市场、资本市场和要素市场的一体化。这种一体化的动力、机制、条件和形式是什么？经济学运用自己的理论给出了解释，包括关税同盟理论、自由贸易区理论、大市场理论等。

（一）关税同盟理论

关税同盟理论是区域一体化经济理论的基础，该理论是美国经济学家雅各布·维纳（Jacob Viner）于1950年在《关税同盟问题》一书中最先提出的。国际经济学关于国际分工与交换的福利效应分析为自由贸易奠定了理论基础，但受制于关税、非关税壁垒和其他一些基于主权限制的交易成本，许多贸易机会无法实现，对这些损失的规模和范围如何估量？维纳的关税同盟理论首次将古典经济学家亚当·斯密、大卫·李嘉图以及赫克歇尔·俄林等提出的对关税互惠给两国带来的收益和损失的定性分析转变为定量分析。

维纳以市场是完全竞争、要素不在国家间自由流动、运输成本为零、生产成本不变、关税是唯一的贸易壁垒、价格反映生产的机会成本、贸易收支平衡、资源被充分利用等为假设前提，分析了关税同盟形成后，关税体制的变化为成员国带来的效应。维纳的关税同盟理论具有开拓性，因此得到了理论界的充分肯定，但同时也存在明显的局限性，如采用静态分析和局部均衡分析方法、假设使用范围狭窄、忽视对经济增长的影响、忽视对政治的意义等。因此，不同学者对维纳的关税同盟理论又给予大量的补充与修正。米德（Meade）提出经济一体化的效应除了贸易创造效应，还应包括贸易扩张效应，同时，其在关税同盟理论的基础上建立了自由贸易区理论；芒德尔（Mundel）增加了对关税同盟的贸易条件分析；约翰逊（Johnson）对贸易创造效应进行了扩充，提出贸易创造效应是生产效应与消费效应之和；科登（Corden）放宽了一些假设条件；巴拉萨（Balassa）进行了动态效应分析等。不同学者对维纳关税同盟理论的修正和补充确实丰富和发展了关税同盟理论，但总体上并未超出维纳的分析框架。即使如雷茨曼（Riezman）、科勒（Collier）、罗伊德（Lloyd）等关于关税同盟的一般均衡分析，也只是对维纳模型的扩充。

众多学者经过不懈探索，得出了关税同盟的一些规律性结论。关税同盟可以为成员国带来静态效应和动态效应，静态经济效应的核心内容是贸易创造和贸易转移。

1. 关税同盟的静态效应

（1）贸易创造效应

贸易创造效应是指，关税同盟建立后，一方面，一国成本高的产品被成员国成本低的产品所代替，本国不再生产，改从成员国进口，新的贸易得到创造；另一方面，本国还可以把原来生产成本高的资源转向生产成本低的产品，再次销售到成员国市场，新的贸易又得到创造，从而获得收益。简单说即为成员国间关税的取消带来的贸易规模扩大及福利的增加。贸易创造既可以为生产者带来福利，也可以为消费者带来福利。对生产者来说，在比较优势的基础上生产更加专业化、劳动生产率提高、生产成本降低；对消费者来说，产品价格降低、开支节省。

（2）贸易转移效应

贸易转移效应是指，关税同盟建立后所形成的壁垒，导致原从成本较低的第三国进口的数量减少，转为从伙伴国进口成本较高的产品，这就出现了贸易转移，对本国与第三国造成一定的损失。贸易转移不仅是贸易方向的转移，即原来从同盟外低成本国家进口转向从同盟内较高成本国家进口，而且还会造成福利的损失。对于同盟内的消费者来说，进口高成本产品，增加了消费者开支，降低了福利。对同盟外的生产者来说也是一大损失，出口减少了。从全世界来看，不能有效配置资源，效率降低，福利减少。

一个关税同盟的总体效应，就是关税同盟的贸易创造与贸易转移之间大小的比较，如果贸易创造大于贸易转移，该关税同盟就有利，反之则不利。一个关税同盟中贸易创造与贸易转移的大小受各种因素制约，关税同盟成员数量越多、结盟前关税越高、结盟后对外关税水平越低、结盟前的经贸关系越紧密、成员国经济越发达、成员国地理上越接近、成员之间竞争性越强、成员间国供给与需求弹性越大、成员国与非成员国的成本差异越小，贸易创造效应越大，贸易转移效应越小。但维纳认为，关税同盟不管是否使成员国获利，都会对非成员国的福利造成损失，因而是一种非帕累托改进的次优选择。

（3）其他静态效应

关税同盟除具有贸易创造和贸易转移的静态效应之外，还有其他的一些静态效应：各成员国的海关人员、边防人员的减少引起行政费用的节约；关税同盟在国际贸易谈判中以一个整体行动，较之任何一个单一国家都具有更大的讨价还价能力；关税同盟建立后，因与同盟外国家贸易的减少，进口价格下降，出口价格上升，贸易条件改善。

2. 关税同盟的动态效应

关税同盟除具有静态效应外，还会产生一系列动态效应。

第一，规模经济效应。市场的扩大可以使成员国进行更细的分工，甚至是产业内分工，这大大降低了产品成本，增强了竞争力。第二，竞争效应和分工效应。参加关税同盟意味着一国再不能利用高额关税搞贸易保护主义，这必然会促进成员国之间的竞争，从而刺激企业进行技术创新，降低生产成本，提高经济效益。第三，投资效应。一方面，同盟外的国家为绕开关税同盟的统一对外关税，会到同盟内直接投资，在同盟内直接设厂，就地生产和销售；另一方面，随着同盟内市场的扩大、竞争的加剧，同盟内的企业为了生存和发展会不断扩大投资。第四，资源配置效应。商品的自由流动带动了生产要素的自由流动，促进了要素的合理配置。第五，技术创新与经济增长。竞争压力迫使厂商加大研发投入力度，加快技术创新步伐。以上各项均可促进经济的增长。

经济学家通过实证研究表明，关税同盟的动态效应要比静态效应大得多，为5～6倍，非常重要。事实上英国主要是被这些动态效应吸引，才在 1973 年加入欧洲共同体的①。

关税同盟理论为区域经济一体化奠定了初步基础。

（二）自由贸易区理论

自由贸易区理论是在关税同盟理论的基础上发展而来的。自由贸易区在两个方面与关税同盟有所不同：一是成员国对区外非成员保留各自的独立关税；二是实行严格的原产地原则。由于自由贸易区与关税同盟具有不同特征，因此二者的影响不同。这种不同主要是自由贸易区除了可以产生贸易创造效应、贸易转移效应及动态效应之外，还会产生贸易偏转（trade deflection）效应。由于对外不实行统一关税，区外商品便可通过低关税国家进入区内，所以为了限制这种偏转，自由贸易区实行严格的原产地原则。

自由贸易区除了产生直接的贸易偏转外，还会产生间接的贸易偏转（indirect trade deflection）。主要是指自由贸易区成员国将符合免税条件的产品销往其他成员国，随之从区外更低价格的国家进口以弥补国内的需求缺口。这种间接的贸易偏转是不能通过原产地原则加以限制的。因此自由贸易区不会形成像关税同盟那样的单一价格，这是自由贸易区的另一重要特征。

至于自由贸易区与关税同盟孰优孰劣的问题，理论界普遍认为，自由贸易区是比关税同盟更好的一体化形式，它能带来更高程度的福利改善。低关税成员在自由贸易区中不需要提高关税，因而不会直接影响非成员进入市场的成本。如果从低关税成员的进口能完全替代从非成员的进口，高关税成员的国内价格会下降。同时，已经是比较自由贸易体制的国家将不会受到自由贸易区的限制。英国学者彼得·罗伯逊（Peter Robson）认为，就静态效应看，自由贸易区比关税同盟更为可取，但不能据此说明应当建立自由贸易区，而不应建立关税同盟②。

（三）大市场理论

当经济一体化发展到共同市场之后，区内不仅实现了商品的自由化，

---

① 〔美〕多米尼克·萨瓦尔多：《国际经济学》（第 9 版），杨冰译，清华大学出版社，2008，第 284 页。

② 潘广云：《独联体框架内次区域经济一体化问题研究》，北京师范大学出版社，2011，第 18 页。

生产要素也可以在区内自由流动，从而形成一种超越国界的大市场。因而大市场理论是对共同市场进行动态福利效应分析的理论，其理论核心是"规模经济"与"刺激竞争"，代表人物为西托夫斯基（T. Scitovsky）和德纽（J. F. Deniau）。

西托夫斯基以"小市场与保守的企业家态度的恶性循环"为命题，从西欧的现状入手，提出在建立共同市场前，由于国内市场狭小，竞争几乎消失，价格高、利率高、生产规模小，陷入一种恶性循环。共同市场建立后，壁垒取消、竞争加剧、价格下降，企业不得不进行大规模生产。随着成本降低、价格降低、收入和消费水平提高，市场进一步扩大。德纽则对大市场带来的规模化生产进行了这样的描述：大市场的建立带来机器设备的充分利用，实现了大批量生产和专业化，竞争加剧，价格下降，成本降低。另外，取消关税带来的价格下降，必然带来消费增加和投资进一步增加的情况。这样一来，经济就会开始滚雪球式地扩张。消费的扩大引起投资的增加，投资的增加又导致价格下降、工资提高、购买力的提高……

综合西托夫斯基和德纽的阐述，大市场理论的核心思想是，一体化前各国实行的是贸易保护政策，把市场分割得过于狭小和缺乏弹性。在这样的市场当中，企业无法进行大批量生产和获得规模经济利益。共同市场的目的就是要把这些分散的狭小市场统一起来，结成大市场，为规模经济的形成创造良好的市场环境。同时，通过大市场内部的激烈竞争，提高技术水平，扩大生产规模，使一国经济进入良性循环。

二　政治学理论

政治学中关于区域一体化问题的理论流派纷繁众多，从政治学一体化的理论逻辑看，包括联邦主义、新功能主义、政府间主义及新制度主义等在内的理论都对区域一体化给出了自己的分析和解释。其中，作为一种政治一体化理论，兴起于20世纪40~50年代的联邦主义，强调国家是区域一体化行为体，主要看中一体化最终目标的实现，即主张建立联邦制国家。兴起于20世纪50~60年代的新功能主义从一体化行动主体多元化和功能外溢的角度，更加强调一体化路径的重要性和超国家性、主权共享对一体化的影响。随着20世纪80年代欧洲一体化在《欧洲单一法令》颁布后重新启动，在对功能主义、制度主义、传统现实主义和联邦主义一体化方法进行批判和综合基础上产生的自由政府间主义开始获得更大的解释力。自由政府间主义把国家作为一体化行动单元，认为一体化可以分为国家偏好（national preference）的形成、国家间博弈（inter-state bargaining）和制度选择（institutional choice）3个阶段。从理论和实践发展的角度看，这些理论都在区域一体化发展和演进过程中给出了自己的设计方案，解释了区域一体化的动因、路径和行动逻辑。从理论影响力和实践发展的角度，根据本书的研究内容，我们选取新功能主义与自由政府间主义理论加以分析，来探寻政治学中一体化理论的分析逻辑。

（一）新功能主义理论

从实践基础看，新功能主义理论是20世纪50~60年代随着欧洲煤钢共同体的建立和发展而成长起来的一体化理论。欧洲一体化经历了从煤钢共同体到欧洲经济共同体，再到欧共体，最终发展成为欧盟这样几个历史阶段，一体化程度不断提高。其间，各种解释和分析欧洲一体化的理论不断涌现，包括联邦主义、制度主义等，但其中获得持久影响力并具有较强解释力的政治一体化理论并不多，新功能主义理论是其中的理论流派之一。欧洲一体化进程是新功能主义产生的实践基础，新功能主义理论既在理论上给予欧洲一体化以指导，同时又在一体化的实践中不断丰富和修正。20世纪50年代到60年代中期是欧洲一体化发展的黄金时期，新功能主义理论在这一时期兴起并逐步走向成熟。此后，在60年代中期到80年代中期，欧洲一体化总体上处于停滞状态。法国的空椅子危机、卢森堡妥协等表明共同体体制的超国家色彩减弱；经济上受两次石油危机的影响，各国只顾眼前利益，经济领域的合作机制也名存实亡。新功能主义理论由于无法解释欧共体这种曲折发展历程，逐渐被政府间主义理论所代替，失去理论主导地位。20世纪80年代中期以后，《欧洲单一法令》生效，欧洲一体化进入一个新的发展阶段。新功能主义理论重新活跃，但这一时期新功能主义理论以和其他理论综合的方式出现。

1. 新功能主义理论的基本假设

新功能主义理论主要是对以米特兰尼为代表人物的功能主义理论的批判与继承。除了对功能主义理论的一些假设进行修正外，新功能主义理论与功能理论主义理论在内容上有较大不同。功能主义理论是新功能主义理论的重要理论基础。此外，新功能主义理论的产生还受 20 世纪 50 年代西方政治学领域中出现的行为主义研究方法的影响，为其提供了方法论基础。行为主义方法强调政治的分析要更科学化，理论的假设与内容必须能够在现实中进行验证。

（1）政治和经济的相对区分并内在统一

在功能主义理论那里，米特兰尼给出了关于经济与政治可以完全分离的假设，新功能主义理论代表人物厄内斯特·哈斯（Ernst B. Haas）对此进行了修正。哈斯提出："权力和财富是难以分割的，任何财富活动都属于政治决策的范畴，而政治决策在很大程度上以财富活动为基础。特定的功能内容与一般性关注是密不可分的，所有的经济决策都是在功能主义者所阐述的功能部门的直线演进之前做出的。政治与技术、政治家与技术专家之间的明显区分实际上并不存在，因为政治决策是先于事务性的决策之前做出的。"[1] 哈斯虽然认为政治与经济不可分割，但仍承认有一种可以作为一体化基础的相对区分，这一点在欧洲一体化的实践中有很好的体现。基于这一假定，哈斯解释了欧洲一体化的动力机制，认为一体化的动力不仅来自功能主义的技术专家的"自主性"，还包括一体化过程中各行为体的自我利益追求。因此，哈斯指出一体化就是"在不同的背景下，不同国家的不同政治行为体从自身利益最大化角度出发，不断将它们的忠诚、希望和政治活动转移到一个拥有超国家管辖权的新中心的过程"[2]。

（2）行为体的多元性及理性人假设

国家不再是新功能主义理论考虑的唯一行为体，还包括国内政治层面的政府与利益集团。这些行为体都具有理性人的属性，都是追求各自利益的，目的性很强。新功能主义理论设想这些国内政治中的行为体是可以移植到超国家层面的，可见新功能主义理论设想的一体化共同体是具有国内政治的特点的。在一体化过程中利益集团的行为模式体现在：这些利益集

---

① Ernst B. Haas, *Beyond the Nation-state: Functionalism and International Organization* (Stanford: Stanford University Press, 1964), p. 23.

② Ernst B. Haas, *The Uniting of Europe: Political, Social, and Economic Force 1950 – 1957* (Stanford: Stanford University Press, 1958), p. 16.

团在共同的问题面前会产生一致的反应，这种联系会逐渐成为习惯，导致利益集团态度、战略的变化及新的行为模式的产生，即新功能主义理论认为利益集团能够将其对国家的忠诚转移到对超国家共同体的层面。政府的行为模式与利益集团一样，在一体化过程中政府的行为受到限制，不得不调整其行为，接受共同体的存在及对共同体的承诺。甚至从长远来说，各个政府为了自身的利益可能会遵守联邦制的决策①。

（3）强调超国家制度在一体化中的催化作用

哈斯认为，一体化的获益会使相关利益集团游说它们的政府支持一体化，结果使国家层面的行为体认识到超国家制度的重要性，最终支持一体化的发展，国家层面行为者愿意为达成一体化协定而进行谈判，并向超国家制度让渡主权，从而实现一体化。对哈斯来说，超国家形式是比单一国家治理更进步的模式，也是一体化的推动力量，一方面它能在广泛的经济部门提出更深入的经济一体化的实现战略，另一方面能增强超国家的权威。

2. 新功能主义的理论逻辑

新功能主义兴起之前的一体化政治理论是联邦主义，强调并关注一体化的目标和结果。新功能主义与联邦主义的一体化目标诉求不同，它更加关注一体化的路径问题。这与其区域一体化行为体多元化、理性人假设和行为体一体化动力外溢的假设密切相关。其理论逻辑的核心包括两个层面：一是外溢思想，二是超国家性观念。

（1）外溢思想：经济政治合作的功能性、政治性和地理性外溢

外溢是新功能主义的核心思想，是对米特兰尼扩展说的继承和发展。根据领域的不同，可将外溢划分为功能性外溢（functional spillover）、政治性外溢（political spillover）、地理性外溢（geographical spillover）3 种亚类型。

所谓功能性外溢也称部门外溢，是指一个领域的合作将要求另一个相关领域的进一步合作，如农业领域的合作必然要求食品卫生领域的合作，边界合作必然要求相关国家在移民及预防犯罪方面政策的合作。哈斯对外溢的解释是："经济领域中某一个部门的一体化，将产生该部门和其他经

---

① 肖欢容：《地区主义理论的历史演进》，博士学位论文，中国社会科学院，2002，第47 页。

济部门更大一体化的压力，而在欧洲层面会出现更大的权威力量。"① 利昂·林德伯格（Leon N. Lindberg）把外溢界定为"与某种特定目标相关的特定行动产生一种新的情形，这种情形导致最初的目标只有在进一步的行动之下才能保证实现，由此依次产生进一步的条件和更多行动的需要"②。

所谓政治性外溢也称养成性外溢，是日益加深的经济一体化要求超国家制度协调的结果。具体来说，是指各行为体在超国家制度的影响下，会将其忠诚转移，支持或者否定超国家制度，如果支持，政治性外溢即发生。

所谓地理性外溢主要强调一组国家间的合作可能对非成员国产生的影响，哈斯认为这种影响不仅体现在贸易模式的改变，而且当被排除在外的国家感觉到身边国家的合作对自身的直接影响时，它们将越来越倾向于加入这个合作。哈斯特别提到了英国加入欧共体的问题，1957年英国政府认识到了加入欧洲共同市场的必要性，这样，地理性外溢出现了③。

新功能主义理论是20世纪50～70年代欧洲一体化的主导理论，但随着70年代中期欧洲一体化陷入停滞，新功能主义理论失去了解释力。哈斯认识到自身理论存在的问题，最初的外溢思想描述的是一种直线型的一体化道路，这在现实中不可能总是存在，因此新功能主义理论需要扩展和修正。

其中林德伯格首先提出："一体化的过程不仅没有减少国家间的冲突和紧张，而是可能继续或加剧。"④ 当一体化触及相关政府的权能时，一体化就成了这些国家间紧张关系的源泉。同时他还提出一体化发展过程有4种可能：一是返溢（spill-back），指一体化部门的范围缩小或制度能力

---

① Ernst B. Haas, *The Uniting of Europe: Political, Social, and Economic Force 1950 – 1957* (Stanford: Stanford University Press, 1958), pp. 283 – 317.

② Leon N. Lindberg, *Europe's Worl-Be Polity: Patterns of Change in the European Community* (Englewood Cliffs, 1970), p. 117。转引自肖欢容《地区主义理论的历史演进》，博士学位论文，中国社会科学院，2002，第49页。

③ Ernst B. Haas, *The Uniting of Europe: Political, Social, and Economic Force 1950 – 1957* (Stanford: Stanford University Press, 1958), p. 317.

④ Lindberg, "Integration as a Source of Stress on the European Community System," *International Organization* 20 (2), 1966, p.235.

的减弱；二是发展联动（forward linkage），等同于外溢；三是平衡（equilibrium），指保持现状；四是输出失败（output failure），主要指没有就一体化达成协议①。

菲利普·斯密特（Phillippe C. Schimitter）根据各行为者的战略选择对外溢概念做了进一步的发展。他认为除了外溢之外还应包括：①环溢（spill-around），范围扩大，层次不变；②堆积（build-up），层次提高，范围不变；③返溢（spill-back），层次下降，范围缩小②。

（2）超国家性观念与主权共享

超国家性观念是新功能主义理论的另一个核心因素。哈斯认为，政治一体化就是不同政治行为体从自身利益最大化角度出发，将其忠诚、期望和政治活动转移到一个新中心机构的过程，该中心机构拥有或要求行使对先前就存在的诸民族国家的管辖权。哈斯以多元主义为假设，认识到除国家精英、利益集团等在推动政治一体化进程中的重要作用外，超国家性的中心机构也是决定欧洲一体化进程的重要因素。

值得注意的是，哈斯所说的超国家性不是指主权的让渡，而是主权的共享。成员国在让渡了部分主权后，这部分主权在成员国是消失了，但在超国家机构那里得到了新生。成员国通过共同管理和控制超国家机构行使各国让渡的主权，实际上相当于增进了原有的主权。因此超国家性只是使国家行使主权的方式发生了变化，由直接地、无条件地行使一国的全部主权变为在直接地行使大部分原有主权的同时，还通过超国家性的中心机构间接地、有条件地共同行使成员国让渡的部分主权。虽然行使主权的方式变了，但主权的归属并没有彻底改变。

3. 新功能主义理论分析框架的解释力

新功能主义理论为我们分析区域一体化提供了一个有用的分析框架，它提出了一体化的动力、路径逻辑等，因此一度成为研究区域一体化的主导理论。当然，作为一种理论它不可能是完美无缺的。达菲

① 肖欢容：《地区主义理论的历史演进》，博士学位论文，中国社会科学院，2002，第50页。
② 陈玉刚：《国家与超国家：欧洲一体化理论比较研究》，上海人民出版社，2001，第218页。

（Charles A. Duffy）和费尔德（Feld）就曾指出：新功能主义理论变量过多，就像希腊神话中的九头蛇，科学性与预测性不足；对外部因素如美国霸权对欧洲一体化的影响等考虑不足；假设严格，缺乏普适性，如对外溢条件的严格限制。哈斯认为只有先进的西方自由民主国家才能有新功能主义的一体化模式。为此，80年代中期后，新功能主义者在方法论上开始吸收和借鉴国内政治研究方法，并将外部条件、过程条件和结果条件纳入一体化研究之中，关注民族国家政府、超国家性机构及政治精英等多元行为体的作用，形成所谓的新-新功能主义理论。

（二）自由政府间主义理论

1985年《欧洲单一法令》通过，欧洲一体化重新启动，促进了欧洲一体化理论的新发展。新功能主义、联邦主义等纷纷对欧共体的新发展给予解释，各理论之间相互批判，相互吸收对方观点。自由政府间主义理论就是对功能主义、制度主义、传统现实主义和联邦主义一体化方法的批判，同时吸收它们的观点和方法，是分析欧洲一体化的综合理论。其理论集中体现在代表人物安德鲁·莫劳夫奇克的作品中，分别是：1991年发表的《欧洲单一法令谈判：国家利益与欧共体日常事务管理》、1993年发表的《欧共体的偏好与实力：一种自由政府间主义的解释》、1998年出版的专著《欧洲的抉择——社会目标和政府权力：从墨西拿到马斯特里赫特》。莫劳夫奇克将他的理论置于国际合作的理性框架之下，认为一体化可以分为国家偏好（national preferenee）的形成、国家间博弈（inter-state bargaining）和制度选择（institutional choice）3个阶段。

1. 解释国家偏好

要解释国际谈判的立场和结果，第一步就是要明确国家偏好。何为"国家偏好"？莫劳夫奇克将其定义为"对未来重大后果是什么的一套有序、加权的价值判断，在一个'世界性的民族国家体系'里，这些价值判断产生国际政治互动"[①]。偏好不像战略和政策，它是外在于特定国际政治环境的。国家偏好解释了区域一体化的基本动机。学者、评论家以及

---

① 〔美〕安德鲁·莫劳夫奇克：《欧洲的抉择——社会目标和政府权力：从墨西拿到马斯特里赫特》，赵晨、陈志瑞译，社会科学文献出版社，2008，第33页。

一些参与谈判的人员一般认为，地缘政治利益和经济利益是欧洲一体化的两大动机。地缘政治利益主要指国家主权和领土完整所受到威胁的反映，包括军事与意识形态两方面；经济利益是相互依赖所产生的驱动力的反映。莫劳夫奇克的国家偏好解释主要回答了地缘政治动机和经济动机哪个更重要一些。多数学者在对欧洲一体化的研究中主要强调地缘政治利益，因为政府更愿意与那些可以与之联手追寻特定地缘政治目标的国家进行经济合作①。国家偏好的地缘政治解释主要关注的是经济一体化的间接后果，莫劳夫奇克则用政治经济学的方法强调了它的直接结果。政治经济学的解释不同于纯经济学解释，它重点关注政策协调后的分配结果和效率。莫劳夫奇克认为整个一体化都有一种政治倾向，有利于生产厂商集团，不利于消费者、纳税人、第三国生产者，还有那些未来生产者。因为生产集团的利益更集中、明确、有组织以及有制度代表性，可以向政治家施加直接的压力，因此在与其他集团博弈中更能对国家政策产生影响。从中可见莫劳夫奇克认为，国家偏好主要来源于国内各利益集团的博弈及其对国家政策的影响力。当然莫劳夫奇克也承认政府在满足生产商利益时也会受到规制保护、经济效益以及财政责任等一般性需求的制约②。国家偏好是两者取舍的结果，国家偏好形成，一体的需求随之产生。

2. **国家间博弈：解释其效率和分配**

莫劳夫奇克将国家间修订条约的谈判视为国家间的博弈，并认为这种博弈是协作博弈（coordination games），由此产生的结果是均衡的。莫劳夫奇克的政府间博弈理论建立在3个基本假设之上。首先，谈判修订条约的环境是非强制性体系，每个国家都有一票否决权，任何国家都可以拒绝协议，但这会使它面临比实施单边政策还不利的局面。其次，产生信息和观念的交易成本要低于国家间合作的收益。有效谈判需要的信息和观念很充足，获得这些信息的成本也很低。对可能达成协议的范围、各国的偏好以及可选择的制度，各国政府都很清楚。最后，利益的分配是博弈实力强

---

① 〔美〕安德鲁·莫劳夫奇克：《欧洲的抉择——社会目标和政府权力：从墨西拿到马斯特里赫特》，赵晨、陈志瑞译，社会科学文献出版社，2008，第38页。
② 〔美〕安德鲁·莫劳夫奇克：《欧洲的抉择——社会目标和政府权力：从墨西拿到马斯特里赫特》，赵晨、陈志瑞译，社会科学文献出版社，2008，第49页。

弱的体现，政策相互依赖的模式不同，博弈实力也有所不同。莫劳夫奇克认为，一国政府的博弈实力与其"偏好密度"成反比。"偏好密度"是指，每个政府参加谈判所能获得的收益与不参加谈判所能获得的最大收益的比值①。用国际关系的语言来说，这种关系就是罗伯特·基欧汉和约瑟夫·奈所称的"不对称相互依赖"。

根据上述 3 个核心假设，莫劳夫奇克又提出决定谈判结果的 3 个因素。第一，单边性替代方案的选择。莫劳夫奇克认为是否拥有单边性替代政策代表了政府谈判的实力，那些拥有单边替代政策方案以及政策被其他政府高度重视的政府，拥有更大的谈判实力。相反，没有替代方案的政府会发现自身的谈判能力较弱，在谈判中必须妥协和退让。所以单边替代选择方案推动谈判达成"最小共同点"。第二，结盟替代方案。一个理性的政府除了考虑自己单边行动会怎样，还会考虑另外两个因素：结盟会带来的价值，以及与其他国家结盟会带来什么后果。结成对立联盟或是强化已有联盟，增强了这些联盟成员国的谈判实力，而那些不同意加入联盟的国家就面临被排挤的危险。也就是欧洲一体化实践中的"多速"（multi-speeds）欧洲或者是"可变几何体的"欧洲方案。第三，议题联系。在一揽子交易中，如果不同国家对不同问题有高度不对称的利益，议题联系就可以发挥作用。一揽子交易在各国都会产生输家和赢家，输家比赢家往往拥有更大的政治压力，需要对其进行补偿。因此议题联系对一体化来说是一种政治上代价高昂的次优选择。

3. 制度选择：汇集和委托主权

制度选择主要回答了在基本协议既定的情况下，各国政府为什么愿意把决策权委托转让给超国家的机构，而不将其掌握在自己的手中。当各国政府同意按照投票程序而不是一票否决制来决定未来事项时，就出现了主权的汇集（pool）。当超国家行为体被许可拥有一定程度的自主决策权，各国政府无权以投票表决或是单票否决等形式干预它的决策时，就发生了主权委托转让（delegate）的情况。莫劳夫奇克认为主权汇集和委托是一

---

① 〔美〕安德鲁·莫劳夫奇克：《欧洲的抉择——社会目标和政府权力：从墨西拿到马斯特里赫特》，赵晨、陈志瑞译，社会科学文献出版社，2008，第82页。

种"双重"战略，设计它是为了设定一个预防措施防止未来个别国家政府单方面做决定成为潮流。通过汇集和委托转让协议的提案、立法、执行、解释以及强制实施权，各国政府可以调节国内各种因素，通过提高"如果不做此决策"或者不遵守协议的成本来促成未来的合作①。各国政府之所以愿意转让主权是因为它们认为这样可以保证其他国家接受并执行定好的协议，有利于标榜它们的信用，也可为未来其决策免遭国内下届政府反对增加保障。可见，莫劳夫奇克认为制度选择的主要目的是提升国家间交易的有效性，不是弱化而是强化了成员国政府的控制权。

自由政府间主义理论是对传统政府间主义理论的新发展，其核心概念有 3 个：理性国家的假设；基于自由主义的国家偏好形成理论；国家间谈判的政府间分析。自由政府间主义理论为理解区域一体化提供了不同于其他理论的视角，当然，每一种理论都有其适用的边界，自由政府间主义理论和其他理论一样，也存在一定的不足，如简单化地强调国内政治、忽视外部条件的作用、双层博弈模式将欧盟决策模式简单化等。

三　国际政治经济学意义上的区域一体化

区域一体化研究的传统理论包括经济理论和政治理论，前者主要关注区域经济流动以及政策变化的经济后果，后者主要关注国家利益、主权以及国家间地区框架。两种理论各自从不同的侧面，揭示和探讨了区域一体化一系列重大理论和现实问题，对区域一体化研究具有重要的价值。但这些理论多数是基于欧洲区域一体化的经验，当将其用于解释其他地区的一体化时略显不足。造成这一问题的主要原因在于，无论是政治学视野中的区域一体化，还是经济学视野中的区域一体化，它们均将一体化进程中的政治和经济过程分割开来，没有能够对区域一体化进行全面综合的分析。强调政治与经济互动的国际政治经济学理论，则为研究区域一体化问题提供了另一种视角。

20 世纪 70 年代，随着世界政治经济局势的发展变化，国际社会越来越明显地表现出国际政治关系经济化和国际经济关系政治化，在这样的背

---

① 〔美〕安德鲁·莫劳夫奇克：《欧洲的抉择——社会目标和政府权力：从墨西拿到马斯特里赫特》，赵晨、陈志瑞译，社会科学文献出版社，2008，第 97 页。

景下，国际政治经济学应运而生。这一时期不仅是国际格局固化、东西方阵营展开竞争的关键时期，也是两大阵营内部经济和政治一体化发展的关键时期。对以意识形态区隔的两大阵营之间的互动模式，以及两大阵营内部基于经济和政治利益的合作关系，需要给予更加深入的分析，国际政治经济学的诞生和发展适应了这一需要。

（一）国际政治经济学的假定及理论逻辑

国际政治经济学在分析国际问题时使用经济学的研究方法，以"经济人"的假设提出"政治人"假设，把国家间关系抽象为市场关系和国家关系的综合体。国际政治经济学关注的核心问题是国际经济越来越相互依存与各国希望保持经济独立和政治自主之间持续存在的冲突，这恰恰也是区域一体化的核心问题。此时，对问题的阐释逻辑使得国际政治经济学分化成自由主义、建构主义和现实主义3个流派。

目前，国际政治经济学中自由主义、建构主义和现实主义三大流派均有自身研究区域化的方法，即自由主义的国际机制研究方法、现实主义的大国关系研究方法和构建主义的国内政治研究方法。罗伯特·基欧汉在《霸权之后》（1984年版）一书中详细阐述了自由主义国际政治经济学中国际机制对国家间关系的影响和作用方式。无论国际机制是在什么条件下建立的，无论推进建立这一国际机制的是霸权国家，还是为了对抗霸权的国家，随着时间的推移，有效的国际机制都会呈现自己的活力。国际机制与主要经济大国之间的合作将成为国际秩序的基础，而无论这一机制中原有霸权国家地位如何变化[①]。自由主义在国家间关系研究中对机制的强调实际上是在设定国家、跨国公司和国际组织为国际关系的主要行为体之后，把国家间关系的塑造看作集体选择和相互博弈的结果，这种博弈是在一定的规则和机制中进行的，因此，是可以观察和相对稳定的。

与自由主义、现实主义的物质主义观点不同，建构主义更加强调观念的现实意义。无论是现实主义，还是自由主义国际政治经济学，国家都是利己的、单一性的国际关系理性行为体，国家的利益和身份完全是由内部

---

① 〔美〕罗伯特·吉尔平：《全球政治经济学——解读国际经济秩序》，杨宇光、杨炯译，上海人民出版社，2006，第74~75页。

因素决定的，这种国家行为体的理性主义假定与建构主义的反理性主义国家假定不同。建构主义国际政治经济学的兴起很晚，1989 年，奥纳夫（Nieholas Onuf）首先提出了"建构主义"（constructivism）这一概念，其核心观点是，行为体与结构是互相建构的。国际政治经济学借用这一概念指出，国际关系中所存在的社会规范结构而不是经济物质结构，决定了国际关系结构。因此，区域一体化的形成和发展，其关键是一个区域内的共有社会规范与国家行为体相互作用的结果。国际政治的社会性结构不仅影响行为体行为，更重要的是建构了行为体的身份和利益。

到目前为止，最具影响力的还是现实主义国际政治经济学。在国际关系和区域一体化问题上，现实主义十分强调权力、国家利益与国家之间竞争在一体化进程中的重要性。现实主义把区域一体化看作各国出于政治和经济动机而互动和追逐的一种政治现象。在这里，民族国家仍是政治经济活动中重要甚至是唯一的行为者，民族国家在对外关系中最大限度地追求政治权力和经济利益。重视国际体系中政治因素与经济因素的互动，也可以说重视经济决策的政治动机以及政治选择背后的经济动机，是现实主义国际政治经济学的重要特征。

（二）国际政治经济学的理论要点

国际政治经济学理论为区域一体化的研究提供了不同于传统经济学和政治学的多重视角：第一，每一种区域一体化安排都代表了国家间关于区域一体化的认知和合作；第二，重视国际因素对国家政策选择的制约性作用，全球化的发展、国际格局的变动等成为国家考虑区域一体化政策选择的约束条件；第三，区域经济一体化在相当大程度上是一种政治活动，各国政府的政治意图和国家间政治因素直接影响区域经济一体化的进程；第四，区域内成员国参与一体化的动因除了获取经济利益外，还包括获取政治利益；第五，区域一体化的发展，必须有国际制度作为保障，取决于制度化建设的程度。

国际政治经济学拓展了我们对区域一体化理论建构的认知。

第三节　理论借鉴与分析框架

前述经济学视野中的区域一体化理论主要从经济效率和经济利益的角

度来探讨区域一体化的动因和演进路径，政治学视野中的区域一体化理论则聚焦于一体化的目标、行动单元、发展阶段和制度选择，国际政治经济学视野中的区域一体化则突出了国际因素对一体化的影响，这些理论都提供了非常有益的借鉴。

一　前述区域一体化基本理论的启示及其局限性

探讨区域一体化的上述理论主要建立在对欧洲一体化的理解之上。国际范围内经济交换的繁荣和国际分工的深化为区域经济一体化奠定了基础，但国际层面的区域经济一体化实践的发展有赖于一系列政治条件。国际区域政治一体化从一开始就有悖于威斯特伐利亚体系确立的主权独立和主权独享的原则，因此，政治层面的区域一体化发展一定有着其他更深层次的原因。这正是欧洲一体化从经济一体化向政治一体化的过渡曲折艰难的原因。

早期的联邦主义关于区域一体化的理论逻辑由于无法充分解释国家主权政治合作与主权独立、独享的关系，逐渐被功能主义和新功能主义所取代。新功能主义用区域一体化的超国家性观念与主权共享这一概念取代了联邦主义的主权让渡，自由政府间主义进一步用制度选择——汇集和委托主权——来解释区域政治一体化的实践逻辑，从而使我们能够更好地理解区域一体化的动力、路径和障碍。这都是上述理论给我们的启示。

但需要注意的是，催生了上述一体化理论的欧洲一体化实践主要是在冷战时期两极格局既定背景下发展起来的。因此，上述关于区域一体化的主要理论的一个重要前提就是，区域一体化不受国际格局变动的影响，不存在大国重新博弈和区域间博弈对区域一体化的影响。即便是20世纪90年代以后自由政府间主义、新 - 新功能主义以及经济一体化理论的发展也并没有把国际格局的变动置于假设前提之下。如果我们聚焦独联体区域一体化与欧洲一体化的区别，就会发现区域外力量对区域内国家的影响和争夺构成了独联体区域一体化的重要背景，欧洲一体化则是在东西方对抗背景下欧洲团结一致对抗东方集团，同时通过内部合作努力摆脱美国控制的过程。这种差异意味着，独联体区域一体化的动力、障碍、路径和模式一定与欧洲一体化存在巨大差异。这种差异性使得我们需要重新思考前述各种理论的普适性和一般性，考虑在应用这些理论时需要注意的局限性。

分析独联体区域一体化，进行理论的一般化构建是展开研究的前置任务。

二　经济理性主义与政治现实主义在区域一体化研究中的基础性

理论不是各种事实和要素的罗列，需要考虑多种变量之间的逻辑关系并且将它们有机地整合到一个演化机制中，挖掘其内在规律性。

（一）经济理性主义的分析框架及其跨学科渗透

经济理性主义不仅通过构建出新古典分析框架获得了方法论上的规范性和一般性，并且这种分析框架和研究方法还逐渐渗透到政治学、社会学等学科之中。

从方法论的角度看，以阿罗—德布鲁体系为主要内容的新古典经济学分析框架代表了经济理性主义的一般逻辑，它包括以下4个层次：第一个层次是人们做决策前的经济环境，第二个层次是用数学中的最优决策理论分析个体的自利行为，第三个层次是用均衡概念分析不同个体的自利行为交互作用产生的结局，第四个层次是与价值判断有关的所谓福利分析[①]。虽然不同学者表述各有不同，但其基本逻辑大致相同，都认为经济理论的分析框架与研究方法包括理性分析、最大化分析、均衡分析等内容。

在具体运用中，经济理性主义的分析主要从3个方面入手。首先，提供从实际出发看问题的角度或曰视角，通常基于3项基本假设：经济人的偏好、生产技术和制度约束、可供使用的资源禀赋。其次，提供多个参照系或基准点，建立了一些让人们更好地理解现实的标尺。最后，提供一系列强有力的分析工具，它们大多是各种图像模型和数学模型[②]。通常，一个规范经济理论的分析框架基本上由5个部分或步骤组成：①界定经济环境；②设定行为假设；③给出制度安排；④选择均衡结果；⑤进行评估比较[③]。

① 杨小凯、张永生：《新兴古典经济学与超边际分析》，中国人民大学出版社，2003，第5页。
② 钱颖一：《理解现代经济学》，《经济社会体制比较》2002年第2期。
③ 田国强：《现代经济学的基本分析框架与研究方法》，《经济研究》2005年第2期。

上述经济理性主义的分析逻辑在渗透到其他学科的过程中，其理性人假定、行为环境和约束条件设定、自利动机和行动目的性假设以及行动体相互作用原理是被其他学科借鉴的主要内容。在政治学、社会学、国际关系理论中，这些借鉴都有体现，更不用说以经济学原理为基础的国际政治经济学了。

（二）区域一体化分析中的经济理性主义与政治现实主义

经济学中的一体化理论本身属于经济理论的范畴，因此其分析逻辑遵循一般经济理论的分析框架与研究方法。以维纳的关税同盟理论为例，首先界定经济环境即给出前提假设：市场是完全竞争的、要素不在国家间自由流动、运输成本为零、生产成本不变、关税是唯一的贸易壁垒、价格反映生产的机会成本、贸易收支平衡、资源被充分利用等；其次是分析行为体主要是民族国家在关税制度变化的情况下不同的自利行为，原来从区外进口改从区内进口；再次分析不同国家自利行为的结果，出现贸易创造与贸易转移等效应；最后是价值判断，即关税制度变化是否带来福利的增加。可见关税同盟理论完全遵循一般经济理论的分析逻辑，即用理性方法，分析约束条件下的选择问题。

理性方法在一体化理论中的应用并不限于经济理论，理性评估事实上也是以新功能主义理论和政府间主义理论为代表的政治学中一体化理论的基础。正如新功能主义理论代表人物哈斯所指出的，他的"最突出的结论"是，主要的利益集团和政治家根据他们对获益的评估来决定是支持还是反对中央制度和政策。我们以哈斯的新功能主义理论为例，详细阐述政治学中一体化理论的分析逻辑。首先，给出前提假设：政治与经济的不可分或者说有限可分、行为主体的多元性及在一体化过程中的忠诚转移、强调超国家机构的作用等。其次，分析各不同行为体的战略选择或者说博弈，包括国内各利益集团间及不同国家间的。最后，给出博弈的结果，一体化由经济领域溢出到政治、社会领域并产生进一步一体化的政治压力，从而使一体化逐步发展和深化。可见，哈斯在讨论由具有特定利益和目标的国家组成的集团控制一体化过程时，接近现实主义。至于以国家中心主义的范式来解释一体化的政府间主义及自由政府间主义理论，其实用理性体现得更加明显。

综上所述，经济与政治学中一体化理论的建构遵循一般经济理论的分析逻辑，即以理性方法分析约束条件下的选择问题，具有相似的逻辑框架：行为体的界定、约束条件的选择、博弈、结论等。

三　分析框架

以上关于区域一体化理论的分析表明，这些理论在逻辑上是一致的。

首先，这些理论的哲学基础和方法论基础都是科学理性主义的基本原则。无论是经济学视野中的区域一体化，还是政治学视野中的区域一体化，抑或是国际政治经济学视野中的区域一体化，都遵循了理性人、利益最大化的基本假设，并在方法论上坚持个人主义的基本逻辑。可以说，在关于区域一体化的研究中，这些理论基本上都从国家利益最大化角度出发，探讨国家参与区域一体化的动因、路径及模式问题，并在此基础上分析区域一体化的动力、约束和前景。

综合运用上述理论工具能够尽可能地从多个角度考虑区域一体化的影响因素。

归纳上述各种理论观点，可以尝试构建以下分析框架。

第一，基本假设：个体理性、国家利益最大化、利益分析。

第二，区域一体化的约束条件和参与一体化的效用函数构建（利弊分析和影响因素分析）。

第三，从经济利益、经济发展与国际影响力、安全利益和集体行动的角度考察区域经济一体化、区域政治和安全一体化，寻找一体化局部均衡的条件和动态过程。并以此为前提，尝试考察经济政治综合一体化的一般均衡逻辑。

第四，该分析框架的贯彻和运用将遵循适用性原则，不会去追求全面和全方位运用的目标。而且，这些运用也是尝试性的。

第三章
独联体区域一体化概述

独联体区域一体化是对苏联解体后这一区域的地区合作碎片化、分离化的一种整合、一种补偿。苏联解体使得一个原来联邦主义级别的区域一体化组织分裂为 15 个独立主权国家，同时也割断了原先建立起来的区域内部经济分工。经济合作的分离化和碎片化，以及政治、外交、安全等领域的各自为政，一方面赋予了这些国家主权独立的资源，另一方面也带来了经济、外交等方面的困扰。从进程上看，独联体的成立既是这些国家采取的预防措施，也奠定了这些国家在新的机制和基础上再次进行一体化合作的基础。从一开始，独联体的区域一体化合作就是政治、外交、安全合作与经济合作并重的双轮驱动发展模式，而且，在其起步阶段，对安全与政治合作的重视更甚于对经济合作的重视。在经济全球化进程出现新的趋势，全球同质国家的超级区域经济一体化合作蓬勃发展的今天，同样遭受金融危机冲击和经济困境的独联体国家在区域经济合作方面也正在寻找新的方向和动力。独联体区域一体化的发展正是这种国际局势变动和内部矛盾发展相互作用的产物。

"独联体区域"具有狭义与广义的不同界定。狭义上的"独联体区域"主要指根据加入独联体组织的苏联 12 个加盟共和国（除波罗的海三国）领土边界划定的区域，包括横跨欧亚大陆的俄罗斯，俄罗斯西部东欧三国白俄罗斯、乌克兰、摩尔多瓦，俄罗斯南部外高加索三国格鲁吉亚、亚美尼亚、阿塞拜疆，以及中亚五国哈萨克斯坦、吉尔吉斯斯坦、塔吉克斯坦、乌兹别克斯坦、土库曼斯坦。独联体十二国在地理上处于欧亚大陆的接合部，是东西方联系的桥梁，地理位置十分重要，对独联体区域问题的研究不可避免地涉及对整个欧亚大陆问题的探讨，所以广义上的"独联体区域"是指独联体国家所处的整个欧亚大陆。本书的研究对象主要指狭义上的"独联体区域"。

第一节　独联体区域一体化的发展过程

独联体区域一体化的发展过程是区域政治合作和区域经济合作的混合过程。在某个特定的阶段，出于区域安全或对抗经济危机的需要，独联体区域国家建立的合作组织、形成的合作框架、制定的合作制度规范反映了当时形势发展的需要。从这一视角出发，可以把几个关键的时点作为划分独联体区域一体化合作的阶段性标志。

一　独立国家联合体

苏联解体后，整个区域开始了复杂的分离化与一体化过程。独立国家联合体的建立，以和平方式完成了冷战格局的最终解体，是各国去一体化的过程[1]，同时也为这些国家在新的机制和原则上再次进行一体化合作奠定了基础。

1991 年 12 月 8 日《别洛韦日协定》（又称《明斯克协定》）的签署，12 月 21 日《阿拉木图宣言》的问世，以及 1993 年 1 月 22 日独联体 7 国（后来扩大到 12 国）《独联体宪章》的签署，标志着独立国家联合体建立并走向成熟。

独联体的建立具有矛盾性。一方面，独联体是因苏联解体而建立的，

---

① 随着 1993 年独联体区域一体化进程的加快，在俄罗斯学术界出现了关于苏联是否存在"一体化"的争论。一种观点以法辛斯基为代表，否认苏联在计划经济体制下存在一体化；另一种以谢那耶夫为代表，认为就生产的密切程度而言，苏联不仅是"一体化"，而且是"超级一体化"。本书同意以希什科夫为代表的折中观点，认为存在着市场经济条件下和指令计划经济条件下两种不同类型的一体化模式。就一体化的分工合作基础而言，两种模式没有区别，不同的是采取的手段，一种是计划，另一种是市场。苏联经济联系的密切程度决定了其一体化不比西方市场经济国家的一体化程度低，只是一体化的效应另当别论。

因此成员国最初的动机在于去一体化，即努力割断过去的一些联系，保证主权国家的独立。《明斯克协定》确立的处理成员国间关系的基本原则准确地反映了这一点。"在相互承认和尊重主权、权利平等和互不干涉内政的原则基础上建立民主的法治国家和发展彼此的关系。"另一方面，完全割断过去的联系又会带来一系列的问题。苏联各加盟共和国经过几十年的共同生活，彼此间有着千丝万缕的联系，如果完全人为割断会给各国带来灾难性的后果。因此新独立的各共和国在努力割断原有联系的同时，又要保持割断不会碎片化，把分裂控制在一定水平，把震荡控制在一定范围。国家间不是对抗关系，而是合作关系，所以独联体又有合作的需求。正如《明斯克协定》所指出的那样，基于各国人民业已形成的联系，进一步发展和加强友好与互利合作关系符合人民的根本利益，有利于和平与安全事业。

在经济方面，发展交通、邮电系统以及动力系统，协调信贷财政政策，促进各成员国经贸联系的发展，鼓励投资并互相保护投资，促进商品的标准化。在政治方面，协调外交活动和社会政策，进行集体安全和军事政治合作，以保证独联体的安全。同时确立了各国间合作的法律框架，明确了合作的基本内容与方向。

当然，此时独联体的主要动机在于处理苏联解体后的一系列问题和防止出现区域混乱，是为了更顺利地实现苏联基础上的去一体化。新独立的主权国家主要忙于国家政治经济基本权力结构的重建，无暇顾及合作问题。独联体机制有助于阻止苏联国家关系的完全破裂，并在一定领域展开合作，为各国在新的机制和原则上再次进行一体化奠定了基础。

二 集体安全体系的初步建立与经济合作的制度构建

独立国家联合体的建立，主要解决了各个国家的主权独立问题，而非区域合作机制问题。但随之独联体区域国家在政治、经济上都遇到一系列难题。民族矛盾尖锐、领土边界争端不断、卢布区瓦解、与西方的经济合作没有取得预期目的，独联体区域的分离化趋势增强。在国际环境方面，独联体国家要面对美国和欧盟推出的"双东扩"战略及全球化区域化等外部压力。在这些压力下，独联体区域国家不仅有了区域合作的要求，更有了区域合作的行动。

在政治军事合作方面，1992 年 5 月 15 日，俄罗斯、哈萨克斯坦、乌兹别克斯坦、吉尔吉斯斯坦、塔吉克斯坦、亚美尼亚六国签署了《集体安全条约》。该条约规定，在条约参加国一国或几国的安全、领土完整及主权面临威胁的情况下，或者在国际和平与安全面临威胁的情况下，应立即利用共同磋商机制，协调各自的立场并采取措施消除军事威胁；如果该条约某参加国受到侵略，那么，这应当视为对该条约全体参加国的侵略，该条约其他参加国应立即向受到进攻的一国提供必要的援助，包括军事援助，以及资金援助等。可见集体安全条约具有较强的军事同盟性质，且不排除独联体其他国家以后加入的可能性。1993 年下半年，除乌克兰、土库曼斯坦、摩尔多瓦三国外，独联体九国都成为《集体安全条约》成员国。8 月 14 日《集体安全条约》六国和摩尔多瓦的领导人签署了组建维持和平部队的议定书。10 月9 日独联体国家签署了共同保障独联体国家外部边界稳定的协议。在对外关系方面，独联体各成员国都成为原苏美削减战略武器条约的参加国。

在经济合作方面，1993 年 9 月，独联体九国首脑签署了《经济联盟条约》，仿照欧盟，将独联体经济合作从低到高分为三个阶段逐步实施，依次是建立自由贸易区、海关同盟、统一市场，最终目标是建立所有签字国共同的经济区。1993 年末通过《阿什哈巴德宣言》，将独联体经济一体化相关政策以法律的形式固定下来。1994 年 4 月，各国首脑签署了《关于建立自由贸易区的协议》，并成立经济法院。10 月 21 日，独联体元首理事会签署了建立独联体跨国经济委员会和支付联盟的协议，以期正式开始独联体经济一体化进程。

《集体安全条约》与《经济联盟条约》反映了独联体国家在国际、国内双重约束条件下，从政治独立和经济发展的国家利益出发，在政治、军事、安全、社会、经济领域加强合作的过程和结果，开启了独联体区域一体化的逻辑起点，即区域合作。但由于各种制约因素的存在，独联体区域国家一直无法进行更深入的合作。

三　独联体区域合作的困境与次级区域一体化的发展

《集体安全条约》与《经济联盟条约》推动了独联体区域合作在政治、军事和经济领域逐渐展开。但独联体国家特定的政治经济形势、不同的利益诉求及国际环境等约束，使独联体区域合作陷入困境。作为该区域最大的合作组织，独联体组织制度涣散，缺乏对成员国的约束力，办事效率低下；整个独联体地区的一体化进展缓慢，在经济上一直在自由贸易区的层面徘徊，在政治上也仅限于外交政策的协调。一体化进展的缓慢，使独联体地区的一体化组织在解决地区问题方面能力低下，较多地区的安全问题没有得到较好的解决。同时，俄罗斯自身实力的严重衰退及结构的不平衡，使俄罗斯没有足够的力量为独联体区域整体一体化提供足够的公共物品。独联体区域整体一体化难以为继，独联体国家开始转向次级区域一体化。

从 20 世纪 90 年代中期起，独联体 12 个国家按照不同的利益取向组建了多个地区合作组织，包括欧亚经济共同体（EurAsEC）、集体安全条约组织（CSTO）、上海合作组织（SCO）、俄白联盟国家（USRB）、古阿姆集团（GUAM）、中亚合作组织（CACO）、中亚区域经济合作组织（CAREC）、联合国中亚经济特别计划（SPECA），以及更大的区际结构如亚洲相互协作与信任措施会议（CICMA）、经济合作组织（ECO）和欧盟东部伙伴关系计划和其他一些专业组织等。

目前，独联体地区的次区域合作模式已初步形成，不同的区域一体化组织有不同的重点、目标和结果。根据有无俄罗斯参加可以把独联体地区的次区域一体化组织分为两种不同类型，2000 年之后主要是由俄罗斯主导的区域一体化组织推动独联体区域一体化的发展。

四　2000年之后俄罗斯推动和主导的区域一体化

东欧剧变、苏联解体，国际格局从冷战时期的两极格局向多极格局演变。多极化是一种趋势，是长期的历史过程，体现了多种力量的相互制衡。基于实力和影响力，美国成为冷战后唯一的超级大国。在这种国际背景下，内外交困的俄罗斯在解体初期不得不选择亲西方的政策，对新独立的原苏联国家没有提出清晰的一体化政策，只是通过独联体与新独立的原苏联国家进行有限的政治经济合作。但美国防俄、弱俄的对外战略没有改变，所以俄罗斯撤下独联体的亲西方政策并没有为其带来实实在在的国家利益，加之国内转型带来的经济下滑、政治混乱，俄罗斯开始认识到独联体对其大国复兴所具有的关键性作用。在 2000 年以前俄罗斯通过《俄罗斯联邦对外政策构想》《俄罗斯与独联体成员国战略方针》等，提出独联体对俄罗斯的重要性，并阐述了俄罗斯对独联体的基本政策及目标。但其独联体一体化政策还过于空泛，只是强调在新的市场基础上的一体化。2000 年普京总统执政后，在以大国博弈为主要特征的多极化国际格局基本确定及俄罗斯实力逐渐恢复的背景下，俄罗斯重归世界大国行列的战略诉求开始抬头。为实现这一诉求，俄罗斯以独联体区域一体化为主要手段，但鉴于自身实力及独联体区域各国的发展水平和利益不同，俄罗斯在继续推进整个独联体区域一体化的同时，开始探讨更有效的一体化合作模式，这种模式以俄罗斯为主导，核心成员国参加。重点经营集体安全条约组织和欧亚经济共同体两个机制，以期推动独联体区域一体化的深入发展。

（一）整体层面继续推进独联体区域一体化

俄罗斯于 2000 年、2008 年、2013 年颁布的《俄罗斯联邦对外政策构想》均明确提出，独联体区域的一体化是俄罗斯对外政策的优先目标。为强化独联体组织的生命力，俄罗斯推动独联体机构改革，包括明确划分独联体各领导机构的权限、有效利用现行机构、放弃无效机构、减少由独联体统一预算拨款的机构人员编制、检查已经通过决议的执行情况等。独联体的机构改革在一定程度上提高了独联体的工作效率，促进了独联体框架下的多领域合作。

其主要成果是独联体自由贸易区的建立。2008 年经济危机对独联体国家的经济造成巨大冲击，为此，在 1994 年独联体自由贸易区及区域内各双边自由贸易协定的基础上，俄罗斯主导并推进了独联体新自由贸易区的建设。2010 年作为独联体主席国的俄罗斯起草了独联体多边自由贸易区协定，为与 1994 年的自由贸易区协定区分，称为新独联体自由贸易区协定。该协定在遵守世界贸易组织规则的基础上，消除成员国之间的贸易壁垒。新协定将取代独联体国家于 1994 年签署的旧协定及各国签署的多个双边贸易协定，迈出了整体层面独联体区域经济一体化的第一步。

（二）俄罗斯主导的次区域一体化

根据独联体国家的现有情况，整体层面的独联体一体化目前可能只能停留在自由贸易区的层次。但在以大国博弈为主要特征的国际格局下，俄罗斯有向更高层次推进一体化的需求，因此以俄罗斯为主导的核心国家开始探讨更有效的一体化合作模式，主要是在次区域层面开展区域一体化。

欧亚经济共同体是俄罗斯推动的独联体区域经济一体化的主要工具，在俄、白、哈、塔、吉五国 1995 年建立的关税同盟的基础上成立。目前已实现俄、白、哈三国关税同盟及统一经济空间，2015 年三国经济联盟启动，同年亚美尼亚和吉尔吉斯斯坦相继加入。俄罗斯主导的独联体区域政治一体化主要在集体安全条约组织及俄白联盟的框架下进行。集体安全条约组织在 1992 年集体安全条约基础上建立而来，与以前的条约不同，该组织通过的决议对成员国具有约束力，并提出对不执行约定的成员国的制裁措施，增强了组织的凝聚力，提升了工作效率，成员国的同盟关系有所加强。迄今为止，在其框架下成员国开展了大量军事政治一体化活动，如外交政策的协调、多次联合军演以及开展与其他国际组织的工作联系等。俄白联盟的建立经历了俄白共同体、俄白同盟、俄白联盟国家 3 个阶段，从性质上看俄白联盟初步具备了超国家性政治共同体的内涵。俄罗斯要推进独联体区域一体化的最终目标是建立像欧盟那样的欧亚联盟，使包括俄罗斯在内的独联体区域成为世界格局中的一极。欧亚联盟以欧亚经济共同体和集体安全条约组织为基础逐步向前推进，但同时受各种因素制约，其前景具有不确定性。

第二节　独联体区域一体化的已有成就及特点

一　已有成就

（一）制度安排

正如罗伯特·基欧汉等学者们所说，国际制度或机制帮助国家解决集体行动问题，通过提供互惠促进合作，并且把各种问题领域联系起来考虑。这样，区域性国际制度增强了各国解决争端和相互合作的动机①。

---

① 〔美〕罗伯特·吉尔平：《全球政治经济学——解读国际经济秩序》，杨宇光、杨炯译，上海人民出版社，2006，第 318 页。

从独联体到其框架下的各次区域一体化进程，最显著的制度体系就是以国家间条约为基础的一体化机制建设和组织机构的运行。该制度体系的发展不仅塑造了独联体区域国家间关系与秩序的模式，而且也体现了独联体区域一体化在不同维度上所取得的成就。

在经济维度，独联体区域一体化已完成基本的制度建设。独联体多数国家已签署自由贸易区协定，俄、白、哈三国签署了《关税同盟海关法典》、统一经济空间一揽子协议及《欧亚经济联盟条约》等。

在政治维度，除推进功能性的政治与安全合作制度外，推进一体化的组织制度建设是其主要的内容，如最初的独联体组织及目前由俄罗斯重点推进的两个次区域一体化组织，以及欧亚经济共同体和集体安全条约组织制度的建立。独联体制度设计的政府间性满足了成员国相互尊重主权、互不干涉内政的基本原则，欧亚经济共同体与集体安全条约组织一定的超国家性为独联体区域一体化的推进提供了动力。

由上可见，独联体区域一体化在制度层面取得一定成绩，但同时其制度仍存在缺乏超国家性和制度有效性等弊端。

（二）经济域中的一体化：贸易投资便利化与基础设施一体化

苏联的解体并不意味着这一区域经济链条的完全中断，而只是进入了一个新经济关系构成之前的调整期。独联体区域经济一体化在经历了20世纪90年代的调整期后，开始恢复并加速发展。整体层面的经济一体化目前主要由独联体自由贸易区推动，次区域层面在欧亚经济共同体框架下以关税同盟、统一经济空间、经济联盟为主要形式推进。此外，世界贸易组织也是推动独联体区域经济一体化的主要动力。

目前，独联体区域经济一体化已完成基本的制度建设，其主要内容在于促进区域内贸易、投资的便利化，以及区域基础设施的一体化。在不同形式一体化的推动下，独联体区域经济一体化取得了一定进展。金融危机后，独联体区域国家的对外贸易、投资稳步增长，贸易投资结构有一定优化。同时，独联体区域基础设施交织成网，甚至实现一体化。说明独联体区域经济联系不仅没有中断，而且有所加深。

但由于独联体区域合作机制运行时间较短，加上缺乏市场驱动等因素，独联体区域经济一体化还存在一定问题。贸易、投资便利化水平提升不显著，区域内贸易、投资占比仍然较小，贸易、投资结构没有发生根本性改变，基础设施存在水平低、布局不合理、发展不平衡等不足，一体化程度还较低，同时存在地缘政治脆弱性。

（三）政治域中的一体化：集体安全合作与政治合作

国际格局的变动、周边形势的恶化和安全方面的相互需求推动独联体区域国家寻求政治一体化。根据前文对政治一体化内涵的界定，独联体区域政治一体化既包括以促进区域经济发展、维护区域安全等区域治理为目的的制度构建，也包括各国在政治、外交、安全、防务等政治领域的合作，以及政治共同体的建立。目前独联体区域政治一体化主要是在集体安全条约组织、俄白联盟及独联体的框架下进行。

独联体、欧亚经济共同体、集体安全条约组织框架下国家元首与政府首脑级别理事会的定期召开，欧亚经济委员会等超国家机构的建立，集体安全条约成员国集体力量的构建、联合军事行动的采取，以及在反恐、边界、防空领域的合作，集体安全条约组织成员国就国际和地区热点问题用一个声音说话，欧洲安全合作组织会议邀请独联体的代表参加，以及独联体以观察员身份出席联合国大会等，都表明独联体区域政治一体化已取得一定成绩。尤其值得注意的是俄白通过签署一体化条约逐步让渡主权，其一体化已具有超国家性政治共同体的属性，是独联体区域政治一体化的典型代表。

但是，由于转型经历所加剧的主权敏感性及俄罗斯因素等制约，独联体区域政治一体化的领域还非常有限，水平仍然较低。

二 独联体区域一体化的特点

（一）国际环境特点

任何国家或国家集团都处在既定的国际环境中，并受某一时期国际环境的影响和制约，其中，国际格局的影响尤其明显。国际格局对一个国家或国家集团的影响就像市场对公司的影响一样，是"看不见的手"。国际格局对国际关系的运行、国家行为和国家的政策偏好会产生显著的影响。但在关注这种影响时，需要看到不同特征的国际格局，对不同国家政策模式的影响①。独联体区域一体化正是在冷战后全球化迅猛发展以及国际格局剧烈变化的背景下进行的，因此独联体区域一体化具有不同于其他地区一体化的国际环境特点。

1. 国际格局的剧烈变化

独联体区域一体化是在两极格局解体、新的格局尚未确立的背景下建立和发展的。关于冷战后的国际格局争论较大，主要有以下几种观点：①处于两极格局向多极格局的过渡时期；②"一超多强"或者一超四强格局（美国为一超，欧盟、中国、俄罗斯和日本为四强）；③多极化的世界格局（中国和欧洲部分学者的观点）；④单极世界说，美国作为唯一超级大国所主导的单极格局；⑤同心圆结构的国际格局（美国是圆心，是超级大国；日本、俄罗斯、中国、印度、巴西以及欧盟等是第二圈，是体系大国；南非、埃及等地区大国是第三圈；其他中小国家是外圈）；⑥三极格局（法兰西院士让·多梅松认为未来世界是三极，即美国极、亚洲极和欧洲极)②；⑦多层立体格局（综合国力上美国是一极，军事实力上美国和俄罗斯是两极，经济实力上美国、欧盟和日本是三级，政治影响上美国、欧盟、中国和俄罗斯是四极）；⑧非单极、两极，也非多极，甚至可能是"无极"（中国学者林利民认为冷战后国际格局较为复杂，现有国际关系理论无法分析解释国际格局变化及性质，呼唤新的理论诞生）；⑨中国学者倪世雄用"一个趋势、两个化、两个不变"（"一个趋势"是和平与发展；"两个化"是格局的多极化和经济的全球化；"两个不变"是国际局势总体缓和与局部动荡的态势没有变，还有就是美国企图在冷战之后搞"独霸"，谋求建立单极世界的战略没有变）来概括冷战后的国际格局。国际格局的不确定性反映了冷战后国际格局的剧烈变化特征，还不是一种既定的格局。

2. 国际格局的大国博弈特征

冷战后尤其是 21 世纪以来，国际格局的大国博弈特征更加明显，主

---

① 李义虎：《论国际格局的作用规律及其对政策偏好的影响》，《山西大学学报》2004 年第 6 期。

② 赵绪生：《冷战后国际格局多极化问题的再思考》，《中共福建省委党校学报》2002 年第 8 期。

要大国围绕国际格局和地区秩序的博弈有所加剧。正如美国耶鲁大学教授伊曼纽尔·沃勒斯坦所说："所有的大国都试图建立符合自己利益的世界次序。"经过长期的博弈，目前初步形成美国、欧盟、俄罗斯、日本及中国等主要力量中心。大国间围绕地区影响力、货币利益、贸易优势等重大问题展开了激烈的争夺，并有扩散到政治安全领域的趋势，反映了在国际格局剧烈变化之际，大国维护国家利益的竞争加强。当然，随着全球化进程的加快发展，主要大国也需要通过合作来解决一些全球性的，如气候、恐怖主义、金融危机、核扩散、能源安全等问题。冷战后的大国关系呈现出争夺制衡与合作借重共存的复杂博弈局面。

3. 全球化进程加速调整

关于何为"全球化"，学术界并没有达成一致意见，但普遍认同冷战后的全球化进程加速调整。一方面，全球化进程加速推进，人们的观念不断转变与趋同，经济融合与竞争加速，技术创新影响深远，国际政治问题经济化以及国际经济问题政治化。由此，主要行为体间的战略博弈更加复杂，国家主权和民族利益的意义更加突出。另一方面，区域化趋势有所加强，不仅表现为欧洲、北美、东亚等典型经济区的建立，而且在整个世界范围内，出现了以地区为中心的跨区域性经济聚合的趋势。区域化推动着全球化的进程，同时在某种程度也使全球化发生逆转。

（二）维度特点

独联体区域一体化具有二维性，它既是一个经济合作的过程，同时也是一个政治合作的过程，特别是涉及部分国家主权让渡时更是如此。

苏联解体后，新独立国家一直把加强区域合作放在重要地位。独联体的成立条约及《独联体宪章》均把主要目标指向在独联体区域国家实现政治经济合作乃至是一体化。独联体的重要法律基础《明斯克协定》、《阿拉木图宣言》及《独联体宪章》规划了独联体区域合作的初步内容，包括协调宏观经济政策，建立共同经济区的经济合作，进行外交、司法协调，以及开展集体安全的政治合作。《集体安全条约》及《经济联盟条约》的签署把政治与经济合作的内容具体化，政治上对集体安全和军事政治合作做了较为详细的规定，经济上明确提出要建立以市场关系和商品、资本与劳动力自由流动为基础的统一的经济空间。2000 年以后由俄罗斯主导和推动的次区域一体化更是体现了经济与政治的二维性。经济上，俄罗斯在欧亚经济共同体框架下建立了关税同盟、启动了统一经济空间，并于 2015 年启动了经济联盟的建设，经济一体化取得了一定的进展；政治上，在集体安全条约组织框架下实现了成员国的集体安全与政治合作。

（三）路径与次序特点

独联体区域一体化发生在冷战结束后国际格局从两极向多极转变的背景之下，受全球化的影响较大。同时也源于区域内部的政治、安全与经济发展需求，是区域特殊的利益诉求和内外部约束条件相结合的产物。独联体区域一体化在政治与经济两个维度展开，但到目前为止，经济一体化的制度建设成就大于实际的经济成就，政治一体化受制于许多国家的主权敏感性及外部势力的分裂和影响。因此，可以看到，独联体区域一体化在路径方面与已有的一体化组织有很大差别。比如，欧盟从经济一体化到政治一体化再到安全一体化，北美自由贸易区主要定位于经济一体化。独联体则首先在安全和政治一体化合作方面取得进展，经济一体化相对滞后，次区域一体化先于独联体整体一体化取得进展。

（四）结构性力量特点

不同的区域一体化实践具有不同的结构性力量特点。欧洲一体化中各方力量相对均衡，但一般认为"法德轴心"是欧洲一体化的重要推动力量。同样，东亚一体化中也没有任何一国强大到能够担当主导角色。北美区域一体化则主要以美国的绝对优势地位为特征。

独联体区域一体化主要以俄罗斯为核心，俄罗斯的政治经济发展走向及其独联体政策决定着独联体区域一体化的进程与前景。可以说，独联体区域一体化的结构性力量以俄罗斯"一家独大"为主要特征。苏联解体后，俄罗斯是苏联的法定继承国，虽实力与国际地位不能与苏联同日而语，但就领土、人口、自然资源及军事装备而言，独联体区域其他国家还无法与俄罗斯匹敌。哈萨克斯坦与白俄罗斯虽然在独联体的中亚与东欧等次地区发挥重要作用，但就整个独联体区域而言，哈萨克斯坦与白俄罗斯仅起到俄罗斯与其他中小国家的中介与桥梁作用。俄罗斯在独联体区域的"一家独大"，以及其他中小国家力量的相对均衡，造成独联体区域较为严重的结构性力量不对称特点。

第四章

独联体区域一体化的路径选择及其演化

迄今为止，全球政治经济活动中已有的区域一体化实践，在表象上无不具有人为设计和制度安排由一体化参与各方共同约定并执行的特征。但区域一体化的优先领域和演化路径都具有客观内在性，甚至可以说，区域一体化进程具有内生演进的特征。之所以如此，是因为区域一体化所要解决的问题和面临的约束是客观存在的，是不可忽视和超越的。也正因为如此，独联体区域一体化面临的约束条件决定了它的演化路径。

第一节　独联体区域一体化的约束条件

如前所述，在一般意义上，"一体化意味着由部分组成整体，即原来相互分离的单位转变成为一个紧密系统的复合体"。一体化既可以用来描述原来一个单位系统内部各组成部分之间因为相互依存而产生的单独存在时所不具备的系统性能，也可以"被用来描述原先相互分离的单位达到这种关系或状态时的一体化过程"[①]。在我们讨论区域一体化的过程时，往往更多地指后一种含义。这种区域一体化以达成某种目标或状态为最终目的，一体化参与者的主观性和利益诉求构成一体化的基本动力。同时，由于区域一体化合作是整个世界格局和国际政治经济局势的组成部分，一体化进程必然面临内外部的条件约束。比如，欧洲战后和解并实现一体化

---

① 〔美〕卡尔·多伊奇：《国际关系分析》，周启朋等译，世界知识出版社，1992，第 276 页。

的大背景是冷战对峙和复苏并繁荣经济的诉求，北美自由贸易区的进展则与区域国际经济分工的深化密切相关。同时，这些相对成功的一体化进程又得益于一体化参与者在许多重要利益领域达成的妥协和共识。

因此，一体化参与各方的利益诉求与分歧，以及内外部环境的变化，就构成区域一体化的约束条件，这些内外部约束构成了一体化路径选择的基础，也决定着一体化的方向和速度。

一　独联体区域一体化的区域内部环境与基本约束

从总体上看，独联体区域一体化的进展和演化是内外部压力和国际地缘政治经济形势演化的产物。如第三章所指出的那样，独联体区域一体化的进展是对苏联解体后该地区国际合作碎片化的一种反动和补偿。20 世纪 90 年代，独联体区域内成员国"去一体化"和地区分离主义的潜流，进入 21 世纪后俄罗斯对一体化合作的推动和其他区域内国家的响应，2008 年后区域内成员国对全球金融危机、反恐战争和区域外国际力量的反应，都构成了独联体区域一体化的内部环境和基本约束。

（一）独联体的角色和功能凸显了区域一体化的基调和两难

首先，作为区域一体化合作的起点，独联体的建立本身就反映了区域国家重建和转型面临的一系列难题。一方面，区域内主权国家重建使得分离主义和割断原有的相互依赖成为必然；另一方面，区域内碎片化意味着缺乏秩序的混乱甚至冲突。独联体正是为了适应这一需要产生的，它尽管构成了后来区域一体化进展的基础，但初衷是为了保证去一体化的顺利进行。

原来作为一个统一主权国家的全球强国——苏联的突然解体，使得由集权体制安排的加盟共和国之间的分工合作和结构关系突然断裂，引发了区域内经济分工和政治军事安全的一系列混乱，独联体正是为了避免这种混乱而搭建的一种过渡性的制度安排。独联体从建立之初，其功能就被成员国限定在处理苏联解体后的善后事宜和防止出现区域混乱，而新独立的主权国家则忙于国家政治经济基本权力结构的重建，无暇顾及合作问题。这从宣布独立国家联合体成立《阿拉木图宣言》和确立苏联解体后各加盟共和国相互关系的《明斯克协定》的签署中就能得到证明。

1991 年 12 月签署的这两份文件标志着独立国家联合体（CIS）的正式建立。《明斯克协定》确立的处理成员国间关系的基本原则是，在相互承认和尊重主权、权利平等和互不干涉内政的原则基础上，建立民主的法治国家和发展彼此的关系。在这里，独立主权的形成和完善需要去除原有关系的束缚和羁绊。因此，各自建立独立的民主法治国家是协议和宣言的重点。这就引申出一个问题，如何才能尽快建立独立自主和完善的主权国家？其实质是先完成"去一体化"过程，即去除计划经济时期对各个加盟共和国所确定的分工限制和权力结构限制。尽管区域内各国从来没有在正式的文件中使用"去一体化"一词来描述独联体各国走向独立的曲折过程，但这些国家独立主权的形成和完善在实践着"去一体化"的进程。当然，这种"去一体化"不是要割断独联体国家的所有关系，而是要适应民主化和市场化转型的需要，为独立的民主政权和自主的市场经济寻求政治和经济基础。

在 70 余年中，区域之间形成功能单一而又密切的合作关系，如果独联体成员国之间的合作关系突然人为割断，必将给各成员国带来灾难性的后果。因此，各独联体国家在努力实现主权独立、政治独立、经济独立和安全独立的同时，又要保证不会使得独联体成员国成为碎片化的独立个体，独联体就必须把分裂控制在一定水平，把震荡控制在一定范围内。为此，《明斯克协定》强调，基于各国人民彼此业已形成的联系，进一步发展和加强友好与互利合作关系符合人民的根本利益，有利于和平与安全事业。

以上这种独联体建立的矛盾性，即一方面成员国要在独联体框架内努力割断与过去的联系，保证主权国家的独立，另一方面又要保证基本的区域秩序，防止碎片化和冲突，在后来的实践中都充分表现了出来。

（二）区域内国家市场化、民主化转型的差异和矛盾增加了合作的难度

苏联解体后，边界划分、经济和工业基础划分、武装力量划分、安全防卫责任义务划分过程充满了争议和矛盾，虽然基本原则已经确定，但在细节商定和协议执行方面充满了讨价还价。最显而易见的是，由于各国市场化、民主化的方案各不相同，进程存在差异，对开放经济的立场和政策也存在差异，因此这些国家的转型不但缺少协调，而且相互干扰。

比如，俄罗斯激进的市场化策略使得私有化和价格自由化的溢出效应极大地冲击了其他独联体成员国，特别是俄罗斯的超级通货膨胀和卢布贬值通过贸易渠道和仍未相互独立的货币渠道冲击着其他独联体国家，其中，乌克兰和白俄罗斯首当其冲。而这些国家利用《阿拉木图宣言》中相互支付使用卢布货币的规定，以及 1992 年 10 月 9 日独联体首脑会议关于保留卢布区的协议，借助金融渠道推动更大规模的通胀，通过卢布的铸币税为自己捞取利益。这使得俄罗斯不得不加快与其他国家的经济切割。所以，从一开始，市场化转型的非同步和方向的非一致性就迫使这些国家以寻求经济独立而不是相互合作为主要方向。

与此同时，独联体各国继承的来自苏联的区域分工遗产使得新独立国家的经济结构非常畸形，甚至缺乏独立完整的国民经济体系。此时，完成切割和建立自己独立的国民经济体系成为新独立主权国家经济民族主义的核心诉求。因此，在政策制定方面，一方面要依赖过去的经济分工网络保证经济的正常运转，另一方面又要努力摆脱对既有分工网络的依赖。所以，从市场化转型和建立独立的国民经济体系角度看，独联体在建立之初首先要做的是帮助成员实现经济的某种程度上的"去一体化"任务，至于后来的"重新一体化"已经是建立在新的基础之上了。

与此同时，独联体区域内政治民主化进程和速度更是差异巨大。一些国家培植了亲西方的自由主义政权，在诸如白俄罗斯和哈萨克斯坦这样的国家则是政治转型进程缓慢，在高加索地区和中亚地区民族主义和分离主义政治势力抬头，这极大地破坏了独联体国家间政治合作的基础。民族主义势力和分离主义势力在一些独联体成员国获得政治影响力甚至执政地位，使得独联体为完成成立之初保证成员国之间的合作和维持区域内的政治安全局势的任务就已经疲于奔命。能够保证独联体区域内不出现政治和安全的碎片化，已经是独联体协调机构的巨大成功，根本谈不上政治主权让渡和一体化合作了。特别是转型之初，苏联解体和民族独立的余波在俄罗斯境内继续蔓延，车臣分离主义和一些独联体成员国之间民族实体及边界的划分和归属问题，使得政治一体化在这一时期根本不可能。安全压力催生了政治合作的需求，但相关合作仅限于独立主权国家间的协调，一体化合作根本提不上议事日程。

（三）独联体国家的政治经济形势及其诉求是区域一体化的基本约束条件

作为一项对外政策，是否参与或推进外部一体化，其选择取决于国内的政治经济形势和利益诉求。单独的政治意愿无法促进一体化的成功，还需要经济的高度发展和公民的支持①。因此，一体化从本质上讲是一种国内政治的延伸。

在独联体内部，从苏联解体一直到 20 世纪 90 年代末，许多国家的政治重建和经济重建都处于动荡之中。首先，政治民主化转型需要建立一套以选举和民众参与为核心的政治运作机制，并且需要经过政府领导人的民选更迭与和平权力交接来检验其有效性。这方面俄罗斯的政治实践是一个明显的例证。俄罗斯的激进民主化虽然在 1993 年炮打白宫之后取得了初步胜利，但直到 1999 年之前，俄罗斯政治民主化逆转或陷于政治动荡的风险都一直居高不下。与俄罗斯相反，独联体中相对具有国际行动能力的白俄罗斯和中亚大国哈萨克斯坦则在政治转型方面止步不前，至今仍存在政治领导人非正常更迭的政治风险。其次，即使新的政治制度和政治机制建立起来，也需要公民社会的成长来保证其得到执行。对民主政治的社会共识和新的政治制度的有效运行是演进性质的。转型国家在民主化转型初期发生逆转的高风险随时威胁着新建立政权的稳定和政治运作。这方面无论是处于东欧的乌克兰，还是中亚的吉尔吉斯斯坦，抑或是高加索三国，都有自己的政治难题。最后，独联体国家的市场化转型在最初 10 年时间里进展得并不顺利。无论是采取了激进的"休克疗法"的俄罗斯，还是在市场化重建方面止步不前的白俄罗斯、乌克兰和哈萨克斯坦，内部市场运行的缺陷和要素闲置，都使得交换和分工的发展非常缓慢。

政治重建和经济重建任务的艰巨性和复杂性使得独联体国家很少有能力顾及外部的一体化合作问题。几乎所有的对外政策都缺乏战略性，具有即时反应和机会主义特征。这成为 20 世纪 90 年代独联体区域一体化的内部政治经济基础。

---

① Kirkham, K., "The Formation of the Eurasian Economic Union: How Successful is the Russian Regional Hegemony?" *Journal of Eurasian Studies* 7 (2), 2016, p.117.

二　独联体区域一体化的国际环境与外部约束

理论上，区域一体化主要基于内部的利益诉求和相互间的利益妥协，同时，区域一体化又是对区域外部环境的反应。从历史经验看，无论是欧洲一体化还是北美自由贸易区，或者是安第斯条约组织，区域一体化的发展程度和方向都是区域内部需求和外部环境变化的产物，甚至在更大程度上受到外部环境变化的影响和制约。独联体一体化更是受到国际环境变化的制约。

（一）冷战结束和大国在独联体区域内影响力的变化是基本外部制约

苏联解体和冷战结束极大地改变了国际格局。20 世纪 90 年代美国独霸天下的局面，欧洲一体化的深化和加速，原计划经济国家的市场化、民主化转型，以及国际力量对比的变化，使得独联体区域内俄罗斯的影响力大幅减弱。

21 世纪初世界多极化格局逐步形成，加上国际反恐战争对国际关系结构的重新塑造，独联体区域一体化的外部环境结构再次改变。美国在反恐战线上的力量投入减缓了俄罗斯的外部压力，俄罗斯政局走向稳定也为俄罗斯调整区域和对外政策奠定了基础。与此同时，全球经济市场化、民主化转型的第一阶段基本结束，国际经济格局也发生了深刻变化。这些因素在 21 世纪头 10 年投射到独联体区域，使得俄罗斯与美欧对独联体区域影响力的争夺进入新的阶段。

2008 年金融危机是国际环境在冷战之后发生转折的新的契机。美国经济陷入次贷危机，使得美国不得不暂时把关注的重心转回国内，推动美国的经济结构改革。欧洲债务危机凸显了政治经济一体化的风险和难题，也为俄罗斯调整与欧洲的关系提供了条件。东亚经济在 2008 年金融危机之后成为世界经济增长的重要一极，为独联体区域经济发展提供了新的可能性。这些因素再次改变着独联体与外部的关系结构。

以上是独联体区域一体化的宏观国际背景，这些背景作为约束条件在不同时期以不同方式影响着独联体区域的一体化合作。

（二）20世纪90年代独联体区域公共产品提供与影响力争夺

苏联解体和冷战结束，使得苏联一夜之间分裂为 15 个独立的主权国家。除了波罗的海三国，其余 12 个国家组成独立国家联合体，来处理区域空间中政治经济转型的权力真空和秩序问题。俄罗斯虽然继承了苏联的大部分遗产，但并没有继承其区域和国际影响力。转型初期俄罗斯自顾不暇，整体上处于战略收缩和防守状态。独立后很长一段时期，俄罗斯缺乏清晰的独联体政策，即使到20世纪90年代中后期俄罗斯意识到独联体的重要性，并强调其在俄罗斯外交政策中的优先性，但也没有采取实质性行动①。同时，俄罗斯主动倒向西方并没有换来西方的善意和友好对待。俄罗斯被怀疑并被排除于制度设计之外，如国际货币基金组织和世界银行的制度补充、北约的军事行动及欧盟和北约的边境扩张等②。

冷战结束之后，以美国为首的西方国家继续对俄罗斯采取压缩战略空间和蚕食区域影响力的做法，这在独联体成立初期并没有遇到俄罗斯的有效抵抗。俄罗斯只是在南斯拉夫战略时期才做出一次战略反应，除此之外，俄罗斯在独联体内部的影响力甚至也消失殆尽。美国和欧盟在独联体内部扩大影响力的做法，与这一地区的政治经济转型相互影响，使得格鲁吉亚、吉尔吉斯斯坦、乌克兰等国的政治局势动荡不定。

外部力量对独联体国家的影响和争夺通过这些国家的内部因素发挥作用。一方面，由于转型进程的不确定性，独联体国家呈现出内部政治经济形势动荡不定的特征；另一方面，由于转型过程中的政治和经济失败，在一些独联体国家的社会中日益滋生出分离主义、民族主义和极端主义势力。这加剧了区域政治和安全形势的恶化。由于俄罗斯自顾不暇，作为地区大国难以提供区域秩序和安全公共产品，美国和欧盟乘虚而入，与俄罗斯争夺区域影响力。20世纪90年代西方对俄罗斯区域影响力的削弱和战略空间的压缩是独联体区域一体化的重要外部约束之一。

（三）恐怖主义的威胁与区域政治安全形势

2001年"9·11"事件是世界格局和国际形势的新的转折点。"9·11"事件后，出于反恐战争的需要，美国改善了与俄罗斯的关系，冷战后以霸主自居为所欲为的行为有所收敛。但实际上，国际恐怖主义的威胁

---

① Lapenko, M., "The Ukrainian Crisis and its Effect on the Project to Establish a Eurasian Economic Union, " *Connections the Quarterly Journal* (144), 2014, p.126.

② Kirkham, K., "The Formation of the Eurasian Economic Union: How successful is the Russian Hegemony?" *Journal of Eurasian Studies* 7 (2), 2016, p.121.

并非始于 2001 年，在苏联地区，宗教极端势力和地区分离主义成为恐怖主义的温床。在独联体空间中，恐怖主义的威胁自苏联解体开始就呈现逐步增加的趋势。

苏联时期，由于有国家的严格控制和无处不在的专政力量，基本能将威胁国家安全和社会稳定的恐怖活动消灭在萌芽状态。苏联的解体使各种势力失去了强大国家机器的约束，种种矛盾在短时间内集中爆发，一系列潜在的民族、宗教、领土等问题从幕后走到台前，恐怖袭击事件数量呈迅速上升趋势。美国马里兰大学恐怖主义数据库显示，1991 年俄罗斯仅发生 2 起恐怖事件，2012 年就达到 151 起，恐怖袭击最猖獗的 2010 年则达到 251 起。在这一时期，恐怖活动的目标和范围不断扩大。最初恐怖活动多集中在苏联的加盟共和国内，袭击的目标以国家领导人和大使馆为主，后来则扩大到将人口稠密的民用设施和经济金融中心作为袭击对象。

20 世纪 90 年代，宗教扩大化成为恐怖活动的新特点。在高加索地区发生了奥塞梯－印古什事件、阿布哈兹事件、纳戈尔塔·卡拉巴赫事件。这一时期，在恐怖分子的各项政治要求中，首次提出建立所谓的"大伊斯兰哈里发国家"这一带有浓厚宗教色彩的要求，这也是后来基地组织梦寐以求的目标。按照这一设想，俄罗斯的北高加索、伏尔加河流域、车臣等地都应该并入"大伊斯兰哈里发国家"的版图。这一要求遭到了俄罗斯政府的断然拒绝。

俄罗斯境内恐怖活动高度集中，车臣是北高加索地区的动荡之源和恐怖主义的主要策源地。1991 年，车臣共和国总统、车臣分离主义领袖杜达耶夫宣布车臣为"独立主权国家"。为维护国家统一，俄罗斯于 1994 年、1999 年两次发动车臣战争，沉重打击了车臣分离主义和恐怖分子。尽管政府投入了巨大力量，却未能彻底驱散恐怖主义幽灵。在两次车臣战争之后，车臣武装分子改变行动策略，采取游击战术，策划恐怖袭击，反恐表现出愈反愈烈的特点，重点袭击目标亦向莫斯科、圣彼得堡等大城市转移。1991～2013 年的 22 年间，俄罗斯共发生 1895 起恐怖袭击事件[①]。

---

① 《俄恐怖主义阴霾多年难除，22 年遭 1895 次恐怖袭击》，http://news.163.com/14/0103/08/9HLBII 8300014MTN.html/，2014.1.3。

这些事件绝大多数与车臣恐怖分子有关。其中重大恐怖事件先后有 1995年 6 月的布杰诺夫斯克绑架 1500 名人质事件、1996 年基兹利亚尔扣押300 名人质事件、2002 年 10 月胁持莫斯科轴承厂文化宫内 850 多名人质事件、2004 年别斯兰人质事件（事件历时 3 天结束，但导致了 326 名人质死亡，成为俄罗斯最严重的恐怖主义袭击事件）、2009 年印古什总统遇刺案、2010 年 3 月莫斯科地铁爆炸案、2011 年 1 月莫斯科多莫杰多沃机场爆炸案、2011 年 3 月联邦安全总局学院爆炸案、2013 年底的伏尔加格勒火车站爆炸案等。恐怖事件的频发，严重威胁了国家安全和社会稳定，俄罗斯成为全球范围内遭受恐怖袭击的重灾区[①]。

除了恐怖主义带来的地区安全威胁，区域政治形势在独联体成立后也经历了很长时间的动荡不定。"天鹅绒革命"和"颜色革命"是西方插手的政治更迭，而区域内新建立国家政治结构的不成熟也往往给政治分歧的复杂化和难以消除提供土壤。

以上恐怖主义和地区政治安全形势的威胁构成独联体区域一体化的另一个重要外部约束。

综合独联体区域一体化所面临的内外部约束条件，对照独联体地区一体化发展的几个关键领域和关键节点，可以看到，独联体国家面对一体化的经济利益和国内外政治条件，在一体化的方向和范围等方面进行了复杂的博弈，从而造就了独联体到目前为止的一体化现实。

第二节　特殊约束条件下独联体区域一体化的选择

作为具有不同维度特征的区域一体化，必然具有促成不同维度的内部条件和外生变量，即前述的约束条件。在不同时期和阶段，两者对区域一体化不同维度的影响权重不同，并由此形成了一体化不同维度秩序的现实。独联体区域一体化是从苏联解体开始的。尽管由于这一区域的一体化发展缺乏显著的成果，因此被一些学者质疑独联体区域是否存在标准意义

---

① 李建民：《俄罗斯反恐历程及对中国的借鉴》，http：//www. rmlt. com. cn/2014/0918/320299. shtml/，2014. 9. 18。

上的一体化，但无论是从制度设置还是从实际效果看，从 1991 年底到现在，独联体区域经历了 20 世纪 90 年代、2000～2008 年和 2009 年以来 3 个关键的一体化时期。其中，20 世纪 90 年代一体化被作为正式的政治议程提出后，由于与苏联解体的去一体化进程相交织，加上区域内经济被转型性危机所笼罩，经济一体化领域没有取得显著成效，政治一体化领域的发展也主要限于安全合作。2000 年之后，俄罗斯逐渐恢复元气，作为独联体区域一体化的主要推手，俄罗斯避开全面一体化所面临的一系列障碍，积极倡导次区域层面的合作，欧亚经济共同体、集体安全条约组织相继成立，中亚高加索地区的次区域合作也开始发展。2008 年金融危机后，美国和欧盟力图通过推动 TPP、BIT 和 TTIP 等超级区域一体化来摆脱金融危机的影响，独联体地区面临在新的国际区域经济合作中被边缘化的危险，俄罗斯和哈萨克斯坦加大推动区域内一体化合作的力度，经济领域和政治领域的一体化合作逐渐加强。

一　"去一体化"与一体化的矛盾和独联体一体化的初步框架

苏联解体和独联体的成立，在本质上是"去一体化"和一体化的混合过程。之所以这么说，是因为苏联解体意味着从高度一体化的政治经济系统分裂为多个独立的经济政治单元，这是一个"去一体化"过程。但苏联解体可能造成的混乱也困扰着当时的政治家和社会精英，为了避免国家解体可能造成的冲击和震荡，成立独立国家联合体成了当时区域内各国领导人的合适选择。

苏联解体和各加盟共和国变身为独立主权国家，这意味着之前存在于一种体制内，遵循相同经济、政治和社会规则，相互依存的政治经济单元，变成相互独立的单元。苏联时期经历 70 余年建立的分工体系和赋予各政治经济单元的功能，需要重新调整。一方面，计划经济确立的分工体系随着苏联解体和市场化转型需要重组，这种重组既要满足独联体各国经济独立的需要，也要满足对经济效率的要求；另一方面，在市场机制基础上重建本国经济和遵循既有分工传统重建独联体区域的分工体系，则需要独联体各国经济相对稳定和不断发展。毕竟，有效的区域分工合作关系是演进而不是人为安排的结果。

　　苏联计划经济时期建立的区域专业分工与合作关系，是苏联各加盟共和国之间经济联系和各自经济发展的主要特征。在俄罗斯、乌克兰、白俄罗斯、哈萨克斯坦及其他苏联加盟共和国，都有各自专业化生产的特殊产品，比如航空发动机、船用发动机、船用特种钢材、坦克发动机等都是在各个加盟共和国专门生产的，一个完整工业品的零部件生产可能分布在多个加盟共和国。从1991年苏联解体前的资料来看，各加盟共和国在相互商品交易中的获利占其国民生产总值的20%，而同期欧共体国家的外贸收入占其国民生产总值的比例只有14%，前者的相互依赖程度明显超过后者①。苏联解体和独联体各主权国家的建立，客观上为这种计划经济条件下形成的分工合作制造了边界障碍，导致一种客观上的经济"去一体化"。同时，新独立主权国家为了实现经济自主和独立，也在主观上推动本国生产体系的内部完整配套，从而导致实际上的经济"去一体化"。这一过程甚至持续到现在。2015年，俄罗斯仍因为生产阿玛塔坦克和战略轰炸机需要乌克兰的发动机配套而受到制约，普京和梅德韦杰夫多次下令俄罗斯要实现相关发动机产品制造的自主化。

　　在"去一体化"的大形势下，分工与合作中断给各国带来巨大冲击和潜在损失。据俄罗斯中派联盟领导人估计，苏联各共和国至少60%的产值下降是因为以往密切的经济联系被无情割断而造成的。"航船被无理分割成几部分之后，每个部分都不能独立航行了。"② 已有的研究同时也表明，1992~1993年独联体国家国民生产总值下降中有30%～60%是经济联系中断造成的。各成员国间每减少1%的供货，就会使各自的国民生产总值下降4%～10%，经济联系中断使俄罗斯减少1/3以上，其他共和国减少1/5所需要的商品③。除了经济需求这个主要原因外，政治因素也促使各国考虑进行区域一体化合作。麦克斯威尼曾说："当秩序被破坏，本体不安全就会产生。"④ 苏联解体后，随着两极秩序的消失，安全秩序也遭到破坏。北约持续东扩，试图在苏联解体后的地区削弱俄罗斯的力

---

① 解超：《试析独联体国家经济关系的新特征》，《今日东欧中亚》1995年第3期。
② 解超：《试析独联体国家经济关系的新特征》，《今日东欧中亚》1995年第3期。
③ 陆南泉、李建民：《独联体的未来经济格局》，《国际技术经济研究》1995年第4期。
④ 李格琴：《从社会学视角解读"安全"本质基启示》，《国外社会科学》2009年第3期。

量，而俄罗斯明显或可能处于劣势的（如对北约）军事平衡使其具有极大的不安全感。同时，整个独联体边界地区局部战争、武装冲突、恐怖主义等威胁着新生独联体国家的政权稳定，在市场机制基础上重建本国经济缺乏稳定的环境。虽然各国都接收了境内的军队及其装备，但除俄罗斯以外的独联体各国并没有相应的技术能力和潜力，其防御能力和地位实际已大不如前。接收的军事装备实用性不强，维持费却颇为可观。苏联漫长的边境线让势单力薄的各国（尤其是中亚各国）自己守卫实在是困难，塔吉克斯坦就是明显的例证。而拥有一个与其他国家联合应对地区安全威胁的多边框架，对独联体区域国家来说也许是理性的选择。在这样的内外约束条件下，独联体国家需要在经济、政治、安全方面进行合作乃至一体化。

正是在这种"去一体化"与需要一体化的大背景下，独联体内关于加强独联体政治经济合作与一体化的制度安排出台。首先在政治方面取得突破，1992 年六国签署《集体安全条约》，共同保卫独联体的边界线。分工与合作中断带来的巨大冲击和潜在经济损失一开始就受到独联体各加盟共和国的重视。在政治合作取得突破后，1993 年 9 月，独联体各国在内部政局稍稍稳定之际就签署了《独联体经济联盟条约》，力图最大限度地保证既有的生产体系能够正常运转。

二　经济一体化流于形式与政治安全一体化地位的提升

（一）独联体成立之初一体化的目标和基本诉求

本质上，独联体区域一体化是一个集体行动过程，无论是经济领域还是政治领域，一体化的行动主体都是各主权国家。就经济领域而言，按照新功能主义和国际经济学的观点，市场经济主体的利益诉求是一体化的基本动力，因此市场主体和社会组织也可能成为独联体区域一体化的行动主体。但由于市场化转型在独联体各国仍处于发展过程之中，具有国际性动力的市场主体还很弱小，因此，20 世纪 90 年代上半期的独联体经济一体化还是通过国家博弈进行的，主要表现为由政治意愿推动的文本和制度建设意义上的经济一体化，表现为贸易和投资合作等的经济一体化实质内容发展相对滞后。

在政治领域，独联体各国民主化转型之初，社会组织也处于初创时期，因此，国家之外的政治一体化行动主体也是缺位的。国家作为独联体区域一体化的行动主体，其目标和基本诉求决定了独联体成立之初一体化的基本框架和主要合作领域。概括起来，这些基本诉求包括政局稳定、主权与领土完整。独联体各国在这些领域的合作对于新独立和新建立的政权非常重要。之所以这样说是因为，苏联解体在实质上是一个政权碎片化过程，各国都要经过激烈的政治角逐和政治博弈建立有效和稳定的权力结构，来领导国家的重建。但是，政治和权力碎片化过程恰恰是政治稳定的最大敌人，新产生的各种政治势力的角逐一方面缺乏程序规则，另一方面也受到各种意识形态、宗教势力、民族主义的影响。在这种情况下，通过国家间的合作，防止不稳定因素和破坏性政治势力在区域内蔓延，同时，通过合作相互承认和支持对方新建立的权力结构，就变得至关重要了。

（二）文本与制度意义上的经济一体化与独联体经贸关系重建

苏联解体，各国独立，分工与合作中断给各国带来的巨大冲击和潜在损失，决定了初期独联体区域经济一体化框架的主要内容和基本诉求，就是保证最基本的分工合作可以维持一段时期，以防止突然中断对新独立各国经济的冲击。主要内容和基本诉求，加上深陷危机的经济形势，使得独联体内部的经济一体化在初期没有实质性效果，甚至在很长时期里，都停留在文本和制度构建的繁文缛节中（见表4-1）。

表4-1　20世纪90年代独联体经济一体化的制度构建

时间	国家	内容
1994年4月15日	独联体国家	决定建立经济联盟委员会和自由贸易区
1994年8月28日	独联体国家	通过了经济联盟条约草案
1994年9月9日	除阿塞拜疆、土库曼斯坦外的独联体国家	签署了建立经济联盟委员会的协定
1994年10月21日	独联体国家	签署了建立支付同盟和关税同盟的协定
1994年12月19日	独联体国家	形成了统一海关内容的文件
1994年2月3日	俄罗斯与格鲁吉亚	签署与经贸合作有关的友好合作条约
1994年3月27日	哈萨克斯坦与俄罗斯	签署哈俄经济合作与一体化条约
1995年2月8日	俄罗斯与乌克兰	签署一系列有关实现自由贸易的协议
1995年2月21日	俄罗斯与白俄罗斯	签署睦邻友好合作条约
1995年2月27日	俄罗斯与塔吉克斯坦	签署经济合作和一体化关系的协定

资料来源：历年独联体与苏联各共和国大事记。

独联体区域经济一体化初期没有取得实质性效果，独联体国家间相互贸易额快速下降。1990 年，各加盟共和国的相互贸易额占外贸总额的 72.1%，1996 年，除波罗的海三国外独联体其他 12 个国家的相互贸易额仅占外贸总额的 27%[①]。1995～1999 年独联体内部贸易占总贸易额的比重见表 4-2。

表 4-2　1995～1999 年独联体内部贸易占总贸易额的比重

单位：%

类别＼年份	1995	1996	1997	1998	1999
出口	26.69	27.58	26.89	26.8	21.19
进口	33.66	38.01	34.08	33.47	35.21

资料来源：联合国贸易和发展会议（UNCTAD）。

上述事实表明，独联体区域经济一体化从一开始就表现为形式大于内容，文本建设先于经贸实质性合作。究其原因，一方面，出于维护原有生产网络和分工体系的需要，独联体国家之间必须尽快建立相应的国家间经济合作规范，这导致市场化条件下出现一波实质性的经济独立和经济“去一体化”的过程，同时又需要维护既有的分工关系，因此产生一批基于主权国家间关系的经济合作的文本、条约和制度规范；另一方面，在市场化转型背景下，独联体各国经济都处于重建过程中，新的市场主体刚刚诞生，作为国际经贸合作行动主体的市场化企业对国际经济合作的需求还处于萌芽状态。这意味着，独联体国家由一个专业分工合作密切的整体分割成不同的经济单元，联系中断。同时，市场化止步不前同样阻碍了经济的复苏和增长，加上独联体国家畸形的经济结构等问题，所有新独立国家因此陷入经济社会危机之中。独联体多数国家经济在整个 20 世纪 90 年代都处于负增长（见表 4-3），与经济衰退相伴随的正是独联体国家对外贸易和国际投资的萎缩。

[①]　李建民：《独联体经济一体化现状及趋势》，《东欧中亚研究》1999 年第 3 期。

表4-3　12个独联体国家20世纪90年代GDP增长率

国家＼年份	1991	1992	1993	1994	1995	1996	1997	1998	1999
亚美尼亚	-11.7	-41.8	-8.8	5.4	6.9	5.9	3.3	7.3	3.3
阿塞拜疆	-0.7	-22.6	-23.1	-19.7	-11.8	1.3	5.8	10	7.4
白俄罗斯	-1.2	-9.6	-7.6	-11.7	10.4	2.8	11.4	8.4	3.4
格鲁吉亚	-21.1	-44.9	-29.3	-10.4	2.6	11.2	10.5	3.1	2.9
哈萨克斯坦	-11	-5.3	-9.2	-12.6	-8.2	0.5	1.7	-1.9	2.7
吉尔吉斯斯坦	-7.9	-13.9	-15.5	-20.1	-5.4	7.1	9.9	2.1	3.7
摩尔多瓦	-16	-29.1	-1.2	-30.9	-1.4	-5.2	1.6	-6.5	-3.4
俄罗斯	-5	-14.5	-8.7	-12.6	-4.1	-3.6	1.4	-5.3	6.4
塔吉克斯坦	-7.1	-29	-16.4	-21.3	-12.4	-16.7	1.7	5.3	3.7
土库曼斯坦	-4.6	-15	1.5	-17.3	7.2	6.7	-11.4	7.1	16.5
乌克兰	-8.4	-9.7	-14.2	-22.9	-12.2	-10	-3	-1.9	-0.2
乌兹别克斯坦	-0.5	-11.2	-2.3	-5.2	-0.9	1.7	5.2	4.3	4.3

资料来源：世界银行（The Word Bank）。

根据欧洲的一体化经验，在经济增长和一体化之间有着相当密切的关系。在经济增长较快时期，失业率的下降减少了伴随着内部一体化的调整问题，因此减弱了国家保护主义的抵制力量；而经济危机以及由此导致的失业人数增长会使国家保护主义复苏，从而使一体化举步维艰①。原有的分工联系正在逐渐中断，独联体各国都在努力打造更加独立完整的国民经济体系，为此甚至不惜放弃自己缺少技术能力或专用资源的经济活动，从苏联经济体系的配套者转变成没有商品的完全进口者。

（三）政治与安全一体化地位的提升

政治安全一体化地位的提升，主要是分离主义和恐怖主义威胁加剧造成的。苏联解体和独联体内主权国家的独立，开启了经济市场化和政治民主化的过程。经济市场化对计划经济条件下生产分工体系的解构和重建在独联体国家层面是激进的和划时代的，国际分工关系的中断加上国内生产关系的重组，造成了独联体区域内严重的转型性经济危机。经济活动的停滞使得区域内经济一体化的内在需求处于相当低的水平。因此，如前所述，独联体区域经济一体化在初期更多地扮演了减震器的角色，并没有促

---

① 王鹤：《欧盟经济概论》，中国社会科学出版社，2014，第20页。

进独联体国家间相互贸易和经济合作的快速发展。另外，转型之后独联体国家面临着政治重建和保护国家主权、领土完整的重任，这方面的威胁恰恰来自政治自由主义、民族分离主义和宗教极端主义。

如前文所述，在苏联时期，由于有国家的严格控制和无处不在的专政力量，基本能将威胁国家安全和社会稳定的恐怖活动消灭在萌芽状态。苏联的解体使各种势力失去了强大国家机器的约束，种种矛盾在短时间内集中爆发，一系列潜在的民族、宗教、领土等问题从幕后走到台前，恐怖袭击事件数量呈迅速上升趋势。对俄罗斯而言，其政治民主化逆转或陷于政治动荡的风险一直居高不下，北约东扩带来的不安全感及恢复世界大国的诉求等，使其对以安全为主要内容的独联体区域政治一体化更为关注。

继 1992 年六国签署《集体安全条约》后，1993 年通过的《独联体宪章》明确提出实行集体安全和军事政治合作，1994 年《集体安全条约》成员国增到九国，意味着加强独联体国家间政治安全合作被越来越多的国家所接受。同年 7 月独联体十二国国防部长通过了《独联体国家集体安全的构想》，把独联体国家间的集体安全合作推进到一个新的水平。1996 年俄罗斯、白俄罗斯签署共同体条约，同时各国在政治外交上进行有效协调，尤其是对外政策的协调取得初步成效。1994 年独联体第一次派代表以观察员身份出席联大并提出了一系列倡议，另外独联体代表还参加了欧安会组织的最高级会议。1995～1996 年相继成立了跨国委员会、一体化委员会和跨国议会委员会等管理一体化的组织机构。独联体组织机构独联体国家元首会议、政府首脑会议已成为定期会议。这种领导人的定期会议实际上起着某种常设机构的作用。1996 年 4 月 2 日，俄罗斯、白俄罗斯两国签署《成立主权国家共同体条约》，成立俄白共同体。可见，在制度层面，政治安全一体化获得一定提升。

在实践层面，在独联体和集体安全的框架下解决了部分独联体国家的地区冲突问题，如 1992 年摩尔多瓦的德涅斯特河冲突、1992 年格罗吉亚的南奥塞梯问题、1993 年塔吉克斯坦内战问题，以及 1994 年格罗吉亚的阿布哈兹问题等。打击分离主义和恐怖主义对独联体国家的威胁成为独联体区域安全合作的核心和重点。为此建立的独联体国家首脑定期会晤和磋商机制、独联体理事会制度等都在维护独联体区域政治稳定和区域安全方面发挥了重要作用。

三　一体化关键领域的调整与独联体次区域一体化的发展

区域一体化作为区域内国家的集体行动，其发展和演化取决于行动体的基本诉求和行动体之间的博弈。根据公共选择理论和新制度经济学理论，集体行动生产公共产品，由于存在搭便车和投机行为，主要行动体的目标诉求和行动力决定着一体化集体行动的成败。在欧洲一体化过程中，德法和解与之后的一体化德法双轴心构成了欧洲一体化的主要发动机。在独联体区域一体化中，俄罗斯作为主要推动者，白俄罗斯和哈萨克斯坦作为主要策应者，组成了"一机两翼"的独联体区域一体化推动力。那么，俄罗斯、白俄罗斯和哈萨克斯坦的基本诉求和它们达成的合作意向就构成了独联体一体化初期甚至之后的行动路线和合作框架。

（一）一体化中主要行为体的基本诉求

独联体是俄罗斯的核心利益所在，是俄罗斯地缘政治利益和地缘经济利益的核心，也是俄罗斯大国梦、强国梦的基本依托。具体而言，出于确保军事安全、恢复大国地位、与西方势力抗衡及发展经济等综合因素考虑，俄罗斯加强独联体区域一体化的方针总体上是明确、坚定的。

同时，由于自己特殊的地位和影响，俄罗斯在政治一体化的提法上较为谨慎，尽量避开"联邦""邦联"等提法，以"欧盟式"的合作为目标，并多次声明将保证各国的独立和主权，以免引起独联体其他国家的不快和警觉。20世纪90年代叶利钦时期提出的加深独联体一体化的三项原则中最重要的一条就是独联体各国保持自己的主权。强调"没有谁想从别人那里夺取主权"，一体化是独联体国家互相接近的唯一途径①。普京也多次强调，独联体区域一体化是建立在自愿及新政治经济原则基础上的，俄罗斯并不打算复苏帝国。

哈萨克斯坦作为一个中亚大国，在一体化问题上始终有自己的盘算。它是独联体区域一体化的积极倡导者，又是率先与俄罗斯建立双边经济及军事联盟的国家，但它赞同的一体化是有限度的，是一个平等关系的协商

---

① 郑羽、李建民：《独联体政治一体化问题》，http://www.xjass.com/zys/content/2008-06/11/content_6400.htm。

和协调机构，而不是由上到下的发号施令的机构，这与俄罗斯对一体化的某些安排有距离。其真正的目的是借助一体化或者说是借助俄罗斯的力量来发展本国的力量，以提升自身在中亚地区乃至世界上的地位和影响力。从其积极参加集体安全体系、提出建立欧亚联盟的构想便可以看出其争当地区大国的愿望。

白俄罗斯在经济上对俄罗斯高度依赖，在某种程度上白俄罗斯差不多是俄罗斯的一个装配车间，白俄罗斯工业生产80%的原料来自俄罗斯，其80%的产品销往俄罗斯①。苏联解体后，这种经济关系被破坏，白俄罗斯的经济受到致命打击。没有俄罗斯的廉价原料，没有俄罗斯的巨大市场，没有俄罗斯的合作和帮助，单凭自己的力量，白俄罗斯很难在短期内摆脱经济困境。从地缘来看，白俄罗斯位于俄罗斯与北约国家的中间地带，其面临的主要安全问题就是北约东扩。由于在经济、军事安全等方面对俄罗斯有较强的依赖，为解决独立以来经济水平不断下降、社会矛盾激烈及军事安全面临威胁等棘手问题，白俄罗斯对独联体区域一体化表现出较大的兴趣。在政治方面，只要能保证国家的独立和主权，建立协调各国政策的超国家机构在一定程度上是其可以接受的。

受各自国家利益的驱动，在独联体整体一体化难以有实质性进展的情况下，撇开其他独联体国家，俄罗斯、白俄罗斯、哈萨克斯坦三国加快了一体化进程。三国筹建了1995年的关税同盟，加强经济合作；建立联合军队，携手保卫边境，扩大和加深政治安全合作。俄罗斯作为主要推动者，白俄罗斯和哈萨克斯坦作为主要策应者，成为之后独联体区域一体化的主要推动力。

（二）一体化关键领域的调整

20世纪90年代，独联体区域政治与经济合作虽已启动，但由于俄罗斯实力和区域影响力的削弱，在转型初期俄罗斯自顾不暇，缺乏推动独联体区域一体化的力量。与此同时，美欧等外部力量则乘虚而入，展开了对独联体国家的争夺。此外，区域内国家转型的差异和矛盾约束，以及政治

---

① 包良明：《俄罗斯、白俄罗斯、哈萨克斯坦加快一体化进程》，《东欧中亚研究》1995年第6期。

重建和经济重建任务的艰巨性和复杂性，使得独联体国家很少有能力顾及外部的一体化合作问题。整个 20 世纪 90 年代几乎所有的区域合作政策都缺乏战略性，具有即时反应和机会主义特征。独联体区域合作没有取得实质性的进展，成员国间的经济合作更多是以双边合作为基础，政治合作也主要停留在制度建设的初级阶段及次区域层面。

2000 年以后独联体区域一体化的内外部约束条件出现了新的变化。"9·11"事件爆发之后，恐怖主义成为世界安全的主要威胁，美国在反恐战场的投入减缓了俄罗斯的外部压力。2008 年金融危机进一步加剧了国际格局的转变，美欧遭受经济危机，力量相对减弱，东亚成为世界经济增长的引擎。国际格局基本完成从 20 世纪 90 年代美国独霸天下的局面向多极化格局的转变，为独联体区域政治经济发展提供了新的可能。同时，俄罗斯等独联体国家政局的逐渐稳定以及发展经济的诉求也为独联体国家调整区域和对外政策奠定了基础。最主要的是，2000 年前后，俄罗斯经济恢复增长。根据世界银行数据，俄罗斯国内生产总值从 1999 年的 1959 亿美元增长到 2008 年的 1661 万亿美元，人均国内生产总值也从 1999 年的 1331 美元增长到 2008 年的 11635 美元。俄罗斯国力和政府行动力提升，重新关注独联体区域一体化对俄罗斯的意义和作用。在独联体区域新的内外部约束条件下，一些独联体国家积极寻求彼此经济的融合与俄罗斯的安全保护，提出推进经济一体化及加强集体安全体系的诉求。俄罗斯作为主要推力，调整了一体化的关键领域。重新重视经济一体化，重视关键地区的安全和政治合作，重视通过合作来抵御外部势力在独联体内部的扩张。

集体安全条约组织的建立、新独联体自由贸易区的建立及在欧亚经济共同体框架下从俄、白、哈关税同盟到经济联盟的建设，正是这种诉求的反映。可以说，2000 年以后独联体区域政治与经济一体化都在不同程度地推进，只是在不同的国际和区域约束下，政治与经济一体化的重要性不同而已。

（三）独联体次区域一体化的发展

独联体是一个地域广泛、国家间诉求差异巨大的松散联合体，甚至迄今为止，一些国家在主权独立和分离主义问题上都没有找到基本方向。乌克兰在俄罗斯与欧洲之间的摇摆，高加索地区复杂的地缘冲突，中亚国家和蒙古国的第三邻国理念等，都使得独联体区域一体化在整体层面遇到许多障碍。一些国家力图摆脱俄罗斯影响和控制的努力，中亚和高加索地区国家通过联合提升自身在独联体区域话语权的努力，美国和欧盟加入独联体内部争夺的影响，都使得独联体区域一体化过程曲折而复杂，其中最突出的表现就是次区域一体化在各种力量的作用下逐渐发展起来。

根据区域一体化理论，作为一项对外政策，是否参与或推进外部一体化，其选择取决于各国的国家利益。苏联解体之后，促进各国分分合合的根本原因是各种错综复杂的利益关系，其中有经济的，有军事战略的，也有政治的。有的国家侧重于经济利益，有些国家则侧重于军事利益。因此，在独联体区域内建立和形成保证所有成员国互利合作的有效机制的条件并不成熟，这是迄今为止在独联体内未能形成有效的统一的经济空间和安全空间的根本原因。其中，作为独联体区域一体化核心动力的俄罗斯，虽然经济有所恢复，政府行动能力也得到提升，但还无法承担为独联体提供全区域公共产品的能力，也就是说仍然缺乏全面推进一体化的能力。以上原因使得独联体次区域一体化有了发展的空间和土壤。

独联体次区域一体化的发展是话语权、共同利益和外部影响力等多重因素作用的结果。其中，国家利益是核心影响因素。根据国家利益与俄罗斯关系的不同，不同国家组建了不同的次区域一体化组织。白俄罗斯、哈萨克斯坦、吉尔吉斯斯坦、塔吉克斯坦和亚美尼亚等国在经济、军事等方面对俄罗斯有较强的依赖性，为解决独立以来经济水平不断下降、社会矛盾激烈等棘手问题，这些国家对独联体区域经济一体化表现出较大的兴趣，它们均是欧亚经济共同体的重要成员，积极参加俄罗斯主导建立的新独联体自由贸易区、关税同盟及欧亚经济联盟等次区域组织。其中多数国家对政治一体化的态度是，只要能保证国家的独立和主权，建立能协调各国政策的超国家机构在一定程度上是可以接受的，因此它们同时又是集体安全条约组织的成员国。

土库曼斯坦、乌兹别克斯坦、摩尔多瓦、格鲁吉亚这些国家，一方面在经济上对俄罗斯有一定的依赖，支持独联体区域经济一体化，除格鲁吉亚外，其余三国均为独联体自由贸易区成员；另一方面对可能导致削弱国家主权独立的政治一体化持一定的保留态度，四国均未加入集体安全条约组织。另外，出于与俄罗斯的利益纠纷，为了削弱俄罗斯在独联体地区的主导地位，这些国家成立了古阿姆集团。古阿姆组织的建立与发展反映出独联体部分国家在民主政治和经济一体化问题上与俄罗斯的分歧。从其发展绩效看，古阿姆虽然不足以撼动俄罗斯在独联体地区的主导地位，但在这一组织的作用下，部分独联体国家的离心倾向可能会加强。

乌克兰同俄罗斯既有合作又有分歧。一方面，其在经济上对俄罗斯存在着严重的依赖，俄罗斯不仅是乌克兰石油、天然气等能源的主要供应者，又是其冶金、机械设备等工业产品的主要销售市场，是它的第一大贸易伙伴。因此，乌克兰对发展独联体区域经济一体化表现出一定的热情和积极性，一开始就加入了新独联体自由贸易区。另一方面，俄乌之间在黑海舰队分割、克里米亚半岛归属和乌克兰境内俄罗斯人双重国籍等许多问题上一直存在着激烈的争执。这些矛盾直接影响到乌克兰的区域一体化取向，其在独联体与欧洲的一体化之间一直采取平衡策略。

第三节 独联体区域一体化演化路径

区域一体化是一种由经济主体推动，以国家为博弈行为体，以实现共同的制度规范和共同治理为目标的演化过程。新制度经济学和新功能主义对此都进行了阐释和分析，把上述过程预设为区域一体化的一般路径。

在新功能主义理论家哈斯看来，经济技术等功能性领域与政治领域的界限不是绝对的，既可适度分离又相互联系。当国内利益集团认识到一体化能使自身利益最大化时，一体化就会自动从一个领域"外溢"到另一个领域，同样，经济领域的合作也会"溢出"到政治领域，政治精英会把自己的忠诚逐渐转向超国家层次的决策活动，从而使超国家机构得以建立，政治一体化得以实现。也就是说，经济领域的一体化最终会带来政治一体化，经济一体化在前，政治一体化在后，区域一体化应遵循从低到高的发展路径。在关于欧洲一体化经验的探讨中，一般认为，欧洲一体化是由经济一体化推动的，是经济动机推动了欧洲的一体化进程。同时，也有学者指出，欧洲一体化离不开国家让渡主权的意愿，从这个角度看，正是政治和解意愿和一定程度上限制自己的主权，推动了经济的一体化[①]。因此，在关于区域一体化的优先领域和先后次序问题上，并没有被普遍接受的观点。

对于欧洲一体化而言，一般还是认为经济领域先于政治和安全领域。欧洲一体化首先从功能性的煤钢领域取得突破，然后"外溢"到所有经济领域，建立欧共体，并在其框架下走从关税同盟到统一市场再到欧洲经济货币联盟的经济一体化之路。随后从经济领域"外溢"到政治领域，建立共同外交与安全政策，进而制定共同安全与防务政策。欧洲一体化的演变路径是从低到高发展，从经济一体化到政治一体化逐次推进（见图4-1）。

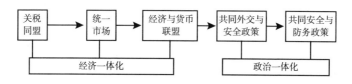

图4-1　欧洲一体化的发展路径

对于独联体区域而言，经济一体化的发展相对于政治一体化来说是相对滞后的，这与该区域特殊的利益诉求和内外部约束条件相关。

一　政治一体化先于经济一体化

独联体国家间的区域一体化，从建立共同治理机制来保证"去一体化"进程平稳顺利开始，以借鉴欧盟一体化的制度建设为核心，首先实现了一体化的制度和文本建设，但涉及制度规范下的贸易、投资和生产要素流动相对滞后，这与转型性经济危机和生产分工体系的重建需要时间有关。

从形式看，独联体区域经济一体化与欧洲经济一体化的发展路径相似。独联体区域经济一体化也是从低级到高级发展，经历了关税同盟、共同市场及经济联盟的过程。虽然缺失货币联盟的步骤，但欧亚经济委员会与各国政府正在进行有关货币统一的探讨。据俄罗斯媒体综合报道，普京已责

---

① 宋新宁：《欧洲一体化研究的政治经济学方法》，《国际观察》2004年第5期。

令俄罗斯央行和政府在 2015 年 9 月 1 日前确定在欧亚经济联盟区建立货币联盟的可行性。事实上，《欧亚经济联盟条约》已提到了关于 2025 年前在联盟区域内发行统一货币的条款。乌克兰危机以来俄罗斯面临的复杂国际形势迫使其加快发行统一货币的进程。目前，联盟成员国把新货币暂定为阿尔丁，在未来阿尔丁将作为统一的纸币发行。2015 年 8 月俄罗斯推出了《关于独联体国家在货币市场一体化领域内的合作协议》，并且哈萨克斯坦已经批准了这一协议。俄罗斯、白俄罗斯、哈萨克斯坦三国实行统一货币具有一定基础，上述三国统一支付体系的建设工作早就开始了，三国之间结算的货币有 50% 以上是卢布①。政治一体化与欧洲共同外交与安全政策的缓慢进展不同，独联体区域集体安全与政治合作先行发展并取得一定成绩。综上可将独联体区域一体化的发展路径用如图 4－2 加以描述。

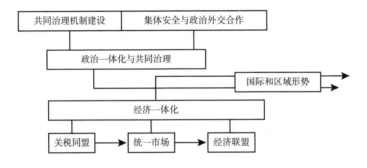

图 4－2 独联体区域一体化的发展路径

观察独联体区域一体化和欧盟区域一体化的发展过程可以发现，如果把欧盟一体化看作一个自然的演化过程，是由部门向整体、由具体领域向一般领域、由经济向政治、由低级到高级的一体化一般过程，那么，独联体区域一体化则更像一个特例，是一个借鉴欧盟经验，但起点和一体化的顺序都不相同的案例。独联体区域一体化并没有遵循从低到高、由经济一体化向政治一体化逐次推进的一体化演化路径，而是从建立共同的治理机构处理苏联解体初期的"去一体化"问题开始，以借鉴欧盟经济一体化的制度安

---

① 《现行卢布或改版为阿尔丁欧亚经济联盟拟统一货币》，http：//www.hljdeny.com/cn_ public_html/CR_News List_view.Asp? id＝762/，2015.3.19。

排来规范贸易、投资、劳动等要素流动为主要内容，是由形式到内容的一体化过程。如果说欧盟一体化是由内容到形式的发展，是自然演进的一体化，则独联体一体化更像是由形式到内容的发展，是设计出来的一体化。独联体区域一体化的发展路径在某种意义上体现了实用主义原则，是根据国际和区域形势的发展，适时解决可以解决的问题，不能解决的问题暂时搁置。

二　不同利益取向的次区域合作先行

独联体区域合作的困境及各国对独联体不同的利益诉求，使独联体区域整体一体化的推进难以取得深入发展，可能仅仅停留在自由贸易区的水平上。相反，独联体区域国家的次区域一体化取得较大进展。从 20 世纪 90 年代中期起，独联体十二国按照不同的利益取向组建了多个地区合作组织（见表 4-4）。

欧亚经济共同体（EurAsEC），成立于 2000 年，是一个包括白俄罗斯、哈萨克斯坦、吉尔吉斯斯坦、俄罗斯、塔吉克斯坦五国的国际组织（乌兹别克斯坦 2006 年加入，2008 年退出）。亚美尼亚、摩尔多瓦和乌克兰以观察员身份加入。欧亚经济共同体有着广泛的活动领域，但其主要目标是成员国间经济合作与一体化，构建统一经济空间和共同市场，最终帮助成员国融入全球经济和贸易体系。随着欧亚经济联盟的建立，欧亚经济共同体将停止存在，其功能由欧亚经济联盟代替。

集体安全条约组织（CSTO）成立于 2002 年。《集体安全条约》（CST）于 1992 年 5 月 15 日签署，成员包括亚美尼亚、白俄罗斯、哈萨克斯坦、吉尔吉斯斯坦、俄罗斯、塔吉克斯坦和乌兹别克斯坦。为适应独联体区域及国际安全形势，以及应对新的挑战和威胁，于 2002 年 5 月成立集体安全条约组织。作为一种新的组织形式，集体安全条约组织框架下的合作保留了原条约的主要原则，是一个军事政治组织。

上海合作组织（SCO）成立于 2001 年，成员包括哈萨克斯坦、中国、吉尔吉斯斯坦、俄罗斯、塔吉克斯坦和乌兹别克斯坦，前身是"上海五国"会晤机制。上海合作组织的主要目标是建立成员国间的相互信任和睦友好关系；有效促进政治、贸易和经济、科学和技术、文化，以及教育、能源、交通、旅游、环保等领域的合作，共同维护和支持区域内和平、安全与稳定，推动建立民主、公正、合理的国际政治经济新秩序。上海合作组织的目标主要是维护该地区的安全，与此同时，它还有一个非政府结构的商业委员会，旨在加强经济合作。

1996 年俄白共同体建立，目的是形成统一的经济、军事、人文空间。白俄罗斯和俄罗斯在 1997 年签署联盟协议，在俄白共同体基础上成立俄白联盟（USRB）。

中亚合作组织（CACO）的协议于 2002 年签署，取代了中亚经济联盟，其目标是维护中亚地区的稳定与发展区域合作。2005 年组织解散，并入欧亚经济共同体。

古阿姆集团（GUAM）成立于 1997 年，其成员是阿塞拜疆、格鲁吉亚、摩尔多瓦和乌克兰（乌兹别克斯坦 1999 ~ 2005 年也是成员之一）。其目标是多重的，包括促进成员国在民主化领域的相互作用和经济合作，以及与欧洲国家的一体化。

除了上面的，独联体地区的次区域合作组织还应该提到如下几个：中亚区域经济合作组织（CAREC），在亚洲开发银行的支持下建立；联合国中亚经济特别计划（SPECA）；更大的区际结构如亚洲相互协作与信任措施会议（CICMA）；经济合作组织（ECO）和欧盟东部伙伴关系计划。

目前，独联体地区的次区域合作模式已初步形成，不同的区域一体化组织有不同的重点、目标以及不同的结果。欧亚经济联盟和集体安全条约组织的发展成为独联体区域经济一体化与政治一体化的主要引擎。

未来，独联体区域的推动路径仍会以实用主义为主要特征，在新的国际区域环境及内部利益诉求约束下，采取政治与经济维度交替推进，区域一体化领先于整体一体化的发展模式与路径。

表 4 - 4　独联体地区的一体化组织

国家	EurAsEc（2000 年）	SCO（2001 年）	CSTO（2002 年）	USRB（1996 年）	GUAM（1997 年）	CACO（2002 ~ 2005 年）
阿塞拜疆			√ 1993 ~ 1999 年		√	
亚美尼亚	2003 年观察员		√			
白俄罗斯	√	对话伙伴国	√ 从 1993 年开始	√		

续表

国家	EurAsEc （2000 年）	SCO （2001 年）	CSTO （2002 年）	USRB （1996 年）	GUAM （1997 年）	CACO （2002 ~ 2005 年）
格鲁吉亚			√ 1993 ~ 1999 年		√	观察员
哈萨克斯坦	√	√	√			√
吉尔吉斯斯坦	√	√	√			√
摩尔多瓦	2002 年 观察员				√	
俄 罗 斯	√	√	√	√		√ 从 2004 年
塔吉克斯坦	√	√	√			√
土库曼斯坦	2006 年加入 2008 年退出					
乌兹别克斯坦		√	√ 1992 ~ 1999 年 2006 ~ 2012 年		√ 1999 ~ 2005 年	√
乌 克 兰	2002 年 观察员				√	观察员
中　　国		√				

资料来源：Vinkurov, E., *The System of Indicators of Eurasian Integration 2009*（Almaty：RUAN Publishing Company, 2010）, p. 31。

第五章

独联体区域经济一体化：进展与问题

经济一体化是独联体区域一体化的基础和主要内容，在其中起着决定性的作用。苏联的解体并不意味着这一区域经济链条的完全中断，而只是进入了一个新经济关系构成之前的调整期。独联体区域经济一体化在经历了 20 世纪 90 年代的调整期后，开始恢复并加速发展，独联体区域经济一体化呈现出多种形式。

第一节　独联体区域经济一体化的机制与规划

独联体区域经济一体化以传统经济一体化理论为指导，以欧盟为样板，从低级到高级逐次推进。整体层面的经济一体化目前主要采取的是自由贸易区的形式；次区域层面在欧亚经济共同体框架下采取了从关税同盟到统一经济空间再到经济联盟的一体化路径。目前，独联体区域经济一体化已完成基本的制度建设，主要内容包括促进区域内贸易投资便利化，以及基础设施的一体化等。

一　独联体自由贸易区

自由贸易区建设是整体层面独联体区域推进经济一体化的主要形式。其发展可以分为两个阶段，即 1994 年的独联体自由贸易区及 2011 年后的独联体新自由贸易区。

独立初期各国经济联系割裂所带来的巨大损失，使独联体区域各国认识到加强经济联系的必要性。为此，1993 年 9 月，独联体九国在莫斯科签署《经济联盟条约》，提出按照西欧一体化模式，分阶段建立自由贸易区、关税同盟、共同市场和货币联盟，最终实现共同经济区。为落实第一阶段的任务，1994年4月15日，除土库曼斯坦外所有签字国均签署了《关于建立自由贸易区协定》，拟通过取消成员国间关税和配额的方式，逐渐向关税同盟过渡。为具体落实自由贸易区协议，之后独联体国家又相继签署了多个法律文件，如1994年的《独联体国家贸易统一海关统计法》、1995年的《独联体国家海关法则》和《独联体国家对外经济活动统一商品名称表协定》、1996年的《关于在统一的优惠制度范围内在提供关税特惠时确定发展中国家的商品原产地规则的协定》、1999年的《对自由贸易区协定修改和补充的议定书》及2000年的《实施建立自由贸易区措施的计划进度表》等。通过这些文件，独联体区域国家在经济一体化相关措施方面达成了一致，包括：取消关税和数量限制以及其他贸易壁垒；建立和发展在贸易和其他业务中相互结算和支付的有效体制；在推行贸易经济政策中加强合作，以实现协定在工业、农业、交通运输、金融、投资、社会领域等方面的目标；在有效实施自由贸易区条例时进行协调，必要时统一各国立法；等等。虽然这些文件大多没有得到贯彻和执行，但为独联体区域经济一体化奠定了初步的法律基础，为独联体新自由贸易区方案的确立提供了条件。

2008年9月爆发的金融危机及其引发的经济危机对独联体各国的对外贸易造成了巨大冲击，加速了各国制定发展区域内贸易的措施。金融危机后俄罗斯加大对独联体经济一体化的推进力度，2009年3月，俄罗斯成立了自由贸易区协定草案谈判工作组，2010年俄罗斯作为独联体主席国起草了新的独联体多边自由贸易协定——《独联体自由贸易区协定》。最终于2011年10月18日，俄罗斯、白俄罗斯、乌克兰、亚美尼亚、摩尔多瓦、哈萨克斯坦、吉尔吉斯斯坦和塔吉克斯坦八国总理签署了《独联体自由贸易区协定》，2012年9月，乌兹别克斯坦加入该协定。目前，除塔吉克斯坦外，其余国家议会已批准通过自由贸易区协定。该协定将取代独联体国家于1994年签署的自由贸易区条约以及各国双边贸易协定，在与世贸组织标准接轨的前提下，确定了商品原产地的确定、自由中转、复出口、特别保障措施、反倾销和补偿调节、竞争、贸易技术壁垒、卫检和植检、海关监管等方面的细分规则。旨在减少进出口关税数量，取消等价间接税，加强技术规范、产品鉴定合作，避免过多海关检查，推动贸易便利化，促进经济发展。新自贸区协定仅限于货物贸易，服务贸易、投资等领域的谈判将在自贸区正式启动后展开。与 1994 年自贸区协定不同，新自贸区协定建立了争端解决机制，能够迫使违反协定的一方履行义务，避免了 1994 年自贸区相关文件不能得到贯彻执行的弊端。

实际上，在独联体新的自由贸易区协定生效之前，独联体区域内的经济合作主要是以成员国间的双边贸易协定为基础的。亚美尼亚与土库曼斯坦、哈萨克斯坦、吉尔吉斯斯坦、俄罗斯、格鲁吉亚签有双边自由贸易协定，阿塞拜疆与格鲁吉亚、哈萨克斯坦、摩尔多瓦、俄罗斯、土库曼斯坦、乌克兰、乌兹别克斯坦签有双边自由贸易协定，白俄罗斯与哈萨克斯坦、摩尔多瓦、俄罗斯、塔吉克斯坦、乌克兰、乌兹别克斯坦签有双边自由贸易协定，哈萨克斯坦与亚美尼亚、阿塞拜疆、格鲁吉亚、吉尔吉斯斯坦、摩尔多瓦、俄罗斯、乌兹别克斯坦签有双边自由贸易协定，吉尔吉斯斯坦与亚美尼亚、哈萨克斯坦、摩尔多瓦、俄罗斯、乌克兰、乌兹别克斯坦签有双边自由贸易协定，乌兹别克斯坦与除亚美尼亚的独联体国家都签有双边自由贸易协定①。

二 欧亚经济共同体框架下的经济一体化形式及欧亚联盟

在次区域层面，欧亚经济共同体框架下经济一体化的推进体现了一体化的深度。关税同盟是俄罗斯、白罗斯、哈萨克斯坦三国推进经济一体化的最初形式，它是在 1995 年《关税同盟协议》的基础上在欧亚经济共同体框架内建立的。因此 1995 年俄罗斯、白俄罗斯、哈萨克斯坦签署的《关税同盟协议》以及欧亚经济共同体最高机构跨国委员会通过的有关关税同盟的决议成为俄罗斯、白俄罗斯、哈萨克斯坦关税同盟的第一批法律文件，如跨国委员会第 42 号决议确定了俄罗斯、白俄罗斯、哈萨克斯坦之间进口关税的计算及分配方案，第 51 号决议对自然人携带现金及其他货币工具过境做了规定等。此外，三国关税同盟的主要法律基础还包括《关税同盟海关法典》以及修订版本、26 部国际合约和约 80 个关税同盟委员会决议。通过这些法律，三国间贸易互免关税，与第三国贸易时实行统一的关税税率（部分商品有过渡期）、

---

① Terzi, N. & Turgan, E., "An Analysis of Trade Integration in the Commonwealth of Independent States Region," International Conference on Eurasian Economies, 2010, p. 310.

统一的海关制度以及商品检验检疫标准。同时规定了简化海关手续和透明监管制度等措施，如逐渐向电子报关过渡，实现无纸化报关，实施预报关制度，缩短报关期限（由3天缩减至2天）等，这些举措和安排的目的都在于提高三国间贸易和投资的便利化程度，促进对外贸易和投资的发展。

统一经济空间将俄罗斯、白俄罗斯、哈萨克斯坦之间的经济一体化向前推进了一步，它不仅要实现成员国间货物自由流动，还要实现资本、劳动力、技术和服务等的自由流动；不仅要实现贸易投资的便利化，还要实现贸易投资的一体化、基础设施的一体化、生产的一体化以及宏观经济政策的协调。三国签署的《宏观经济政策协议》《货币政策原则协议》《金融市场资本自由流通协议》等一揽子协议，加上之前签署的17份协议以及之后签署的50份协议，形成了统一经济空间的法律基础。其内容包括协调宏观经济政策、协调经济管理、统一竞争规则、打击非法劳务等。

乌克兰危机后，俄罗斯在独联体区域主导和推动的经济一体化形式主要是欧亚经济联盟，俄罗斯、白俄罗斯、哈萨克斯坦三国于2014年5月29日签署了《欧亚经济联盟条约》，并于2015年1月1日正式启动经济联盟。根据《欧亚经济联盟条约》规定，签约的三国将保证商品、服务、资金和劳动力的自由流动。此外，三国将在能源、工业、农业和运输四个重要经济部门实施协商一致政策，终极目标是建立类似于欧盟的经济联盟。亚美尼亚与吉尔吉斯斯坦于同年相继加入经济联盟。

第二节　独联体区域贸易便利化及其效果

独联体区域双边及多边自由贸易区、欧亚经济共同体框架下的关税同盟、统一经济空间、经济联盟等各种形式的经济一体化，其目的之一都在于实现成员国间及对外贸易的便利化[①]。现在独联体区域国家贸易便利化

[①]　关于贸易便利化，迄今为止尚无一个被普遍接受的定义，世界贸易组织（WTO）、亚太经合组织（APEC）、经济合作与发展组织（OECD）、世界海关组织（WCO）等国际组织及John S. Wilson等个人均提出了对贸易便利化的理解。虽表述有所不同，但其体现出的本质内涵是一致的。也就是通过程序和手续的简化、法律和法规的协调及基础设施的标准化和改善等，降低贸易成本，促进国际贸易的发展。

进展如何？与之前相比是否有突破？其背后的原因是什么？对这些问题的分析有助于深入了解独联体区域经济一体化的演化机制。

一 独联体区域贸易便利化的实施框架

独联体地区各国的贸易便利化主要是通过多边国际组织和区域经济合作机制实现的。其中，独联体区域性经济合作机制包括独联体自由贸易区、欧亚经济共同体框架下的关税同盟、统一经济空间及双边自由贸易协定等，这些构成独联体地区国家贸易便利化的主要实施框架。

（一）经济全球化背景下世界贸易组织的全球多边推动是独联体地区国家贸易便利化的主要动力

加入世界贸易组织对独联体地区国家贸易便利化有一定推动作用。因为加入国承诺开放国内市场及进行贸易改革，从而保证了其对 WTO 相关贸易便利化条款的遵守。WTO 从 1996 年新加坡会议正式提出贸易便利化问题，现今，贸易便利化问题已成为 WTO 谈判的主要议题之一。《WTO 贸易便利化规则与安排》制度框架已出台，要求 WTO 成员遵循货物的放行和清关、进出口手续、海关合作等贸易便利化方面的规定。WTO 现有体系中的 GATT 第 5 条、第 8 条、第 10 条等都体现了贸易便利化的内容。表 5 - 1 反映了独联体区域国家加入世界贸易组织的情况。

表 5 - 1 　独联体区域国家加入世界贸易组织情况（2017 年 9 月）

亚美尼亚	阿塞拜疆	白俄罗斯	哈萨克斯坦	吉尔吉斯斯坦	摩尔多瓦	俄罗斯	塔吉克斯坦	土库曼斯坦	乌克兰	乌兹别克斯坦
2003 年成员	观察员	观察员	2015 年成员	1998 年成员	2001 年成员	2012 年成员	2013 年成员	非观察员	2008 年成员	观察员

资料来源：http://www.wto.org/english/thewto_ e/whatis_ e/tif_ e/org6_ e.htm。

目前独联体地区国家中亚美尼亚、吉尔吉斯斯坦、哈萨克斯坦、摩尔多瓦、乌克兰、俄罗斯、塔吉克斯坦已是 WTO 成员国。白俄罗斯、阿塞拜疆现为 WTO 观察员，乌兹别克斯坦也在努力加入。不管是已经加入的还是准备加入的各国都要在关税减让、非关税措施削减、贸易障碍消除等方面做出巨大的努力，否则很难达到入世条件。所以独联体地区国家的世贸组织成员或观察员身份对于独联体地区国家贸易便利化有一定的促进作用。

（二）独联体区域双边和多边合作机制是该地区贸易便利化的核心机制

实际上，独联体地区国家贸易便利化主要是在区域多边经济合作机制及双边自由贸易协定的框架下实施的。表5-2反映了独联体地区国家间的区域多边及双边合作机制情况。

独联体区域国家通过各种制度与措施推进贸易便利化，目的在于降低区域贸易过程中的交易成本，促进该地区国际贸易发展。那么，独联体地区国家贸易便利化水平如何，与历史前期相比是否有发展？下面我们对其予以评估。

表5-2　独联体地区国家区域多边及双边机制

	Arm	Aze	Kyr	Mol	Taj	Uzb	Bel	Kaz	Rus	Tur	Ukr
亚美尼亚	—		94bl 11ml 15EA EU	93bl 11ml	11ml	13ml	00bl 11ml 15EA EU	01bl 11ml 15EA EU	04bl 11ml 15EA EU	96bl	96bl 11ml
阿塞拜疆		—							93bl		96bl
吉尔吉斯斯坦	94bl 11ml 15EA EU		—	95bl 11ml	99bl 11ml	96bl 13ml	99bl 11ml 15EA EU	95bl 11ml 15EA EU	92bl 11ml 15EA EU		95bl 11ml
摩尔多瓦	93bl 11ml		95bl 11ml	—	11ml	13ml	93bl 11ml	11ml	93bl 11ml		11ml
塔吉克斯坦	11ml		99bl 11ml	11ml	—	13ml	98bl 11ml	95bl 11ml	92bl 11ml		01bl 11ml
乌兹别克斯坦	13ml		96bl 13ml	13ml	13ml	—	13ml	13ml	92bl 13ml		13ml
白俄罗斯	00bl 11ml 15EA EU		99bl 11ml 15EA EU	93bl 11ml	98bl 11ml	13ml	—	97bl 10CU 11ml 12CES 15EA EU	92bl 10CU 11ml 12CES 15EA EU		92bl 11ml
哈萨克斯坦	01bl 11ml 15EA EU		95bl 11ml 15EA EU	11ml	95bl 11ml	13ml	97bl 10CU 11ml 12CES 15EA EU	—	92bl 10CU 11ml 12CES 15EA EU		94bl 11ml

	Arm	Aze	Kyr	Mol	Taj	Uzb	Bel	Kaz	Rus	Tur	Ukr
俄罗斯	04bl 11ml 15EA EU	93bl	92bl 11ml 15EA EU	93bl 11ml	92bl 11ml	92bl 13ml	92bl 10CU 11ml 12CES 15EA EU	92bl 10CU 11ml 12CES 15EA EU	—	92bl	93bl 11ml
土库 曼斯坦	96bl								92bl	—	95bl
乌克兰	96bl 11ml	96bl	95bl 11ml		01bl 11ml	13ml	92bl 11ml	94bl 11ml	93bl 11ml	95bl	—

注："bl"表示双边自由贸易协定成员，"bl"前数字为签署双边协定时间；"11ml"表示 2011 年独联体自由贸易区协定成员；"10CU"为 2010 年俄白哈关税同盟成员；"12CES"为 2012 年三国统一经济空间成员；"15EAEU"为欧亚经济联盟成员；"13ml"表示 2013 年乌兹别克斯坦加入独联体自由贸易区（FTA）。2016 年 1 月 1 日，俄罗斯终止了乌克兰的独联体自由贸易区协议。

资料来源：Idrisov, G., Taganov, B., "Regional Trade Integration in the CIS Area," *Mpra Paper* No. 50952, 2013, p. 8。

二 独联体区域贸易便利化水平测算

（一）贸易便利化测算的一般方法

贸易便利化的评价是一项复杂的工作，涉及的评价方法众多。目前一些国际组织，如 OECD、APEC、世界银行、世界经济论坛（World Economic Forum）等都在致力于贸易便利化测算研究。其中，OCED 主要通过构建贸易便利化指标并赋值的方法来测算一国或区域贸易便利化情况，其开发的指标多与 WTO 谈判文本的便利措施相对应。2013 年 5 月，OECD 发布了最新的《贸易便利化指标》，该指标涵盖了事先裁定、上诉程序、贸易参与度、费用与收费、治理与公正、内部边界机构合作、信息可信性、文件手续、手续自动化、手续程序等内容①。APEC 主要运用统计分析的方法，对各国在"贸易便利化单边行动计划"（TFAP）中承诺的实施情况进行研究。其基本逻辑是，运用贸易便利化单边行动计划中使

---

① OECD Trade Facilitation Indicators-State of Implementation. www.oecd.org/tad/facilitation/ trade-facilitation-indicators-state-implementation-june-2014.pdf/，2014.8.30.

用的计量模型，对 APEC 贸易便利化行动计划进行定量分析。其主要工作是比较 TFAP 中列出的行动条款数目与所选取的条款数目之间的差异，包括已完成的、正在进行的和未进行的行动[①]。世界银行关于贸易便利化评价方面的工作则以其经济学家 Wilson、Mann 和 Otsuki 所做的系列研究最具代表性。他们通过构建与贸易便利化相关的指标，并通过赋值计分法测量贸易便利化程度。2003 年他们用港口效率、海关环境、监管环境和电子商务 4 个指标[②]，2004 年用港口效率、海关环境、国内制度环境及服务部门基础设施 4 个指标[③]，2007 年用港口效率与基础设施、包括公路与铁路的陆地交通、海关与边境、标准与技术管理、信息技术与电子商务 5 个指标来测量贸易便利化程度[④]。世界经济论坛也以构建指标体系并赋值的方法测算贸易便利化水平，其指标体系主要涵盖市场准入、边界管理、基础设施、作业环境等方面[⑤]。

除国际组织外，国内外学者也用不同方法对不同国家及区域的贸易便利化水平进行了分析。John Raven 以实地调查的方法，得出贸易便利化的主要影响因素有海关的廉洁和效率、口岸管理、商务的诚信水平与合作度、政策框架、支付系统、自动化客户的作用与态度、信息与咨询等[⑥]；周茜从口岸环境、征税环境、规章环境、电子商务和商务人员流动 5 个方面构建了贸易便利化综合评价指标体系，对贸易便利化水平进行量化分析[⑦]；Ben Shepherd 和 John S. Wilson 用空港建设、海港建设、关口管理和

---

① 孙忠颖：《区域经济组织的贸易便利化研究》，博士学位论文，南开大学，2009。

② Wilson, J. S., Mann, C. L. & Otsuki, T., "Trade Facilitation and Economic Development Measuring the Impact," *World Bank Policy Research Working Paper* 2988, 2003.

③ Wilson, J. S., Mann, C. L. & Otsuki, T., "Assessing the Potential Benefit of Trade Facilitation: A Global Perspective," *World Bank Policy Research Working Paper* 3224, 2004.

④ Wilson, J. S., Otsuki, T., "Regional integration in South Asia: What Role for Trade Facilitation?" *World Bank Policy Research Working Paper* 4423, 2007.

⑤ Margareta Drzeniek Hanouz, Hierry Geiger & Sean Doherty, *The Global Enabling Trade Report 2014*, Published by the World Economic Forum, 2014.

⑥ Raven, J., *Trade and Transport Facilitation: A Toolkit for Audit, Analysis, and Remedial Action*, World Bank Publications, 2001.

⑦ 周茜：《贸易便利化测评体系及其对我国对外贸易影响研究》，硕士学位论文，湖南大学，2007。

服务发展等指标来衡量贸易便利化水平[①]；孙忠颖用港口效率、海关环境、规章环境、电子商务4个指标，运用引力模型对52个国家和地区的4个行业的双边贸易流量进行实证分析，结果表明不同指标对不同进出口国家贸易流量的影响不同[②]；沈铭辉借用Wilson 2003年的指标体系和方法分别对东亚和金砖国家的贸易便利化水平进行了评估[③]；段景辉、黄丙志用政策环境、海关与边境管理环境、物流与基础设施环境、政府与金融环境4个指标对发达国家、最不发达国家与发展中国家的贸易便利化水平进行了国际比较[④]。

综上可见，不同国际组织及国内外学者对贸易便利化水平的测算方法基本包括以下3种：指标体系赋值法、统计分析法、实地调查法。3种方法各有自身的优缺点。其中，实地调查法需要研究者参与相关贸易便利化活动并收集资料，然后依靠本人的理解与抽象概括，得出一般性结论。其优点在于，可较深入地探寻相关贸易便利化情况，以及灵活修正研究方案。但实地调查法一般以定性分析为取向，所以结论不一定客观、精确。APEC的统计分析法能够较直观地看出研究对象数量方面的信息，但无法得知各行动计划的有效性或者说质量方面的信息。而且此方法也需要研究者密切接触研究对象，收集相关信息。OECD、世界银行及部分学者使用的指标体系赋值法，通过设计贸易便利化指标体系并赋值计算，分析贸易便利化的程度及变化。它既可以分析相关国家及区域贸易便利化的全貌和发展过程，也可以对其未来发展变化趋势进行预测。但从客观上讲，贸易便利化涉及因素很多，指标体系构建的因素选择和权重赋值不可避免地遇到主观判断问题，这在一定程度上会影响指标体系赋值法分析结论的客观性。

本节的研究目标是评估独联体区域贸易便利化的水平，涉及不同时期纵向比较和区域内外的横向比较，研究样本较大，如果运用实地调查法和

① Ben Shepherd, Wilson, J. S., "Trade Facilitation in ASEAN Member Countries: Measuring Progress and Assessing Priorities," *Journal of Asian Economics* 20（4），2009.

② 孙忠颖：《区域经济组织的贸易便利化研究》，博士学位论文，南开大学，2009。

③ 沈铭辉：《东亚国家贸易便利化水平测算及思考》，《国际经济合作》2009年第7期。

④ 段景辉、黄丙志：《贸易便利化水平指标体系研究》，《科学发展》2011年第7期。

统计分析法，可能会遇到研究者对研究对象参与程度不够，或者独联体国家间贸易便利化行动计划信息遗漏导致信息质量较差等问题，进而影响研究结论。相反，如果运用指标体系赋值法，确定统一的无量纲化赋值标准，将可能较好地达到研究的目的。因此，根据本节的研究目标及数据的可获得性，我们将运用指标体系赋值法对独联体地区国家的贸易便利化水平进行考察，进而分析其原因。

（二）独联体区域贸易便利化的测算方法、数据来源及处理

首先，构建指标体系。对于指标体系赋值法来说，确定具有科学性、操作性、适宜性的指标体系是第一要务。根据贸易便利化的本质内涵，并借鉴 Wilson 2003 年的指标体系，本书构建口岸效率、海关环境、制度环境、电子商务 4 个一级指标，包括航空运输基础设施、铁路运输基础设施、公路运输基础设施、港口设施、物流能力、贸易壁垒的盛行度、海关程序负担、通关效率、非法支付、腐败、政府管制负担、司法效率等 18 个二级指标（见表 5 - 3），以更多地获取独联体地区国家贸易便利化水平的相关信息。

表 5 - 3　独联体区域国家贸易便利化指标体系

一级指标	指标解释	二级指标
口岸效率	用来衡量各种基础设施以及物流情况	①航空运输基础设施；②铁路运输基础设施；③公路运输基础设施；④港口设施；⑤物流能力
海关环境	用来衡量通关的直接成本，包括海关管理的效率、边境管理的透明度等	①贸易壁垒的盛行度；②海关程序负担；③通关效率；④非法支付
制度环境	用来衡量一国国内制度对贸易便利化的影响，如制度的稳定性、透明性等	①腐败；②政府管制负担；③司法效率；④政府决策的透明度；⑤金融服务便利性
电子商务	用来衡量一国能否利用信息化提高通关效率	①新技术可用性；②移动电话数量；③宽带互联网用户数量；④互联网使用人数

资料来源：参考 Wilson 指标整理。

其次，数据的查找与处理。本书有关贸易便利化各指标数据来自世界经济论坛发布的《全球贸易促进报告》（GETR）与《全球竞争力报告》（GCR）。其中 GETR 是两年一度的报告，GCR 是一年一度的报告。两个报告中有关贸易便利化的所有数据均为正向数据，指标数值越大，表示情况越好。鉴于数据的具体来源不同，取值范围亦不同，如各种基础设施的取值范围是 1~7，而物流能力、通关效率等的取值范围则是 1~5。为便于比较，需将各个二级指标的原始数据进行指数化处理。本书采用归一划法即分别对各国同级指标的数据进行简单平均，再用各国数据除以简单平均数，从而得到独联体地区各国的指标指数。计算公式为：

$$\overline{X_i} = X_i / (\sum_{i=1}^{n} X_i / n)$$

其中，X_i 表示独联体地区国家 i 国的指标指数，i 的取值范围为 $i=1$，2，…，n（n 表示所测算国家的数量）。

根据公式，将独联体地区国家贸易便利化二级指标全部指数化。如果该国的指标等于 1，表明该国处于独联体地区国家的平均水平；如果大于 1，表明该国处于平均水平之上；如果小于 1，表明该国没有达到该地区国家的平均水平。这样，得到独联体地区国家标准化后的各个二级指标数据。由于较难确定各个二级指标对相应一级指标的影响权重，本书采取赋予其相同权重的做法，即用简单平均方法计算各一级指标，可以得到独联体地区国家的口岸效率、海关环境、制度环境与电子商务环境 4 个二级指标指数。

对于一级指标权重的确定，如果继续使用简单平均方法显然是不符合实际的，因此需考虑各二级指标的权重。Wilson、Mann 和 Otsuki 2003 年的做法可以为我们提供很好的借鉴。他们通过引力模型测算了各贸易便利化指标对 APEC 区域内贸易增加的贡献率。结果表明，贸易便利化各变量及关税 1% 的变化对贸易流量的贡献率为：口岸效率 55.5%、海关环境 5.6%、制度环境 20.7%、电子商务 8.3%、关税 9.9%[1]。本书要确定的是贸易便利化各指标权重，所以去除关税，把 100% 按相同的比例赋予四大贸易便利化变量，最终确定各一级指标的权重依次为：港口效率 61.6%、海关环境 6.2%、规制环境 23.0% 和电子商务 9.2%。经此权重可计算出最终各国贸易便利化综合指数（TFI）。

---

① Wilson, J. S., Mann, C. L. & Otsuki, T., "Trade Facilitation and Economic Development Measuring the Impact," *World Bank Policy Research Working Paper* 2988, 2003, p. 40.

（三）独联体区域贸易便利化水平测算结果及分析

1. 独联体区域国家贸易便利化现状分析

根据独联体区域国家贸易便利化测算方法，可计算得到 2014 年独联体地区 8 个国家的口岸效率、海关环境、制度环境、电子商务环境 4 个二级指标及贸易便利化综合指数的数据（见表 5 - 4）。

表 5 - 4　2014 年独联体地区 8 个国家贸易便利化指标情况

国家	口岸效率	海关环境	制度环境	电子商务	TFI
亚 美 尼 亚	1.03	1.01	1.14	0.85	1.06
阿 塞 拜 疆	1.20	1.02	1.07	1.28	1.17
哈 萨 克 斯 坦	1.10	0.97	1.16	1.16	1.14
吉 尔 吉 斯 斯 坦	0.74	0.97	0.85	0.59	0.77
摩 尔 多 瓦	0.80	1.03	0.96	1.10	0.89
俄 罗 斯	1.04	1.02	0.87	1.43	1.05
塔 吉 克 斯 坦	0.93	0.98	1.11	0.56	0.96
乌 克 兰	1.13	1.01	0.81	1.04	1.04

资料来源：根据《全球贸易促进报告》（GETR）2014 年和《全球竞争力报告》（GCR）2014～2015 年数据计算所得。其中塔吉克斯坦《全球贸易促进报告》2014 年数据为估值。

从表 5 - 4 可见，独联体地区 8 个国家贸易便利化水平参差不齐，既有便利化水平相对较高的哈萨克斯坦与阿塞拜疆，也有极度落后的吉尔吉斯斯坦与摩尔多瓦。其贸易便利化综合水平排名为：阿塞拜疆、哈萨克斯坦、亚美尼亚、俄罗斯、乌克兰、塔吉克斯坦、摩尔多瓦、吉尔吉斯斯坦。其中阿塞拜疆和哈萨克斯坦处于独联体地区国家的领先水平，俄罗斯、亚美尼亚、乌克兰则处于中等偏上水平，塔吉克斯坦、摩尔多瓦、吉尔吉斯斯坦则低于独联体地区国家的平均水平。

阿塞拜疆在独联体地区国家中贸易便利化水平最高，其一类四大指标均处于平均水平之上，因此阿塞拜疆加入以独联体自由贸易区为主要载体的贸易便利化进程，其所需付出的成本会较低，来自国内的阻力不大。排在第二位的哈萨克斯坦，其口岸效率、制度环境、电子商务三大指标均处于领先水平，但其海关环境指数较低，说明其海关等边境机构效率低下。小国亚美尼亚的便利化指标中除电子商务外均表现良好，说明亚美尼亚在互联网等通信基础设施方面投入不足，应成为今后努力的方向。俄罗斯的口岸效率、海关环境、电子商务处于较高水平，尤其是电子商务处于绝对领先地位，可见俄罗斯以互联网信息技术为代表的高新科技水平极高。但其国内制度环境达不到平均水平，在未来由俄罗斯推进的独联体区域经济合作可能会出现内部动力不足的问题。乌克兰出现两个极端，口岸效率指数很高，说明其交通基础设施发达，物流竞争力较强。但与俄罗斯一样，国内制度环境较差，是独联体 8 个国家中的最后一名，可见其国内政权更迭频繁对制度环境的改善不利。塔吉克斯坦与乌克兰形成鲜明对比，其制度环境指数处于较高水平，可见其国内制度较透明、司法效率较高。但其他三项指标，尤其是电子商务极其落后，排在末位。摩尔多瓦则应将精力更多地投入在基础设施硬件及软件制度环境的改善上。吉尔吉斯斯坦在独联体地区国家的贸易便利化测算中排最后一名，其四大指标均处于落后状态，且落后水平比较明显。吉尔吉斯斯坦虽较早加入世贸组织，经济改革与对外开放程度较高，对区域内贸易投资便利化合作也较为积极。但其国内政局不稳，政权更迭频繁，经济改革被政治斗争所拖累，暴露出明显的低效性问题。因此吉尔吉斯斯坦虽对加入俄、白、哈关税同盟感兴趣，但可能会面临较大困难。

2. 独联体区域国家与金砖国家贸易便利化现状的比较

要准确定位独联体区域国家贸易便利化的现状，需把分析的视野放宽，将其放在全球大背景下进行考察。为此将独联体地区国家与其他地区国家的贸易便利化进行横向比较。根据独联体地区国家多为发展中国家或新型市场国家的事实，我们选择与其性质相似、发展速度更快的新兴市场国家集团作为参照系，即除俄罗斯外的金砖四国。在方法上仍采用上述方法，只是公式中 i 的取值范围由原来的 1～8 变为 1～12。此外，为了评估独联体地区国家作为整体的贸易便利化水平，我们将独联体地区国家各贸易便利化指标做了平均化的处理，最终得到包括 4 个新兴市场国家在内的贸易便利化各指标数据及独联体地区贸易便利化平均值（见表 5 - 5）。

通过表 5 - 5 的横向比较可见，除贸易便利化水平较高的阿塞拜疆与哈萨克斯坦外，独联体地区多数国家贸易便利化水平较低。平均贸易便利化综合指数为 0.94，低于所有金砖国家水平。独联体地区国家贸易便利化这种低水平及分化状况会对区域内经济一体化进程，甚至会对整个地区国家间贸易、投资及经济发展产生不利影响。

表 5 - 5　独联体地区 8 个国家与金砖四国贸易便利化指数

国家	口岸效率	海关环境	制度环境	电子商务	TFI
亚 美 尼 亚	0.95	0.93	1.09	0.81	0.98
阿 塞 拜 疆	1.11	0.89	1.02	1.19	1.09
哈 萨 克 斯 坦	1.02	1.09	1.10	1.11	1.06
吉尔吉斯斯坦	0.68	0.88	0.81	0.60	0.73
摩 尔 多 瓦	0.74	0.97	0.92	1.01	0.83
俄 罗 斯	0.97	0.83	0.81	1.34	0.97
塔 吉 克 斯 坦	0.87	1.00	1.06	0.57	0.89
乌 克 兰	1.02	0.81	0.76	0.98	0.97
中 国	1.29	1.20	1.16	0.77	1.21
巴 西	0.80	1.04	0.99	1.70	0.95
印 度	1.15	1.06	1.02	0.67	1.09
南 非	1.34	1.28	1.23	1.24	1.32
独联体平均值	0.93	0.93	0.95	0.95	0.94

资料来源：根据《全球贸易促进报告》2014 年和《全球竞争力报告》2014～2015 年数据计算所得。

3. 独联体地区国家贸易便利化的进展与问题

独联体地区国家贸易便利化水平与历史相比是否有所提升？要回答这个问题需要做纵向比较分析。独联体地区国家经济合作实质性起步开始于2010 年后，考虑经济危机的影响及数据的可获得性，我们选择 2008 年作为对比年。通过同样的方法，可计算得到 2008 年独联体地区国家各级贸易便利化指数，将其与 2014 年进行比较（见表 5 - 6）。

通过纵向比较 2014 年与 2008 年独联体地区国家贸易便利化数据，可以把所研究的 8 个独联体地区国家分为两组。一是贸易便利化情况改善组，成员包括亚美尼亚、哈萨克斯坦、塔吉克斯坦。亚美尼亚、塔吉克斯坦贸易便利化的 4 项指标均得到改善，无恶化；哈萨克斯坦 3 项改善，

表 5-6　独联体地区 8 个国家贸易便利化指数（2008 年与 2014 年）

国家	年份	口岸效率	海关环境	制度环境	电子商务	TFI
亚美尼亚	2008	0.95	0.96	0.99	0.47	0.92
	2014	1.03	1.01	1.14	0.85	1.06
阿塞拜疆	2008	1.27	1.03	1.19	0.77	1.20
	2014	1.20	1.02	1.07	1.28	1.17
哈萨克斯坦	2008	1.02	0.99	1.11	0.86	1.03
	2014	1.10	0.97	1.16	1.16	1.14
吉尔吉斯斯坦	2008	0.87	0.92	0.86	0.59	0.85
	2014	0.74	0.97	0.85	0.59	0.77
摩尔多瓦	2008	0.83	1.19	0.97	1.04	0.91
	2014	0.80	1.03	0.96	1.10	0.89
俄罗斯	2008	1.14	0.97	0.95	2.14	1.19
	2014	1.04	1.02	0.87	1.43	1.05
塔吉克斯坦	2008	0.86	0.93	0.99	0.24	0.85
	2014	0.93	0.98	1.11	0.56	0.96
乌克兰	2008	1.06	1.01	0.95	1.88	1.12
	2014	1.13	1.01	0.81	1.04	1.04

　　资料来源：根据《全球贸易促进报告》2008 年、2014 年，以及《全球竞争力报告》2008 ~ 2009 年、2014 ~ 2015 年数据计算所得。

1 项恶化。二是贸易便利化情况恶化组，包括俄罗斯、阿塞拜疆、乌克兰、摩尔多瓦、吉尔吉斯斯坦。吉尔吉斯斯坦与乌克兰均改善 1 项，不变 1 项，恶化 2 项。俄罗斯、摩尔多瓦、阿塞拜疆均改善 1 项，恶化 3 项。

　　在贸易便利化情况改善组中，亚美尼亚、塔吉克斯坦、哈萨克斯坦均对独联体区域合作机制较为积极。三国都是独联体自贸区成员，同时与多个地区内国家签有自由贸易协定，哈萨克斯坦同时是关税同盟与统一经济空间的主要参与者。三国贸易便利化情况的改善同时与单边推行的贸易便利化政策相关。亚美尼亚是欧亚交界处的内陆小国，受特殊地理位置及资源的约束，亚美尼亚的发展更多的是依靠自主实行的自由经贸政策。2003 年该国就加入世贸组织，在全球多边组织框架下推进贸易便利化进程。哈萨克斯坦独立后推行"先经济，后政治"的方针，不断推进经济改革，执行全球对外开放政策，积极参与世界经济一体化进程。塔吉克斯坦经济规模相对较小，其发展对国际社会依赖甚重，所以，塔吉克斯坦独立后，取消了原来垄断性的外贸管理体制，实行较为宽松的对外贸易政策。

在贸易便利化情况恶化组中，阿塞拜疆既非世贸组织成员，对独联体地区的区域合作机制也较消极，仅与俄罗斯和乌克兰达成两个双边自由贸易协议，因此阿塞拜疆贸易便利化水平的下降可能在预料之中。但俄罗斯、乌克兰、摩尔多瓦、吉尔吉斯斯坦均对独联体区域多边及双边合作机制较为积极。乌克兰、摩尔多瓦、吉尔吉斯斯坦均是新独联体自由贸易区成员，并与多个国家签有双边自由贸易协定。尤其是俄罗斯不仅是多个国家的双边自由贸易伙伴和新独联体自由贸易区成员，而且也是关税同盟与统一空间的积极推动者、主导者，但它的贸易便利化恶化情况较为显著。

通过对两组国家贸易便利化情况的分析，无法直接得出独联体区域合作机制促进该地区国家贸易便利化情况改善的结论。或者更准确地说，独联体区域合作机制对该地区国家贸易便利化情况改善的影响不显著。

通过对独联体地区国家贸易便利化的考察，可以看出，独联体地区国家贸易便利化水平不仅与新兴市场国家相比还处于比较低的水平，而且从历史的角度看，其贸易便利化水平提升不显著。其原因可能在于：第一，独联体地区多数国家加入世贸组织时间不长，部分国家仍没有加入，WTO 相关贸易便利化措施在这些国家的影响有限；第二，曾经的独联体区域双边自由贸易协议没有得到真正的贯彻执行，大部分还停留在纸面上；第三，独联体地区有实质性进展的区域制度发展时间较短，目前仍处于搭建法律框架阶段，其制度效果的显现可能需要一段时间；第四，也是更重要的原因在于，独联体地区的区域一体化是一种自上而下的强制安排，缺乏内在的市场驱动力，这样的制度型一体化更多地表现为文本一体化和形式一体化，由于缺少实践的推动，其实际效果大打折扣。

在独联体区域合作机制推动该地区贸易便利化发展不显著的情况下，其区域合作仍如火如荼。从中可见，不同于侧重区域内贸易的一般区域经济一体化，独联体区域国家尤其是主导国俄罗斯更希望从区域经济一体化中获得相对外部市场的自我保护，而非急于取得一体化的经济效果。也就是说，由俄罗斯主导和推进的独联体地区国家的区域经济一体化具有较强的排他性，这给中国以及其他区域外国家与独联体地区国家的经济合作带来制度性壁垒。

独联体国家的区域合作是相关国家理性选择的结果，为此我们应理解与尊重，并积极寻求与独联体区域合作机制并行不悖的新机制。中国提出的"丝绸之路经济带"区域合作倡议具有包容、开放、共同发展和繁荣等特点，与独联体区域合作机制有着本质上的不同。"丝绸之路经济带"与独联体区域合作机制的互补性及成员的部分重叠性为两者相互融合，并为促进区域内成员经济发展提供机遇。

三　贸易便利化的贸易效果

贸易便利化的效果是多方面的，包括对贸易规模、贸易结构、FDI 及政府收入的影响。鉴于贸易便利化的直接目标及数据的可获得性，本书主要关注贸易便利化对贸易规模及贸易结构的影响。不同经济组织及多位学者利用不同的经济模型对贸易便利化与贸易规模之间的关系进行了定量分析，结果发现，由于交易成本的降低，贸易便利化不仅会促进区域内各经济体对外贸易的增长，而且会促进彼此之间的贸易流动，加深贸易一体化程度。如 APEC 通过一般均衡模型（CGE）分析认为，对于新加坡、韩国等新兴经济体来说，贸易便利化带来商品价格下降1%，就会带来 APEC 内商品贸易额增加3.3%。Wilson 等在 2003 年使用引力模型对 APEC 国家进行分析发现，港口效率提升使 APEC 区域内贸易额增加 117 亿美元，海关环境的改善使区域内贸易额增加 22 亿美元。Fox 等通过全球贸易分析模型（GTAP）发现，消除美国和墨西哥之间的过境摩擦能够带来 7 亿美元的贸易增加额①。独联体区域贸易便利化效果如何，是否促进了区域国家间贸易一体化及对外贸易的增长，对这些问题可通过实证方法加以检验。

（一）独联体区域国家对外贸易情况

在经历了 20 世纪 90 年代的经济崩溃后，独联体区域国家的经济开

---

① Engman, M., "The Economic Impact of Trade Facilitation," *OECD Trade Policy Working Paper* No. 21, 2009, p. 95.

始缓慢发展，其对外贸易也开始稳步增长。根据联合国贸易和发展会议的数据，1992年独联体11个国家对外贸易额占整个世界贸易额的比重仅为1.6%，2014年这一比重增加到3.2%。表明独联体国家的对外贸易有了较大的发展。从具体国家来看，俄罗斯对外贸易额总体是上升的（见图5-1），2014年稍有下降，这可能与乌克兰危机后美欧的经济封锁及油价下降有关。其他独联体国家如哈萨克斯坦、吉尔吉斯斯坦、摩尔多瓦对外贸易额与俄罗斯相似，除2014年外总体是上升的（见图5-2）。这些国家同时也是独联体区域经济一体化的积极支持者。2014年哈萨克斯坦对外贸易额的下降主要与油价下降有关，吉尔吉斯斯坦、摩尔多瓦对外贸易额的下降可能与俄罗斯、哈萨克斯坦等经济伙伴的经济不景气有关。此外，阿塞拜疆对外贸易额有明显的下降趋势，阿塞拜疆对独联体区域一体化缺乏兴趣，其主要贸易对象是欧盟国家，而自金融危机以来欧盟经济放缓，外部需求下降，导致阿塞拜疆对外贸易额持续下降。乌克兰2013年以来对外贸易额持续下降，显然与乌克兰危机有关。亚美尼亚、白俄罗斯、塔吉克斯坦、土库曼斯坦、乌兹别克斯坦的对外贸易额则有明显的上升趋势。这些国家对外贸易额上升的原因是多方面的，独联体区域贸易便利化措施的实施应该是其中之一。

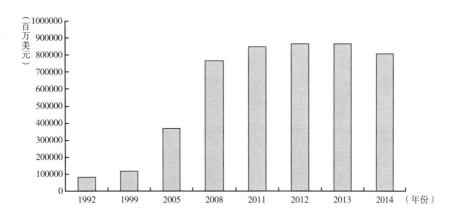

图5-1　俄罗斯商品对外贸易额

资料来源：联合国贸易和发展会议（UNCTAD）。

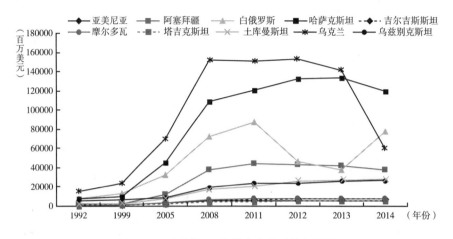

图 5 – 2　独联体 10 个国家商品对外贸易额

注：土库曼斯坦 2008 年后数据为估算。

资料来源：联合国贸易和发展会议（UNCTAD）。

（二）独联体区域国家间贸易一体化情况

独联体国家贸易便利化是否促进了区域国家间的贸易一体化？要回答这个问题，首先，采用区域内贸易指标来衡量独联体区域贸易一体化程度。根据独联体统计委员会的数据，独联体区域国家间相互贸易额从2010 年的 20633.19 亿美元，增加到 2013 年的 25884.04 亿美元，说明独联体区域内的贸易联系不仅没有中断，而且有所加深。

但不得不承认，区域内贸易总额的增长并没有实质性地改变区域内贸易在外贸总额中的比重，多数国家的区域内贸易占比仍然较低，且有不断下降的趋势（见表 5 – 7）。白俄罗斯、吉尔吉斯斯坦、塔吉克斯坦、乌克兰对区域内贸易较为依赖，2013 年、2014 年白俄罗的区域内贸易比重都达到 60%，吉尔吉斯斯坦的这一比重也接近 50%，塔吉克斯坦与乌克兰则分别超过与接近 40%。俄罗斯与阿塞拜疆区域内贸易比重较低，一直处于 10% 左右。从纵向来看，仅白俄罗斯的区域内贸易有较明显的上升趋势，阿塞拜疆、哈萨克斯坦、摩尔多瓦、俄罗斯的区域内贸易则呈下降趋势，其他国家的变化不显著。从整个独联体区域来看，区域内贸易的比重有所下降。

表5-7 独联体9个国家区域内贸易占比

单位：%

国家	2005年	2008年	2009年	2010年	2011年	2012年	2013年	2014年
阿塞拜疆	28	7	14	14	15	11	12	9
亚美尼亚	26	30	29	28	27	30	29	28
白俄罗斯	56	56	55	57	56	58	60	60
哈萨克斯坦	27	26	26	26	25	25	25	23
吉尔吉斯斯坦	53	54	52	50	49	54	49	48
摩尔多瓦	43	36	36	35	36	35	33	29
俄罗斯	15	14	15	15	15	15	13	12
塔吉克斯坦	47	44	47	45	45	45	42	45
乌克兰	44	39	38	39	41	42	39	30
独联体国家	23	22	22	22	23	22	21	19

注：土库曼斯坦、乌兹别克斯坦数据缺失，2014年数据为1~11月统计数据。
资料来源：独联体统计委员会2014年、2015年统计数据。

为什么贸易便利化对于促进独联体区域贸易一体化的效果不显著？原因在于以下几个方面。第一，区域内贸易的增长在很大程度上是区域内国家产业分工走向细化、深化的结果。苏联时期各加盟共和国经济由中央政府统一布局，经济结构单一。独立后虽进行经济结构调整，但并非易事。为了维持经济的增长，不得不依靠资源和原材料的生产，外国投资往往也集中于这些产业。所以虽经过多年努力，多数国家仍没有改变结构单一的问题，也就难以建立细化的产业间、产业内分工，更谈不上产品内的分工。即使这些国家能够执行贸易自由化及便利化的协议，也很难充分发挥贸易创造效应，这是区域内贸易增长的主要掣肘。另外，俄罗斯、阿塞拜疆、乌克兰及哈萨克斯坦对外贸易商品多为原材料、石油、天然气等资源类产品，其商品价格需求弹性小，因此贸易便利化对贸易创造效应的影响也相对较小。第二，独联体区域国家虽通过各种制度与措施推进贸易便利化，如取消相互贸易中的关税数量、加强技术规范、避免过多海关检查、实行电子报关、简化海关手续等，以降低区域贸易过程中的交易成本，促进区域贸易发展。但截至2014年，仍有大量非关税壁垒存在。非关税壁垒成为独联体国家间商品和服务贸易的重要负担，降低了共同市场的效率，严重影响高新技术产业发展与合作，特别是影响了机械和化学工程的发展。欧亚发展银行曾经做过研究，一项涉及白俄罗斯、哈萨克斯坦和俄罗斯企业的大规模调查发现，非关税壁垒占出口总额的 15% ~30%。也就是说在三国间交易的 1 美元出口商品中，有 15 ~30 美分由非关税壁垒造成的相关费用①。因此，非关税壁垒的存在是阻碍独联体国家间贸易一体化的重要因素。第三，独联体国家间相互贸易受整个世界经济形势的影响。从宏观层面的经济增长来看，根据 IMF 的数据，2004 ~2007 年的全球经济增长率一直保持在 4% ~6% 的高增长区间，但在经济危机后，除 2010 ~2011 年因各种量化宽松政策刺激出现短暂回升外，2012 年至今全球 GDP 年增长率一直在 3% ~4% 的区间波动，仍没有恢复到危机前的水平，处于恶化中。世界经济形势的持续恶化、油气价格的下降以及金融市场的贬值恶性竞争，对独联体国家间的相互贸易及对外贸易产生极大的负面影响。第四，从更深层次来看，独联体区域宗教文化较为复杂，很难建立统一的文化认同感。宗教作为一种社会文化现象，除了可以缓解紧张，调节人们的思想和行为外，最主要的是具有整合社会的功能。比起哲学、艺术等其他社会文化，宗教与民族的联系最为密切和复杂，可以说宗教具有民族性、地区性。在世界三大宗教中，独联体地区就占了两个——基督教和伊斯兰教，而这两大宗教自中世纪以来就处于对立状态。在基督教的三大教派中，独联体地区也占了两个——天主教和东正教。两大教派虽不像基督教与伊斯兰教那样演绎着亨廷顿式的"文明冲突"，但也几乎处于隔离的状态②。独联体地区在宗教文化上的复杂性，使整个地区缺乏认同感和凝聚力，很难形成单一的文明区域，影响了经济功能的整合。

其次，使用区域贸易强度指数来衡量独联体区域贸易一体化程度，计算公式为：

$$RTI = [X_{AA} + M_{AA}/X_A + M_A]/[X_A + M_A/X_W + M_{W-}(X_A + M_A)]③$$

其中：

---

① Vinokurov, E. , "Eurasian Economic Union: Current State and Preliminary Results," *Russian Journal of Economics* 3 (1), 2017, p.59.

② 乐峰:《东正教史》，中国社会科学出版社，2005，第 17 页。

③ Vinokurov, E. , *The System of Indicators of Eurasian Integration 2009* (Almaty:RUAN Publishing Company,2010), p.121.

RTI 表示区域贸易强度指数；

X_{AA} 和 M_{AA} 分别表示 A 区域内的出口额和进口额；

X_A 和 M_A 分别表示 A 区域的总出口额和总进口额；

X_W 和 M_W 分别表示整个世界的出口额和进口额。

如果贸易强度指数等于1，表明这一地区国家间贸易与区外贸易同一强度。近年来，独联体区域贸易强度指数超过1，但有明显的下降趋势，2009~2013 年独联体区域国家贸易强度指数直线下降，从 6.88 降到 5.36（见表 5－8）。

表 5－8　独联体区域国家贸易强度指数

指数	2009 年	2010 年	2011 年	2012 年	2013 年	2014 年
RTI	6.88	5.92	5.79	5.51	5.36	5.60

资料来源：根据联合国贸易和发展会议统计数据计算整理。

为什么独联体区域贸易强度指数直线下降？原因在于，独联体区域国家总的对外贸易额上升较大，其在整个世界贸易中份额的上升幅度超过了区域内贸易在世界贸易中份额上升的幅度。因此，即使独联体区域某些国家间贸易一体化有了些许进展，但这种进展可能更多地与整个世界贸易一体化的背景相关。也就是说，独联体区域内贸易一体化可能是落后于世界贸易一体化的，表明独联体贸易便利化对促进区域内贸易的效果不显著。

（三）独联体区域贸易结构

独联体区域一体化方案的目标之一还在于，增加制成品贸易，使各国的经济多样化，摆脱对原材料（主要是石油、天然气）贸易的依赖，优化贸易结构。那么，这一目标是否实现了？表 5－9 给出了 2014 年与 2011 年独联体区域内贸易结构的变化。2011 年独联体区域内贸易的十大类商品中，矿物燃料、润滑油及有关原料占最大比重，为 26.41%。机械及运输设备、主要按原料分类的制成品分别居第二、第三位，分别占 21.75% 和 19.15%。2014 年独联体区域内贸易商品结构中，矿物燃料、润滑油及有关原料所占份额下降了 1.62 个百分点。但其贸易结构仍以原材料为主，矿物燃料、润滑油及有关原料在独联体区域内贸易中仍占最大比重，为 24.79%。

表5-9　2011年和2014年独联体区域内商品贸易结构变化（出口）

单位：%

商品类别	2011年	2014年
食品和活动物	11.49	11.19
饮料及烟草	1.39	1.72
非食用原料（不包括燃料）	5.50	5.62
矿物燃料、润滑油及有关原料	26.41	24.79
动植物油、脂和蜡	0.75	0.54
未另列明的化学品和有关产品	7.76	8.48
主要按原料分类的制成品	19.15	20.54
机械及运输设备	21.75	20.50
杂项制品	4.06	4.90
未分类的其他商品和交易	1.74	1.72

资料来源：根据联合国商品贸易统计数据计算整理。

从整个独联体区域对外贸易结构看，仍以出口原材料、进口机械及运输设备、主要按原料分类的制成品为主要特征（见图5-3）。可见，不管是独联体区域内商品贸易结构还是对外贸易结构都没有实质性变化，仍处于

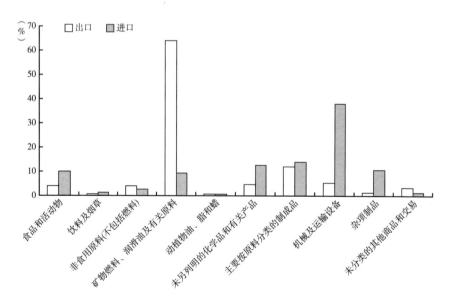

图5-3　2014年独联体区域对外贸易结构

资料来源：根据联合国商品贸易统计数据计算整理。

低度化状态。此外,独联体区域内进出口贸易也不均衡,相对于出口,区域内进口的比重较大。2007～2014 年区域内进口比重都保持在 25% 左右,而同期区域内出口比重均不足 20%,且有不断下降趋势(如图 5 – 4)。

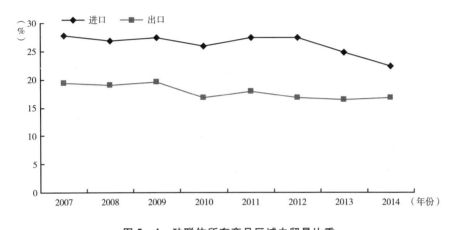

图 5 – 4 独联体所有商品区域内贸易比重

资料来源: 联合国贸易和发展会议。

综上可见,独联体区域国家尤其是对一体化较为积极的亚美尼亚、白俄罗斯等国的对外贸易获得了较大发展,其区域内贸易比重不断上升,而阿塞拜疆等不积极的国家无论对外贸易还是区域内贸易均持续下降,这似乎可以间接证明独联体区域贸易便利化相关制度对贸易扩大及贸易一体化的推动作用。但综合从区域内贸易比重、贸易强度指数及贸易结构的变化来看,独联体区域经济一体化水平有下降的趋势。因此,无法直接得到独联体区域制度上的一体化是经济一体化推动力的证据。

第三节　独联体区域投资便利化及其效应

随着独联体国家间贸易便利化措施的执行,投资便利化逐渐成为独联体区域经济一体化的重要内容。投资便利化在本质上与贸易便利化有着相似的内涵,即通过减少投资障碍,促进投资发展。近年来,在区域合作机制下各国协调投资政策,为区域内相互投资便利化创造条件。同时,从单边角度，各成员国积极调整与投资相关的政策法规，改善投资环境，便利外国投资进入。虽然独联体区域投资便利化措施促进了投资流量扩大、投资领域拓宽，但区域内相互投资规模在整个投资中的占比还较小，投资结构并没有发生根本性改变。

一 促进投资便利化的制度与机制

（一）修改投资法规，减少投资壁垒

近年来，各成员国相继修改了吸引外部投资的法律和法规。2011 年，俄罗斯通过修改《外国投资法》，简化外资进入食品业、医疗业、银行业等行业的手续，调低外资进入俄罗斯战略性企业的门槛，成立"俄罗斯直接投资基金"吸引外资[1]。哈萨克斯坦政府正拟采取一系列有效措施，如将外国投资者的商务签证有效期从 120 天延长至 180 天，减少申领签证的文件数量，提升机场等迎宾场所服务人员的英语水平，将目前仅在阿拉木图市实行的大饭店代客办理落地登记手续的业务推广到全国，使投资者不用亲自跑移民局就可以办理入境后的登记手续[2]。阿塞拜疆从 2011 年 7 月 1 日开始对自然人、2012 年 2 月以后开始对以地方投资为基础的有限责任公司实行税收机构的电子登记制，以简化投资手续。白俄罗斯自 2011 年起，实行许可证管理的活动清单从 53 类减少至 37 类。2011 年，亚美尼亚必须实行许可证管理的活动从 169 项减少到 96 项。摩尔多瓦自 2012 年起将自由经营区常住人口所得税税率从 50% 下调至 12%。俄罗斯从 2012 年起在办理许可证时实行电子申请制[3]。

（二）加强投资政策协调，促进区域内相互投资

各国在修改投资法规，减少投资壁垒的同时，加大各成员国间投资政策的协调力度，便利区域内相互投资。2008 年 12 月欧亚经济共同体成员国签署了《促进和保护相互投资协议》，为投资者在各成员国从事投资活

---

[1] 驻俄罗斯使馆经商参处：《2011 年俄罗斯对外经济合作》，http：//ru. mofcom. gov. cn/aarticle/ztdy/201203/20120308028649. html/，2014.9.26。

[2] 驻哈萨克使馆经商参处：《哈萨克斯坦拟进一步打造良好投资环境》，http：//www. mofcom. gov. cn/aarticle/i/jyjl/m/201110/20111007766748. html/，2014.10.3。

[3] 李建民：《独联体国家投资环境研究》，社会科学文献出版社，2013，第 611 页。

动提供各种便利，包括享受最惠待遇、提供利润和收入的银行汇款保障、不得无偿罚没投资者私人财产、制定了相关投资奖励和保护的规范等，对于促进成员国间的相互投资起到了积极效果。此外，独联体通过"货币一体化协议"、关税同盟、统一经济空间等平台促使区域内各国推动生产要素自由流动，为区域内投资便利化创造了条件。

（三）搭建投资便利化平台，吸引外资进入

主要措施包括建立工业园区、经济特区，积极加入世贸组织等。继俄罗斯 2005 年 7 月 22 日、阿塞拜疆 2009 年 4 月 1 日、亚美尼亚 2011 年 5 月 25 日先后批准了《特别经济区法》后，几乎所有的独联体国家都建立了经济特区和工业园区，通过提供相对优惠的政策吸引外资进入。同时，独联体国家通过积极加入世贸组织提升吸引外资的国际化水平，目前独联体国家中已有亚美尼亚、俄罗斯、摩尔多瓦、塔吉克斯坦、吉尔吉斯斯坦、乌克兰加入世贸组织。白俄罗斯、哈萨克斯坦与乌兹别克斯坦已成为世贸组织观察员。独联体国家按照世贸组织的要求，修改、调整和完善国内法律，对外资开放市场，以期吸引外资进入。

（四）改善投资环境，提高对外资吸引力

20 世纪 90 年代，独联体国家基本完成政治经济体制转轨的任务。近年来，针对政治经济体制中存在的问题，多数国家承诺将保持政治环境稳定，进行政府机构职能改革，保证决策的透明性和公开性，减少政府对企业活动的干预，保持相关政策的稳定性；完善所有制转让的相关法律规章；采取有效的公司法管理，促进银行、保险等资本市场发展；完善和简化企业登记制度；完善投资项目实施程序；建立执行投资项目过程中违约责任赔偿机制；通过取消部分税种和必缴税等途径降低税负。同时，通过对中小企业的扶持，减少影响投资者活动的行政壁垒，刺激投资流向优先部门，加强对投资的引导。

二　投资便利化水平测量

投资便利化与贸易便利化有着相似的内涵与直接的互动关系，多数研究者习惯于将"贸易投资便利化"看作一个整体概念，对其评估更多地关注贸易便利的内容。实质上与贸易便利化相比，投资便利化涉及更多的

内容。它不仅涉及透明、简约、可预测性的一般原则，还涉及投资争端解决机制、基础设施、金融服务、劳动力、知识产权的全方位保护等内容。因此对投资便利化的评价在借鉴贸易便利化评估方法的同时，又有着不同的评价体系。

（一）投资便利化的评价体系、数据来源及处理

参考贸易便利化的测算，使用指标体系赋值法对独联体区域国家的投资便利化水平进行考察。第一步是建立科学的投资环境评价体系，鉴于对投资环境的评估仍缺乏科学、统一的评价体系，以及考虑到数据的可获得性问题，本书从投资便利化的内涵出发，借鉴前人的评价体系，查阅相关统计数据，构建了市场环境、行政环境、基础设施环境等7个一级指标，涵盖国际国内市场规模、知识产权保护、腐败等多个二级指标体系（见表5-10），以尝试对独联体区域国家的投资环境做出全面评估。

表5-10　投资便利化指标体系

一级指标	二级指标
市场环境	①国内市场规模；②国际市场规模；③竞争强度；④市场地位；⑤反垄断政策的效果；⑥税收程度与效果；⑦贸易壁垒；⑧外商所有权普遍性；⑨商业规则对FDI的影响；⑩海关程序
行政环境	①财产权；②腐败；③司法独立；④政府法规的有效性；⑤司法效率；⑥政府政策透明度；⑦恐怖主义成本；⑧犯罪与暴力成本；⑨警察可靠性；⑩审计标准与力量；⑪股东权益保护；⑫投资保护
基础设施环境	①基础设施整体情况；②公路质量；③铁路质量；④港口质量；⑤航空质量；⑥电力供应质量；⑦移动电话数量；⑧固定电话数量
金融环境	①金融服务的可用性；②市场融资能力；③获得贷款的容易度；④风险资本可用性；⑤银行健全性；⑥证券监管；⑦法律权利指数
劳动力环境	①劳资关系的合作；②雇用与解雇行为；③遣散费；④脑力人才外流；⑤生产力及薪酬；⑥管理的专业化依赖；⑦男女劳动力比例
宏观经济环境	①政府预算平衡；②国民储蓄；③通货膨胀率；④政府债务；⑤主权评级
创新环境	①创新能力；②科研机构质量；③企业研发投入；④校企合作研发；⑤官方采购科技产品；⑥高科技人员可用性；⑦专利程序与应用

资料来源：参考《全球竞争力报告》相关指标整理。

第二步是查阅相关数据并进行处理，本书有关独联体区域国家投资环境的数据均来自世界经济论坛发布的《全球竞争力报告》。因数据取值范围不同、有正逆向指标之分及指标为负等不同情况，为了便于比较，需要先将各个二级指标的原始数据进行指数化处理。对于逆向指标，通过 $X_i = \max x_i - x_i + \min x_i$ 转化为正向指标；对于负值指标（政府预算指标），通过 $X_i = x_i - \min x_i$ 转化为非负指标。之后通过归一划法将各指标指数化，计算公式为：

$$\overline{X_i} = X_i / (\sum_{i=1}^{n} X_i / n)$$

其中，X_i 表示独联体区域国家第 i 国的指数指标，i 的取值范围为 $i = 1，2，\cdots，n$（n 表示所测算国家数量）。

根据公式，将独联体区域国家投资便利化二级指标全部指数化。如果该国的指标等于1，表明该国处于独联体区域国家的平均水平；如果大于1，表明该国处于平均水平之上；如果小于1，表明该国没有达到该区域国家的平均水平。这样，得到独联体区域国家标准化后的各个二级指标数据。由于较难确定各个二级指标对相应一级指标的影响权重，所以本书采取赋予其相同权重的做法，即用简单平均方法计算各一级指标，经此方法计算后，可以得到独联体区域国家的市场环境、行政环境、基础设施环境等7个与投资便利化有关的数据。

对于一级指标的权重，本书综合运用向专家征求意见的特尔菲法与排序法，分别赋予7个一级指标的权重为：行政环境30%、市场环境20%、宏观经济环境15%、金融环境10%、劳动力环境10%、基础设施环境10%、创新环境5%。最终得到独联体区域国家加权投资便利化指数（IFI）。

（二）测算结果及分析

1. 独联体区域国家投资便利化的现状

根据独联体区域国家投资便利化测算方法，可计算得到2014年独联体区域8个国家的市场环境、行政环境、宏观经济环境、金融环境等7个一级指标和投资便利化综合指数（见表5–11）。

表 5 – 11　2014 年独联体区域 8 个国家投资便利化指标数据

国家	市场环境	行政环境	基础设施环境	金融环境	劳动力环境	创新环境	宏观经济环境	IFI
亚美尼亚	0.97	1.10	1.01	1.00	1.06	1.06	0.67	0.99
阿塞拜疆	1.01	1.12	1.17	1.04	0.98	1.00	1.65	1.15
哈萨克斯坦	1.11	1.11	1.14	1.01	1.15	0.96	1.50	1.16
吉尔吉斯斯坦	0.96	0.92	0.73	1.00	0.95	0.71	0.46	0.84
摩尔多瓦	0.93	0.93	0.96	0.99	0.91	0.77	0.91	0.93
俄罗斯	1.11	0.94	1.16	0.99	0.99	1.46	1.08	1.05
塔吉克斯坦	0.93	1.06	0.76	0.99	0.99	0.90	0.81	0.94
乌克兰	0.98	0.81	1.08	0.98	0.97	1.14	0.92	0.94

资料来源：根据《全球竞争力报告》2014～2015 年数据计算而得。

如果将 1 以下为不便利、1～1.1 为比较便利、1.1 以上为非常便利作为标准，可以将独联体区域国家投资环境的现状分为 3 个等级：哈萨克斯坦、阿塞拜疆是独联体区域国家中投资非常便利的国家；俄罗斯是投资较便利国家；亚美尼亚、吉尔吉斯斯坦、摩尔多瓦、乌克兰的投资便利化程度低于区域平均水平，是投资不便利国家。其投资便利化综合水平排名为：哈萨克斯坦、阿塞拜疆、俄罗斯、亚美尼亚、乌克兰、塔吉克斯坦、摩尔多瓦、吉尔吉斯斯坦。

哈萨克斯坦在独联体区域国家中投资便利化水平最高，但其创新环境指数不仅大大低于俄罗斯、乌克兰等国，还低于独联体区域平均水平，鼓励创新应是哈萨克斯坦改善投资环境的关键所在。排在第二位的是阿塞拜疆，其行政环境较好，基础设施优良，尤其是宏观经济环境指数遥遥领先于独联体区域其他国家。劣势主要在于劳动力成本较高，其劳动力环境指数处于区域平均水平之下。大国俄罗斯的投资环境在独联体区域中居第三位，其投资环境各指标发展不平衡。创新环境指数遥遥领先于区域其他国家，相比之下，其行政环境缺乏公正与透明性，金融服务滞后，劳动力成本较高。小国亚美尼亚的投资便利化各指标除宏观经济环境外表现良好，加强对政府债务的管理，改善宏观投资环境，应成为今后努力的方向。乌克兰与塔吉克斯坦的综合投资环境大致相同，但两国在创新环境与行政环境方面分别具有比较优势。另外，塔吉克斯坦基础设施较为落后，在区域中排名末位。摩尔多瓦与吉尔吉斯斯坦均属于投资非常不便利国家，吉尔吉斯斯坦的宏观经济环境、摩尔多瓦的创新环境较差。

2. 独联体区域国家投资便利化的进展

为评估独联体区域国家投资便利化水平与历史相比是否有提升，需要做纵向比较分析。独联体区域国家单边层面推进投资便利化的法律制度大多出台于 2011 年后。如独联体自由贸易区框架下投资领域的谈判及俄、白、哈关税同盟等投资便利化措施均开始于 2011 年后，因此选择 2011 年作为对比年。通过同样的方法，可计算得到 2011 年独联体区域国家各级贸易便利化指数，将其与 2014 年进行比较（见表 5 – 12）。

通过纵向比较 2014 年与 2011 年独联体区域各国投资便利化综合指数，可以把所研究的 8 个独联体地区国家分为三组。第一，改善组。成员包括阿塞拜疆、哈萨克斯坦和摩尔多瓦。其中哈萨克斯坦 7 项指标均得到改善；阿塞拜疆与摩尔多瓦均 4 项改善，3 项恶化。第二，恶化组。俄罗斯、亚美尼亚、塔吉克斯坦、乌克兰的综合投资环境恶化。其中俄罗斯 4 项改善，2 项恶化，1 项不变；亚美尼亚 2 项改善，5 项恶化；塔吉克斯坦 1 项改善，其余均恶化；乌克兰 3 项改善，4 项恶化。第三，不变组。吉尔吉斯斯坦综合投资环境无变化，具体指标中 4 项改善，3 项恶化。

表 5 – 12　独联体区域 8 个国家投资便利化指标情况

国家	年份	市场环境	行政环境	基础设施环境	金融环境	劳动力环境	创新环境	宏观经济环境	IFI
亚美尼亚	2011	0.93	1.09	1.03	1.05	1.07	1.07	1.07	1.04
	2014	0.97	1.10	1.01	1.00	1.06	1.06	0.67	0.99
阿塞拜疆	2011	1.05	1.11	1.14	1.11	1.07	0.98	0.98	1.07
	2014	1.01	1.12	1.17	1.04	0.98	1.00	1.65	1.15
哈萨克斯坦	2011	1.09	1.04	1.06	0.96	1.1	0.86	0.86	1.01
	2014	1.11	1.11	1.14	1.01	1.15	0.96	1.50	1.16
吉尔吉斯斯坦	2011	0.89	0.91	0.76	0.95	0.99	0.6	0.6	0.84
	2014	0.96	0.92	0.73	0.95	0.95	0.71	0.46	0.84
摩尔多瓦	2011	0.99	0.98	0.91	1	0.84	0.74	0.74	0.92
	2014	0.93	0.93	0.96	0.99	0.91	0.77	0.91	0.93

续表

国家	年份	市场环境	行政环境	基础设施环境	金融环境	劳动力环境	创新环境	宏观经济环境	IFI
俄罗斯	2011	1.09	0.88	1.16	0.96	0.98	1.74	1.74	1.14
	2014	1.11	0.94	1.16	0.99	0.99	1.46	1.08	1.05
塔吉克斯坦	2011	0.99	1.13	0.82	1	0.94	0.92	0.92	1.00
	2014	0.93	1.06	0.76	0.99	0.99	0.90	0.81	0.94
乌克兰	2011	0.97	0.86	1.11	0.96	1.01	1.09	1.09	0.98
	2014	0.98	0.81	1.08	0.98	0.97	1.14	0.92	0.94

资料来源：根据《全球竞争力报告》2011~2012年、2014~2015年数据计算而得。

在投资便利化改善组中，哈萨克斯坦、摩尔多瓦对独联体区域一体化较为积极，而阿塞拜疆则较为消极。同时三国在单边层面都积极修改投资法规，减少投资壁垒，促进投资便利化。投资便利化恶化组及不变组中俄罗斯、亚美尼亚、塔吉克斯坦、吉尔吉斯斯坦均对独联体区域经济一体化较为积极。四国都是独联体自贸区成员，又都与区域内多个国家签有自由贸易协定，同时俄罗斯与亚美尼亚还是关税同盟、统一经济空间成员，塔吉克斯坦与吉尔吉斯斯坦也在努力加入。乌克兰虽在2013年底将区域化战略转向欧洲，但仍为新独联体自贸区成员。

通过对各国投资便利化进展及参与独联体区域经济一体化情况的分析，我们无法直接判断独联体区域经济一体化机制在多大程度上推动了该区域国家的投资便利化。也可以说，独联体区域经济一体化机制对该区域国家投资便利化的推进与贸易便利化具有相似特征，即不显著。

三 投资便利化的效应

投资便利化所带来的经济效应主要体现在区域资源的优化配置、就业的增加、贸易的增长，以及在此基础上的投资增长和经济发展等。为更直观、简洁地了解独联体区域投资便利化的经济效应，主要以投资规模是否增长、投资一体化程度是否加深及投资结构是否改善等指标来加以说明。

（一）投资规模增长情况

独联体区域国家的对外贸易稳步增长，同时各国接受外国直接投资从总体上看处于上升趋势。尤其是2008年金融危机前各国接受外国直接投资水平有明显的上升趋势，2009年受金融危机打击，除阿塞拜疆外，外资流入水平均下降，2011年基本上恢复到危机前水平。2012~2014年受世界经济放缓等影响，独联体区域接受外国直接投资水平也有所下降（见图5-5、图5-6）。2011~2014是独联体区域经济一体化在制度层面上蓬勃发展的时期，我们将2014年与2011年各国接受外国直接投资情况做一个分析。其中，阿塞拜疆、塔吉克斯坦2014年的外资流入较2011年有

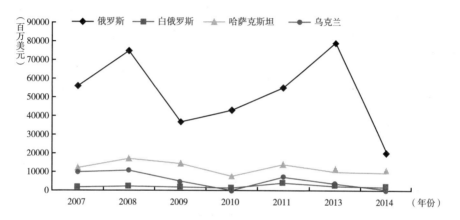

图5-5　俄罗斯、白俄罗斯、哈萨克斯坦、乌克兰接受外国直接投资流量情况

资料来源：联合国贸易和发展会议。

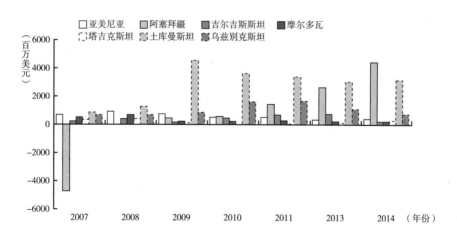

图5-6　独联体7个国家接受外国直接投资流量情况

资料来源：联合国贸易和发展会议。

所增加；而对于独联体区域经济一体化较为积极的俄罗斯、吉尔吉斯斯坦、亚美尼亚、白俄罗斯、哈萨克斯坦、土库曼斯坦、乌克兰、乌兹别克斯坦，接受外国直接投资水平有所下降，可见制度层面上的独联体经济一体化在投资促进方面的效果并不显著。

（二）投资一体化（区域国家间相互投资）情况

投资便利化对投资一体化的促进情况如何？欧洲开发银行 2012 年曾对独联体国家间的相互投资状况进行调查，结果表明，俄罗斯占领先地位。从表 5-13 可见，俄罗斯对独联体国家的投资 2011 年达到最高，投资总额 128 亿美元，之后呈下降趋势。尽管如此，独联体区域仍是俄罗斯对外投资的重点区域。从地理分布来看，白俄罗斯是俄罗斯对外投资的主要对象，2011 年占俄罗斯对独联体投资的 71.9%，近两年有所下降，但仍居第一位。排在第二位的是哈萨克斯坦，俄罗斯对其投资逐年增加。排

表 5-13　俄罗斯对独联体国家的投资

单位：千美元

国家	2005 年		2011 年		2012 年		2013 年	
	投资额	占比	投资额	占比	投资额	占比	投资额	占比
阿塞拜疆	6734	1.1	49325	0.4	50752	0.5	30373	0.5
亚美尼亚	138185	22.3	33097	0.3	46570	0.4	49977	0.7
白俄罗斯	102438	16.5	9231893	71.9	7101478	59.3	3390958	50.5
哈萨克斯坦	204314	32.9	1926049	15.0	2409135	20.1	2083236	31.0
吉尔吉斯斯坦	1247	0.2	249796	1.9	251097	2.1	97188	1.5
摩尔多瓦	4904	0.8	38490	0.3	227167	1.9	60545	0.9
塔吉克斯坦	496	0.1	240195	1.9	168885	1.4	143991	2.1
土库曼斯坦	—	—	2295	0.0	3003	0.0	5905	0.1
乌兹别克斯坦	6968	1.1	254883	2.0	159644	1.3	72496	1.1
乌克兰	155176	25.0	809943	6.3	1549882	13.0	782451	11.6
总计	620462	100	12835966	100	11967613	100	6717120	100

资料来源：Russia in Figures, 2013, 2014。

在第三位的是乌克兰，俄罗斯对其投资有下降的趋势。在小国中塔吉克斯坦与吉尔吉斯斯坦是俄罗斯外资主要接受国，俄罗斯对亚美尼亚的投资不断增加。相应地，俄罗斯也是独联体国家的主要投资对象，2012年独联体国家对俄罗斯投资总额超过73亿美元，2013年有所下降。其中哈萨克斯坦、白俄罗斯、乌克兰是主要投资国（见表5－14）。但总的来说，其他独联体国家对俄罗斯的投资还无法与俄罗斯对独联体的投资相匹敌。在独联体区域国家间的相互投资中，亚美尼亚、白俄罗斯、吉尔吉斯斯坦、塔吉克斯坦对独联体区域国家的投资依赖较大，阿塞拜疆、俄罗斯则较小（见表5－15）。从纵向比较看，阿塞拜疆、亚美尼亚、哈萨克斯坦、摩尔多瓦、吉尔吉斯斯坦来自独联体的投资有增长趋势。白俄罗斯、俄罗斯来自独联体的投资有下降的趋势。总的来看，独联体区域国家相互投资规模不断扩大，但其相互投资规模在独联体国家整个投资中的占比还较小。

表5－14 独联体国家对俄罗斯的投资

单位：千美元

国家	2005年		2011年		2012年		2013年	
	投资额	占比	投资额	占比	投资额	占比	投资额	占比
阿塞拜疆	54983	3.3	115907	1.6	147294	2.0	250448	3.4
亚美尼亚	4541	0.3	46153	0.7	82777	1.1	71640	1.0
白俄罗斯	447135	26.9	3093508	43.3	2558441	34.9	1456720	20.0
哈萨克斯坦	732788	44.0	2408546	33.7	3010666	41.1	3937085	53.9
吉尔吉斯斯坦	140168	8.4	512897	7.2	601467	8.2	314476	4.3
摩尔多瓦	18100	1.1	78882	1.1	56418	0.8	34400	0.5
塔吉克斯坦	13843	0.8	157389	2.2	60139	0.8	73041	1.0
土库曼	2288	0.1	8932	0.1	9837	0.1	9526	0.1
乌兹别克斯坦	10639	0.6	45168	0.7	68010	0.9	84789	1.2
乌克兰	232870	14.0	672320	9.4	740669	10.1	1067067	14.6
总计	1657355	100	7139702	100	7335718	100	7299192	100

资料来源：Russia in Figures, 2013, 2014。

表 5 - 15　独联体区域国家外国投资中来自独联体的投资及份额

单位：百万美元，%

国家	2009 年	2010 年	2011 年	2012 年	2013 年	
阿塞拜疆	54686	82478	86739	103140	105409	总投资
	634	204	381	287	537	来自独联体
	1.2	0.2	0.4	0.3	0.5	来自独联体/总投资
亚美尼亚	27103	16596	27999	34053	26274	总投资
	7172	6664	11240	9116	7055	来自独联体
	26.5	40.2	40.1	40.2	40.2	来自独联体/总投资
白俄罗斯	93037	90855	188786	143298	149743	总投资
	60817	65648	103393	70863	74486	来自独联体
	65.4	72.3	54.8	49.5	49.7	来自独联体/总投资
哈萨克斯坦	628165	760853	718852	810553	187891 *	总投资
	96611	96655	133889	165271	14683 **	来自独联体
	15.4	12.7	18.6	20.4	17.8	来自独联体/总投资
吉尔吉斯斯坦	45648	35725	49480	43358	54870	总投资
	16018	8258	8566	9210	12005	来自独联体
	35.1	23.1	17.3	21.2	21.9	来自独联体/总投资
摩尔多瓦	904	734	148	7488	7752	总投资
	89	17	- 792	945	3308	来自独联体
	9.8	2.3	Null	12.6	42.7	来自独联体/总投资
俄罗斯	81927	114746	190643	154570	170180	总投资
	3162	4714	7140	7336	7299	来自独联体
	3.9	4.1	3.7	4.7	4.3	来自独联体/总投资
塔吉克斯坦	3831	4591	3255	7464	10119	总投资
	1386	725	926	2167	3715	来自独联体
	36.2	15.8	28.4	29.0	36.7	来自独联体/总投资

＊哈萨克斯坦国家银行数据；＊＊直接投资。

资料来源：独联体统计委员会。

（三）投资结构

独联体区域国家相互投资的领域有所拓宽，开始向非资源领域倾斜。一直以来，独联体区域国家间相互投资的领域都比较单一，主要集中于传统产业，如能源、石油加工、矿产、冶金、机电、化工。但近年来，各国之间在移动通信、银行金融、机器制造、轻工、食品等行业的相互投资有所增长，非资源领域成为相互投资的新增长点。但从目前情况来看，独联体区域国家的相互投资结构并没有发生根本性变化（见表 5 - 16）。2008 年包括格鲁吉亚在内的独联体区域国家相互投资存量中，燃料行业占 29.1%，通信与信息技术业紧随燃料行业之后，占 19.1%，金融业占 8.6%，公共事业、批发零售业、交通运输业也有较大占比，分别占 6.3%、6%、5.7%。与 2008 年相比，2012 年独联体区域国家的相互投资存量中，虽然建筑业、公共事业、旅游业所占比重有不同程度的增加，但燃料行业仍占最大比重，且有增加的趋势。同时钢铁业、有色金属业也占有较大比重，而通信与信息技术业、机器制造业所占比重则有所下降。所以综合来看，独联体区域国家相互投资结构虽有所优化，但并没有发生根本性转变。

表 5 - 16 独联体相互直接投资结构变化

单位：%

行业	2008 年	2012 年	行业	2008 年	2012 年
农业与食品行业	2.9	3.4	建筑业	2	2.8
燃料行业	29.1	29.4	交通运输业	5.7	6.1
钢铁业	4.5	5	通信与信息技术业	19.1	16.6
有色金属业	10	8.3	批发零售业	6	5.3
机器制造业	2	1.9	金融业	8.6	9.1
化学制品业	1.4	1.8	旅游业	2.1	2.6
其他制造业	0.1	0.6	其他服务行业	0.1	0.1
公共事业	6.3	7.1			

资料来源：Kuznetsov, A., "Shifts in Sector Structure of Mutual Direct Investments of the CIS Countries," *Eurasian Integration Yearbook 2013*, ed. Vinokurov, E. (Almaty: RUAN Publishing Company, 2013) pp. 152 - 154。

综上可见，通过各国政府的大力支持，以及区域经济一体化的协调与发展，独联体区域国家投资便利化的推进有较大的可行性，投资便利化也取得了一定成就。然而，由于独联体的区域一体化还处于初级阶段，国家间的主要经济活动集中在贸易领域，各国发展不平衡，很多国家存在阻碍投资便利化的一些问题，投资便利化仍以单边自主行动为主，制约着投资便利化的进展及效果的取得。

第四节　独联体区域基础设施一体化及其评价

目前国内外学者对"基础设施"（infrastructure）的概念还没有达成共识，有的学者从基础设施对经济发展的作用角度进行了解释①；有的学者或机构则从基础设施的分类角度进行了解释②。综合不同学者、机构的定义及本书的研究对象，认为基础设施是人类赖以生存和发展的一般性物质条件。具体作用体现在：为人们的生活提供公共服务系统，为社会经济发展提供物质工程设施，从而保证人民、国家及地区生产、生活的正常进行。基础设施根据存在形态的不同可以分为物质性基础设施及精神性基础设施，前者包括交通、通信、水电、油气等公共设施；后者包括文化教育、医疗卫生、科技、体育等社会事业。本书中的基础设施主要指前者。基础设施的网络化、一体化既是苏联时期实现地域分工、生产专业化、协作化与地区经济综合发展的前提，也是苏联解体后独联体区域各国之间经济联系的纽带。

一　独联体区域基础设施一体化现状

独联体国家的基础设施网秉承苏联时期的基础设施网络，主要包括铁路、公路、河运、海运、管道、航空、通信、电力等运输系统。其中铁路运输为各国之间客货运输的主要方式，管道是油气等资源产品的主要运输方式。苏联解体后，独联体各国原有的经济联系遭到不同程度的破坏，其中基础设施网络状分布也受到影响，但仍为各国保留了比较完整的领域。随着各国经济的逐渐恢复和发展，基础设施的重要性日益凸显，各国在基

---

① 如英国经济学家罗森斯坦·罗丹（P. N. Rosenstein Rodan）和美国经济学家华尔特·惠特曼·罗斯托（Walt Rostow）都将基础设施定义为社会先行资本，与私人资本相对应。根据罗丹的解释，社会先行资本是指一个社会在一般的产业投资之前应具备的相关基础设施的积累，具体来说，社会先行资本构成了社会经济的基础设施结构，包括电力、运输、通信等基础工业。

② 如艾伯特·赫希曼（Hirschman）、钱家骏、毛立本的广义与狭义基础设施之分，刘景林的生产、生活、社会性基础设施之分，高新才的生产性与非生产性基础设施之分，以及世界银行的经济基础设施与社会基础设施之分等。

础设施网络化、一体化方面做了大量努力，提升了区域基础设施的网络化及一体化程度。

（一）苏联时期统一的基础设施网

1. 交通基础设施

铁路是苏联时期运输业的主要方式，苏联解体前，除西伯利亚和远东的中、北部外，苏联铁路线已交织成网。多数铁路干线均以莫斯科为中心，通往苏联各地。

由莫斯科通向西北和北部地区的铁路有莫斯科—圣彼得堡—彼得罗扎沃茨克—摩尔曼斯克线，莫斯科—雅罗斯拉夫尔—克罗格达—科诺沙—阿尔汉格尔斯克线，以及由科诺沙向东分出的科诺沙—科特拉斯—沃尔库塔线。莫斯科向西和西南通往白俄罗斯、波罗的海沿岸各共和国及乌克兰西部的铁路线有：莫斯科—加里线；莫斯科—明斯克—布列斯特线（向西与波兰铁路相衔接）；莫斯科—布良斯克—基铺—利沃夫线。由莫斯科向南有三条干线将莫斯科与顿巴斯、克里木和高加索相连：莫斯科—库尔斯克—哈尔科夫并经红利曼通往顿巴斯（即库尔斯克通道）；莫斯科—利亚斯克—米丘林斯克—沃罗涅日—乔治乌—德治—利哈亚—兹维列沃—格尔纳亚线（即米丘林斯克通道）；莫斯科—叶列茨—瓦卢依基线，并由瓦卢依基向南分两支通往顿巴斯（即叶列茨通道）。中央区与高加索地区的运输联系主要靠上述铁路线并经罗斯托夫中转。由莫斯科通往哈萨克斯坦和中亚的铁路干线有：莫斯科—梁赞—塞兹兰—奥伦堡—塔什干线和莫斯科—萨拉托夫—乌拉尔斯克—坎达加奇线。这条铁路干线使中亚地区与俄罗斯的欧洲部分有了便捷的现代交通。乌拉尔山以东自西向东有三条铁路干线：一是西伯利亚大铁路，其西起南乌拉尔的铁路枢纽车里雅宾斯克，东至太平洋的符拉迪沃斯托克，全长7400公里，运输极为繁忙；二是南西伯利亚铁路干线，西起别洛列茨克，最终交会于西伯利亚大铁路上的泰舍特，全长3294公里；三是中西伯利亚铁路，它西起乌拉尔的特罗伊茨克，经库斯塔奈、科克切塔夫、卡拉苏克、卡缅到中西伯利亚站，全长1600多公里①。

---

① 东北师范大学、中国科学院地理研究所：《苏联经济地理》，科学出版社，1983，第331～334页。

与铁路运输相比，公路运输主要承担短程运输任务，在综合运输网中主要起辅助和补充作用。综观苏联时期公路基础设施的发展和分布，虽具有地区分布不平衡的特点，但同样交织成网。主要的公路运输枢纽有莫斯科、加里、塔林、维尔纽斯、明斯克、基辅、圣彼得堡、哈尔科夫、敖德萨、辛菲罗波尔、阿拉木图和塔什干等，这些枢纽不仅具有区际意义，而且大多具有全苏意义。

2. 能源基础设施

油气的开发利用离不开管道系统的输送，管道系统是重要的油气基础设施之一。苏联时期油气设施主要以俄罗斯为中心交织成网，油气输出也主要满足苏联内部经济发展需要。其中输油管道的起点有五处，即西西伯利亚、伏尔加—乌拉尔、高加索、科米自治共和国和曼格什拉克半岛，其中以前三处为主要[①]。在输气管道方面，20世纪七八十年代建成的大型输气管道系统，自西西伯利亚的乌连戈依特大型气田至苏联中央地区，全长约2万公里，总输气能力可达每年2000亿标准立方米。[②] 西西伯利亚以西地区的输气管线则构成了全苏统一的输气、供气系统，从秋明州北部气田分别向乌克兰西部、伏尔加河流域中部、新普斯科夫等供气。此外还有从中亚到中部区四条干线、中亚到乌拉尔复线、北高加索到中部区的复线等[③]。

苏联时期铁路、公路、水运、管道、航运等运输方式合理分工，协调发展，初步形成了全苏统一的交通运输网。苏联解体后，交通基础设施分别为各独联体国家拥有，但基础设施网保持了相对的完整性，成为仅有的几个几乎完整保留苏联经济关系的领域之一。有时一国的境内运输也需经过他国，这虽然提高了运输成本，但表明了独联体区域国家交通基础设施网络化及一体化的现实。

（二）独联体国家在基础设施一体化方面的努力与成绩

鉴于基础设施在区域经济联系中的重要作用，欧亚经济共同体乃至独

---

① 东北师范大学、中国科学院地理研究所：《苏联经济地理》，科学出版社，1983，第366页。
② 李越：《天然气管网数值模拟》，硕士学位论文，中南石油学院，2005，第3页。
③ 东北师范大学、中国科学院地理研究所：《苏联经济地理》，科学出版社，1983，第369~370页。

联体都在基础设施一体化方面做了大量努力，包括新建与重建基础设施网、协调基础设施管理法规、发展运输走廊等。

1. 新建与修复基础设施运输网

独立后各国根据经济联系与发展的需要，并在财力许可条件下，努力修复与新建一些基础设施，完善了基础设施网络。在交通基础设施方面，在独联体及欧亚经济共同体框架下，区域相关国家联合发展交通基础设施和物流系统，包括评估各国公路运输条件，以及重建国家交通路线等。例如，土库曼斯坦在独立后连续修建了四条铁路干线，不仅使国内铁路联网一片，而且修建了到乌兹别克斯坦和吉尔吉斯斯坦的另一条大通道。哈萨克斯坦 2005 年已启动了沙尔—乌斯季卡缅诺戈尔斯克（即厄斯克门）铁路支线工程。乌兹别克斯坦独立后也开始在荒芜的西部地区修建了纳沃伊—乌奇库杜克—苏丹努伊兹达加—努库斯（341 公里）和古扎尔—拜孙—库姆库尔干（223 公里）等铁路[1]。在油气基础设施方面，苏联解体后，尤其是近 10 年来，随着国际能源竞争日趋激烈，以及独联体国家油气出口的多元化，独联体国家一方面扩建和改修原有旧管道，以增强输送能力，另一方面出于自身利益需求新建大量油气管道。如俄罗斯与哈萨克斯坦对阿特劳—萨马拉旧管道进行改造，俄罗斯新建了巴库—新罗西斯克管道，阿塞拜疆国际石油财团筹资对巴库—苏普萨管道进行改造，里海管道财团新建田吉兹—新罗西斯克管道，中哈合资新建肯基亚克—阿特劳管道，以及阿塞拜疆与土耳其新建巴库—杰伊汉管道，等等[2]。此外，2009 年 12 月 14 日连接土库曼斯坦，经乌兹别克斯坦、哈萨克斯坦、中国的新建天然气管道竣工，总长度超过 1800 公里，容量超过 400 亿立方米[3]。独联体区域国家油气管道建设的迅速发展，在促进独联体区域油气设施呈现多样化分布格局的同时，也极大地促进了独联体区域油气设施网络化发展，目前独联体区域油气管道已连接成地区性、跨国性的大型供气系统。

[1] 秦放鸣：《中亚国家铁路运输的现状、问题与发展探析》，《开发研究》2007 年第 4 期。
[2] 美国能源部能源信息管理署网站：http：//www.eia.gov/emeu/cabs/caspian.html/，2015.2.16。
[3] Vinokurov, E., "Emerging Eurasian Continental Integration Trade, Investment, and Infrastructure," *Global Journal of Emerging Market Economies* 6 (1), 2014, p.28.

2. 协调政策法规

为有效发挥区域基础设施的潜能，建立共同的运输服务市场，独联体及欧亚经济共同体国家协调了有关货物和旅客运输的国家规范及协议。2004 年 9 月 15 日，独联体阿斯塔纳政府首脑会议通过《独联体 2010 年共同交通政策》。2006 年 5 月，成员国首脑批准了《铁路运输关税设置与应运的一般原则以及降低铁路货物运输关税与系数》的一般程序。2006 年 12 月，交通政策委员会（CTP）起草了共同体成员有关交通与通信的国际条约，通过此条约欧亚共同体成员国的国家运输部门将成为欧洲和全球运输系统一体化进程的一部分。2007 年 1 月 1 日，国际车重认证系统在成员国间应用①。此外，共同运输服务市场所需的信息共享制度也已建立。独联体区域各国在交通运输及通信设施一体化方面的努力，其目标主要在于建立统一的交通系统和交通联盟，为经济一体化奠定了基础。

3. 建立国际运输走廊

为使独联体国家的交通设施连成体系，使之成为连接亚欧大陆的运输动脉，以最大限度地发挥各国的运输潜能，独联体国家积极参加国际运输走廊的建设。同时对于中亚地区来说，建立国际运输走廊对这些国家对外交流、参与世界经济也极为重要。如被俄罗斯称为"北—南"的国际运输走廊，多数独联体国家都参加了，包括俄罗斯、白俄罗斯、亚美尼亚、哈萨克斯坦、塔吉克斯坦、乌克兰、阿塞拜疆；涵盖整个中亚国家的"西欧—中国西部"运输走廊；从欧洲出发，经过南高加索地区的"欧洲—高加索—亚洲"运输走廊等。

独联体区域基础设施一体化已初步形成。区域内基本形成了以铁路、公路为主，包括航空、管道、通信等基础设施在内的运输网络。

二　独联体区域基础设施一体化的意义

苏联时期能源和交通基础设施就已经联网，近年来又修建了新的管道、铁路等基础设施，独联体区域基础设施基本实现网络化、一体化。这

---

① Vinokurov, E., Dzhadraliyev, M. & Shcherbanin, Y., "The EurAsEC Transport Corridors," *Eurasian Integration Yearbook 2009*, ed. Vinokurov, E. (Almaty: RUAN Publishing Company, 2009), pp. 232 – 233.

对独联体国家及其区域一体化具有重要意义，其持续的发展将在很大程度上促进独联体国家经济的发展，以及一体化进程的推进。

（一）促进各国经济增长

基础设施与经济增长之间具有相关性，这已被国内外学者的大量研究所证明[①]。具有外部性的基础设施投资是独联体国家政府调控宏观经济的主要手段，是促进经济增长的重要途径。根据独联体统计委员会 2013 年的数据，乌兹别克斯坦在交通与通信基础设施上的投资在其整个固定资本投资中占到 26%，居独联体国家首位，哈萨克斯坦是 25.8%，俄罗斯是 25.2%，最少的白俄罗斯也占到了 9.5%。由此可见基础设施投资对独联体国家经济增长的促进作用。此外，独联体区域基础设施的网络化、一体化，实现了过境的便利化，降低了运输成本。区域内运输成本的降低，一方面有利于区域内生产要素的流动与优化配置，扩大区域内市场；另一方面有利于促进整个区域对外贸易的发展，从而扩大国际市场，推动独联体国家融入世界经济。两方面共同作用，最终会促进各国经济的发展。

（二）维持各国经济联系，使一体化不解体

区域基础设施的网络化、一体化是区域经济一体化的必要条件而非充要条件。经济一体化的建立与发展是文化、产业分工等多种因素综合作用的结果。通过前文对独联体区域贸易、投资便利化及其效果的分析可知，独联体区域经济一体化在各种合作机制的推动下取得一定成绩，但同时独联体国家之间的离心力有不断增强的趋势，独联体一体化有倒退甚至解体的风险。独联体区域基础设施一定程度的网络化与一体化，虽不一定显著推动独联体区域经济一体化的深化，但至少可以维持各国之间的经济联系，从而使一体化不解体。独联体区域基础设施的网络化与一体化对于维持各国之间的相互贸易和经济联系是至关重要的。正如亚历山大·利布曼所言："大量基础设施（公路、电力）的共享，及共同的语言、文化一起

---

① Aschauer 认为美国经济生产率的下降是由于基础设施投资减少；Hulten 认为美国、印度、西班牙基础设施网的投资对经济增长具有正向促进作用；Shioji 认为美国和日本对基础设施投资的增加对这两个国家的经济增长具有正向作用；中国学者范九利、郭庆旺、刘秉镰等通过对中国的研究认为基础设施建设对经济增长具有促进作用。

支持着后苏联国家间的一体化。"①

基础设施的网络化、一体化在加强独联体国家经济联系方面具有积极意义，同时也应该看到，基础设施的一体化会使劳动力等生产要素流向实力更强、经济更为发达的地区，从而对落后地区的经济发展产生负外部性。基础设施的一体化便利了独联体国家间劳动力的自由流动，同时摩尔多瓦、塔吉克斯坦、吉尔吉斯斯坦等独联体欠发达国家的劳动移民有在俄罗斯增加的趋势，使这些国家的劳动力市场供需失衡，从而影响其经济发展。在没有形成完善的地区及移民等配套政策的条件下，基础设施的一体化也会造成独联体地区国家经济的两极化发展。

三 独联体国家基础设施一体化存在的问题

在原有基础上，又经过多年的建设，独联体区域已基本形成基础设施的网络状分布，技术标准统一，相关政策也能够统一协调，为独联体区域一体化奠定了基础，同时也推动独联体区域国家尤其是一些封闭的内陆国融入全球经济，但同时独联体区域基础设施一体化也存在一些问题。

（一）基础设施自身的不足：水平低、布局不合理、发展不平衡等

独联体区域国家的基础设施总体水平不高。根据 2014～2015 年《世界经济论坛》数据，在 144 个国家的基础设施总水平排名中，独联体国家仅有阿塞拜疆、亚美尼亚、哈萨克斯坦排在前 1/2 列，分别为第 47、61、62 位，其他独联体国家均排在下游。另外，由于独联体区域面积辽阔，其基础设施的密度（每千平方千米土地拥有的平均基础设施数量）较低。以铁路为例，俄罗斯每千平方千米仅有 5.1 千米铁路，远远低于德国的 57 千米以及法国的 60 千米。独联体其他国家也处于类似状态，如哈萨克斯坦每千平方千米仅有 5.3 千米铁路，远远低于西班牙的 24.8 千米②。具体的质量问题体现在：轨道车、集装箱数量较少，而且设施陈旧，装备老化；现有基础设施与国际标准和技术不兼容，如整个独联体国

① Libman, A., Vinokurov, E., "Regional Integration and Economic Convergence in the Post-Soviet Space: Experience of the Decade of Growth," *MPRA Paper* No. 21594, 2010, p. 4.

② 李亚龙、吴丽坤：《欧亚国际运输走廊问题及中国的应对之策》，《俄罗斯学刊》2011 年第 6 期。

家与欧洲、亚洲国家铁路轨距不同，独联体国家轨距是 1520 毫米，欧洲、亚洲轨距是 1435 毫米；在边境点处理能力不足，货物的装卸、整合、分拨能力较弱；各种基础设施的运行不配套，公路、铁路、管道、海运等各种运输方式不能合理衔接，缺乏协调；等等①。此外，独联体区域基础设施布局不尽合理，缺乏整体区域性的规划与指导。近年来，有关各方对综合运输设施进行了大量投资，但投资建设重点集中在产油区，其他地区得不到投入，导致发展水平有差异，阻碍基础设施一体化发展。独联体基础设施运输潜力也不平衡，如白俄罗斯是公路运输服务的净出口国，而俄罗斯是净进口国。独联体区域基础设施自身存在水平低、布局不合理、发展不平衡等问题，不仅难以满足独联体区域相互贸易及经济一体化的要求，也难以满足国际运输服务的要求。

（二）利益分歧，政策难协调

基础设施的一体化意味着除设施本身的体系连接外，还需有统一运输调配和运行体系、统一的技术和收费标准，即基础设施管理政策的一体化。苏联解体后，所有共和国都继承了苏联时期的法律，是相同的。随着时间的推移，每个国家都出台法律保护和支持自己的运输服务市场。然而，某些国家的法律开始与其他独联体国家类似的法律发生冲突。例如，俄罗斯与白俄罗斯的货运法律在独立初期没有不相容的问题，但到 2000 年时，这两个国家已经出台了 28 项不相容的法律以支持各自的道路运输，3 年后不相容法律的数量就达到了 31 项。主要包括：不同的公路运输海关手续，即不同的环保、检疫等各种监管条件；不同的道路税和定价；进入运输服务市场的不同门槛；等等。各国虽早已注意到这一问题并着手解决，但仍存在难以克服的矛盾。在独联体及欧亚经济共同体框架下，各国签署了有关共同政策的一些协议，但不同国家对协议有不同的解读方式，其实质是不想被规定所束缚，从而使自己的利益受损。例如，哈萨克斯坦为自身利益，试图与中国、伊朗等修建铁路路线，提供绕开俄罗斯的独特中转服务；乌克兰为了加入欧盟，通过了欧洲标准的铁路修筑计划。总

---

① Vinokurov, E., Dzhadraliyev, M., Shcherbanin, Y., "The EurAsEC Transport Corridors," *Eurasian Integration Yearbook 2009*, ed. Vinokurov, E. (Almaty: RUAN Publishing Company, 2009), p. 219.

之，各国的基础设施政策协调仅体现为原则性的框架协议，各成员国是否采用以及如何采用具有不确定性。

（三）地缘政治脆弱性威胁运行

独联体区域国家间关系的不确定性，以及个别独联体国家的政局不稳，使独联体区域的运输网络具有巨大的地缘政治脆弱性。例如，2008年俄格战争导致高加索地区油气管道停运，俄乌、俄白之间的政治分歧导致天然气大战。

第六章

独联体区域政治一体化：成就与困境

如前文所述，政治一体化的内涵较为广泛，所有由成员国主权让渡而形成的超国家性制度、政策等都包括在政治一体化范围之内。根据条件与任务的不同可将政治一体化分为不同的层次，最高层次是彻底改变成员国间的政治关系，实现超国家性政治共同体的建立，初级层次是以区域治理为目的的制度构建，中间层次则是成员国在政治领域的合作。具体来说，独联体区域政治一体化主要体现在三个方面。一是通过机构体制和规则程序的制定，在尊重国家主权的基础上，成员国间协商一致、共同发展、共同决策、共同治理，使独联体区域摆脱动乱与纷争，形成共同受益的国际关系新秩序。二是协调政治、外交、安全、防务等领域的各项事务，力争做到安全领域的合作及政治外交领域的协调与统一。筹建联合武装部队，对外采取一致行动，并以一种集体力量在国际事务中扮演角色。三是成员国间政治关系改变，并以建立具有超国家性的政治共同体为目标。简单地说，独联体区域政治一体化就是在政治上摒弃差异，通过各种机制，解决区域内部问题，对外"用一个声音说话"，确保独联体地区的集体利益，提高区域地位与影响力。

由于独联体区域政治安全形势及国际格局的变动，独联体区域政治一体化在某个特定时期得到了相对于经济一体化更多的重视，取得了一定的成绩。当然，独联体区域政治一体化也面临诸多困境，如一般区域政治一体化所面临的国家主权敏感性、机制有效性等约束，同时也有一些因素是独联体区域所特有的，如转型因素对政治一体化的影响、对新共同体性质的质疑等。

第一节 以区域共同治理为目的的组织与制度建构

以区域治理为主要目的的制度建构是政治一体化发展的初级层次。其本质在于"制定并实施有约束力的、涉及全社会的决策的调控系统"，为人们的行动提供"秩序与方向"①。独联体区域一体化进程中的区域治理，为各个成员国的经济发展和政治安全稳定设定了大致相同甚至统一的政策。但由于各国的政治制度及经济发展水平不同，政策的协调与统一仍须由一定的组织机构来完成。独联体国家间的多数交往尤其是阶段性一体化目标的实现主要由以国家间条约为基础的制度和组织机构运作来完成，从早期成立的独联体的组织机构到如今俄罗斯重点推进的欧亚经济共同体和集体安全条约组织机构所体现的规则与秩序。所以了解独联体区域一体化进程中以组织机构为依托的治理规则是理解独联体区域一体化向前推进的前提与基础。

一 组织与机构建设

制度安排与组织能力是政治一体化的基本要求。苏联解体后，为了处理善后事宜和防止出现区域混乱，保障所有成员国主权独立，独联体在治理机制上设置了将近 70 个机构及各种专门委员会②，包括决策机构国家元首理事会和政府首脑理事会，执行协调机构外交部部长理事会、国防部长理事会、边防军司令理事会、经济理事会等，日常管理机构执行委员会，立法机构独联体跨国议会大会，以及司法机构经济法院（见图 6-1）。

其中，国家元首理事会和政府首脑理事会是独联体最早成立的两个机构，于 1991 年阿拉木图峰会期间建立。根据《独联体宪章》，国家元首理事会是独联体的最高决策机构，有权讨论和决定独联体国家共同感兴趣领域的活动议题。由政府总理组成的政府首脑理事会负责协调独联体执行

---

① 〔德〕贝娅特·科勒-科赫、托马斯·康策尔曼和米歇勒·克诺特：《欧洲一体化与欧盟治理》，顾俊礼等译，中国社会科学出版社，2004，第 96 页。

② Petrov, R., "Regional Integration in the Post-USSR Area: Legal and Institutional Aspects," *Law and Business Review of the Americas* 10 (3), 2004, p.634.

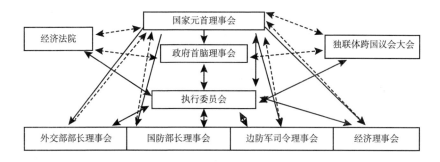

图 6 - 1　独联体治理结构

机构在经济、社会和其他共同感兴趣领域的合作，但其职责主要是在国家元首理事会的战略目标下处理经济问题①。外交部部长理事会、国防部长理事会、边防军司令理事会、经济理事会是独联体法定的执行协调机构。另外根据一些单独决议的规定，独联体的执行协调机构还包括大量的专门委员会，它们由各自国家机构的高级官员组成。主要为发展成员国间多方面的互动，促进各自专业领域决议的实现服务。这样的机构主要有：国家安全委员会、内政部长委员会、司法部长委员会、反恐中心、检察官协调委员会等。作为独联体制度框架的组成部分，执行协调机构非常类似于独立的组织，有自己的任务与功能。然而它们都遵守两个主要事实：第一，它们都是独联体主要机构国家元首理事会和政府首脑理事会的从属机构；第二，所有执行协调机构都有单一的目标，包括将独联体国家部门合作的主要方向具体化，为主要机构提供建议，促进决议的执行等。其中外交部部长理事会主要协调成员国的外交政治活动；国防部长理事会负责成员国军事政策和军事建设问题的协调与实际操作；边防军司令理事会主要负责独联体外部边界的保卫，并确保局势稳定；经济理事会的职责主要被限定在建立自由贸易区及其他经济社会合作领域。日常管理机构执行委员会是一个常设的管理机构，主要负责审查及秘书的工作，保证独联体各机构正常运转。独联体跨国议会大会因《独联体宪章》获得议会地位，并具有促进成员国立法的协调与统一，以及为国家立法协调统一提供建议的功

---

① Kembayev, Z., *Legal Aspects of the Regional Integration Processes in the Post-Soviet Area* (Berlin: Springer-verlag, 2009), p. 49.

能。经济法院是独联体的司法机构，主要功能在于促进独联体国家签署协议、条约，以及确保独联体各国按照统一程序构建制度。此外，经济法院还负责处理成员国间复杂的经济纠纷。

与独联体主要作为苏联国家联盟向单个主权国家过渡的转换机构不同，欧亚经济共同体主要以独立国家区域一体化方案的形式而建立，从一开始就具有明确的经济一体化议程，因此在治理制度设计上欧亚经济共同体与独联体明显不同。欧亚经济共同体的主要治理机构是跨国委员会、一体化委员会、议会大会和共同体法院，附属机构包括一体化委员会理事会、常驻代表委员会和秘书处，以及专门负责管理欧亚经济一体化进程的欧亚经济委员会、欧亚发展银行（见图 6 - 2）。

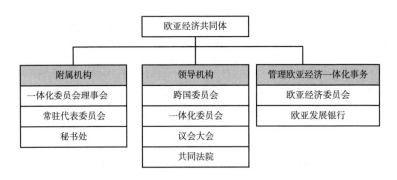

图 6 - 2　欧亚经济共同体的治理结构

跨国委员会是欧亚经济共同体的最高决策机构，由成员国国家元首和政府首脑组成。主要考虑与各国利益相关的共同体原则性问题，确定发展一体化的策略、方向与前景，其决策的做出主要考虑欧亚经济共同体的目标与任务[1]。一体化委员会是欧亚经济共同体的常设机构，其主要角色是支持欧亚经济共同体各机构间的互动，为跨国委员会准备决策草案与文件，监督跨国委员会决议的执行情况，以及提出共同体预算。此外，一体化委员会以理事会或委员会形式设有附属机构，代表特定的政策领域或某

---

[1]　Kaveshnikov, N. , "Developing the Institutional Structure of the Eurasian Economic Community," *Eurasian Integration Yearbook 2011*, ed. Vinokurov, E. （Almaty：RUAN Publishing Company, 2011）, p. 107.

一功能，如社会政策委员会、交通政策委员会、关税服务委员会、出口控制委员会等①。议会大会的主要目标是便利各国法律政策的协调，为共同体目标协调成员国议会法律，以及为成员国执行共同体条约提供机构及法律支持②。共同体法院为共同体法律提供统一解释，并处理成员国间的经济纠纷。常驻代表委员会是欧亚经济共同的一个重要附属机构，其任务是协调和调节成员间矛盾，支持共同体与各机构、制度及成员国间的互动，保证共同体的运行。一体化委员会秘书处负责跨国委员会和一体化委员会的工作组织和信息技术保障工作，由秘书长领导。

为推进欧亚经济一体化进程，俄罗斯、白俄罗斯、哈萨克斯坦三国建立了独立机构欧亚关税同盟委员会，2012 年以欧亚经济委员会取代欧亚关税同盟委员会。两个委员会都是专门管理与协调欧亚一体化进程（俄、白、哈关税同盟、统一经济空间、欧亚经济联盟）的功能性超国家机构。

2015 年 1 月 1 日，欧亚经济联盟正式运作，欧亚经济共同体随之解散。欧亚经济联盟是目前独联体区域主要的经济合作组织。根据欧亚经济联盟条约，其主要领导机构为最高欧亚经济理事会和欧亚政府间理事会。前者由成员国国家元首组成，提出联盟的战略、关键执行区域及发展前景。后者由成员国政府首脑组成，其权利涵盖 10 个领域，包括执行和监督条约，批准联盟的预算草案等。2012 年成立的超国家性机构欧亚经济委员会继续作为联盟的监管机构，对联盟一体化进程进行日常调节和监管。其决定即为联盟法律，对所有成员国具有约束力，成员国应完全执行。以上三个机构的权力优先顺序为最高欧亚经济理事会、欧亚政府间理事会、欧亚经济委员会。最高欧亚经济理事会和欧亚政府间理事会主要对欧亚经济委员会具有约束力，而并不直接约束成员国国内事务。联盟法院是欧亚经济联盟的专门司法机构，在联盟框架内解决国际条约执行情况的有关争论，执行管理机构的决定，但其无权做出决定。其裁决，如决定共同关税和联盟的

---

① Kaveshnikov, N., "Developing the Institutional Structure of the Eurasian Economic Community," *Eurasian Integration Yearbook 2011*, ed. Vinokurov, E. （Almaty：RUAN Publishing Company, 2011），p. 108.

② Kaveshnikov, N., "Developing the Institutional Structure of the Eurasian Economic Community," *Eurasian Integration Yearbook 2011*, ed. Vinokurov, E. （Almaty：RUAN Publishing Company, 2011），p. 109.

进口配额问题等，对成员国具有直接影响和直接约束力①。此外，成员国或经济主体如认为欧亚经济委员会的决定与上级机构决定或联盟一级法不符，可以向法院提起诉讼。委员会应在 60 天内执行法院做出的判决。欧盟经济联盟目前还缺少议会性机构（见图 6 - 3）。

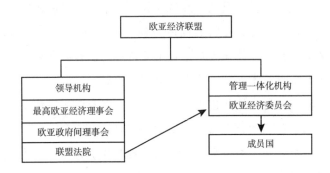

图 6 - 3　欧亚经济联盟的治理结构

欧亚一体化的金融机制是在欧亚开发银行（EDB）和欧亚稳定与发展基金（ESDF）框架内实现的。其中 EDB（6 个成员国，注册资本 15 亿美元，目前投资组合约 22 亿美元）是功能性的区域金融机构，在过去的 10 年中累计投资 48.5 亿美元。其优先任务是促进成员国间的相互贸易和投资②。ESDF 同样由 6 个国家组成，5 个欧亚经济联盟成员外加塔吉克斯坦。基金有双重功能：第一，为国家收支平衡、财政赤字以及货币稳定提供持续的贷款，相当于区域性的 IMF；第二，作为大型投资项目的债权人，加强区域合作。初始资本中，包括俄罗斯 75 亿美元，哈萨克斯坦 10 亿美元，白俄罗斯 1000 万美元，塔吉克斯坦 100 万美元，亚美尼亚 100 万美元，吉尔吉斯斯坦 100 万美元③。

独联体区域国家的军事合作主要由集体安全条约组织完成。根据《集体安全条约组织章程》，其主要目标是在应对国际恐怖主义和其他非

①　Vinokurov, E., "Eurasian Economic Union: Current State and Preliminary Results," *Russian Journal of Economics* 3 (1), 2017, p. 7.

②　Vinokurov, E., "Eurasian Economic Union: Current State and Preliminary Results," *Russian Journal of Economics* 3 (1), 2017, pp. 57 - 58.

③　驻哈萨克使馆经商参处，http://kz.mofcom.gov.cn/article/jmxw/200912/200912066958 16. shtml/，2009.12.24。

传统安全威胁方面进行政策协调与联合行动，成员国间互动关系主要体现为政府间主义。集体安全条约组织的机构设置主要包括最高决策机构集体安全理事会，磋商和执行机构外交部部长理事会、国防部长理事会、安全会议秘书委员会，常设日常管理机构常务理事会、秘书处，以及一些功能性组织如议会大会、联合参谋部等（见图 6-4)①。

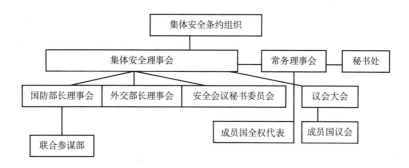

图 6-4 集体安全条约组织的治理结构

最高决策机构集体安全理事会由成员国国家元首组成，主要决定该组织的目标、任务等重大问题。其决议主要由常设理事会协调成员国执行，常设理事会由成员国根据它们自己的国内程序所指定的全权代表组成。磋商和执行机构外交部部长理事会主要负责协调成员国外交方面的合作，国防部长理事会主要负责成员国在军事政策、技术、建设方面的合作，安全会议秘书委员会主要负责国家安全保障方面的合作。秘书处是集体安全条约组织的最高行政机构，负责为各机构提供信息、咨询服务。2003 年根据杜尚别峰会决议成立的联合参谋部，主要作为国防部长理事会的常设工作机构，负责地区联合部队以及具体的反恐缉毒任务。2006 年成立的议会大会，负责讨论组织范围内的集体安全合作问题，制定成员国议会活动的联合建议。

二 区域治理规则与权力结构的形成

独联体建立的主要目的是保证成员国主权的独立，因此独联体的制度

---

① 柳丰华：《俄罗斯与中亚——独联体次地区一体化研究》，经济管理出版社，2010，第 176～177 页。

设计并不存在超国家性的权力，独联体国家间关系主要受政府间性治理机构的影响。其主要决策机构国家元首理事会和政府首脑理事会每年至少召开两次会议，非例行会议可以根据多数国家的倡议召开，如果需要两者可举行联席会议。两个机构决策均采用"一致通过"表决，程序性问题除外，"一致通过"意味着成员国没有反对意见。此外《独联体宪章》规定国家元首理事会考虑各国感兴趣的相关议题时，不能损害独联体其他国家的利益，体现了独联体多速和多水平的特点①。另外，独联体的主要执行协调机构外交部部长理事会、国防部长理事会、边防军司令理事会、经济理事会等与主要决策机构一样，除程序性问题外其决定也必须由成员国"一致通过"做出，而且它们的决定仅具有建议性质，还须交由主要机构考虑。协调成员国立法的跨国议会大会，其决定同样由代表团以"一致通过"方式做出。议会代表团由各国根据国内立法与程序选举或任命的代表组成。与以上机构的"一致通过"决策方式有所不同，独联体经济法院的最高级别组合"法院全体庭"以"多数通过"方式做出决定，当反对票与支持票相等时，决定被废除。但目前的现实是，部分独联体国家不愿意在法院解决纠纷。按规定法官虽具有独立地位，不得代表成员国的利益，但法官不会被独联体机构辞职，却会被自己的国家辞职。而且议会与法院的决定与执行机构一样，只具有建议与咨询的性质，对独联体的主要机构没有实质性的影响。由上可见，独联体虽建立了一套类似于欧盟的治理机构，但仍缺乏欧盟那样的联邦制安排，独联体的治理机制具有明显的政府间主义属性。

欧亚经济共同体为避免独联体决议有效性差的弊端，在制度设计中引入了加权投票法和融资方案。根据条约规定，国家元首会议每年不少于一次，政府首脑会议不少于两次，两者均采用"一致通过"机制进行决策。如果是关于将成员国开除共同体或是终止成员国资格的决议，须按"一致通过减1"的原则做出。一体化委员会的决策以"2/3多数"原则做出，如果表决时缺少一方，则不能按照"2/3多数"原则做出，须交由跨

---

① Kembayev, Z., *Legal Aspects of the Regional Integration Processes in the Post-Soviet Area* (Berlin: Spring-verlag, 2009), p. 48.

国委员会审议。各国在一体化委员会中的投票权数根据各国缴纳会费的多少决定，其中俄罗斯的会费占 40%，白俄罗斯占 20%，哈萨克斯坦占20%，吉尔吉斯斯坦与塔吉克斯坦分别占 10%。相应地，各国拥有的投票权数为 40、20、20、10、10 票[①]。欧亚经济共同体重要附属机构常驻代表委员会、共同体法院均使用 2/3 多数表决制[②]，投票权重分配与一体化委员会相同。这样俄罗斯通过欧亚经济共同体取得法定表决权的绝对优势，一项决议如果没有俄罗斯的同意是不可能通过的。新的权力分配，使俄罗斯取得了实质上的主导国地位。根据欧亚经济共同体条约，"所有协议对成员国具有强制性，执行协议是成员国应尽的义务"[③]。

欧亚经济联盟的主要管理机构为欧亚经济委员会，大约在 140 个领域内其管理具有超国家水平。委员会内设副总理级理事会和部长级理事会两大机构，分别是议事机构和执行机构，每国各出两名部长级代表，共由10 人组成。这种代表制削弱了俄罗斯在联盟内的主导性地位，尽管俄罗斯占联盟总 GDP 的 87%，但只有 20% 的投票权[④]。欧亚经济委员会工作人员实行国际招聘，不代表任何国家的利益。欧亚经济委员会作为联合部门运作，有权独立通过决议，并由各成员国政府强制执行。不同级别理事会的决议产生方式不同，副总理级的理事会决议，由成员国以"一致通过"原则做出，执行机构部长级理事会决议通过"有效多数"机制做出，每个成员国拥有一票的表决权[⑤]。欧亚经济委员会雇员实行国际招聘，其决议的强制约束力，以及部长级理事会的"有效多数"决策机制，表明欧亚经济委员会具有一定的超国家性。同时，一国一票的权力分配较好地

---

① 柳丰华：《俄罗斯与中亚——独联体次地区一体化研究》，经济管理出版社，2010，第197 页。

② Kaveshnikov, N., "Developing the Institutional Structure of the Eurasian Economic Community," *Eurasian Integration Yearbook 2011*, ed. Vinokurov, E. (Almaty：RUAN Publishing Company, 2011), pp. 108 - 111.

③ Kaveshnikov, N., "Developing the Institutional Structure of the Eurasian Economic Community," *Eurasian Integration Yearbook 2011*, ed. Vinokurov, E. (Almaty：RUAN Publishing Company, 2011), p. 110.

④ Vinokurov, E., "Eurasian Economic Union：Current State and Preliminary Results," *Russian Journal of Economics* 3 (1), 2017, p. 57.

⑤ Eurasian Economic Commission, *The Free Encyclopedia*, http：//en. wikipedia. org/wiki/Eurasian_ Economic_ Commission/, 2014. 12. 21.

解决了独联体区域一体化的关键问题之一，即成员国间经济发展水平不同导致的俄罗斯占有明显主导性地位的问题①。

集体安全条约组织的最高决策机构集体安全理事会，以及协商执行机构外交部部长理事会、国防部长理事会、安全会议秘书委员会等机构决议均以"一致通过"方式做出，每个成员国在权力分配上是相等的，即一国一票。以上各机构做出的决议是成员国必须遵守的，只是要按照成员国国内立法的程序予以执行。

通过以上对独联体区域主要一体化组织机构及其运行规则的分析可见，它们都具有大致相同的治理结构，如国家元首理事会、政府首脑理事会、议会、执行机构、常设管理机构及法院等。各结构良好的运行系统，以及关税同盟委员会及后来建立的欧亚经济委员会一定程度的超国家性，表明独联体区域具备了区域共同治理的制度基础，标志着独联体区域政治一体化已逐渐从较低水平向更高水平迈进。然而，各机构中的主要实体并没有被赋予超国家性的权力，国家间关系的运行仍主要服从于政府间性的理事会，同时超国家性的法律框架缺失，这些表明独联体区域政治一体化仍处于较低水平。

三　制度有效性

制度有效性是衡量政治一体化的重要指标。根据独联体的治理规则，其主要机构国家元首理事会和政府首脑理事会每年至少召开两次会议，两者还可举行联席会议。自独联体成立以来，已举行过多次首脑会议，通过了数项决议。初期的会议主要是解决由于苏联停止存在和撤销联盟机构所产生的法律继承问题，协调各成员国之间的种种纠纷，后来的会议多以推动独联体经济和政治一体化为中心内容。根据欧亚发展银行的统计数据，自2000年到2008年独联体举行了22次国家元首理事会和20次政府首脑理事会（见表6-1）。根据《欧亚经济共同体条约》规定，跨国委员会中国家元首会议每年不少于一次，政府首脑会议不少于两次。自欧亚经济

---

① Libman, A., "Commonwealth of Independent States and Eurasian Economic Community," *The Democratization of International Organizations*, 2011, p. 58.

共同体成立到 2008 年，国家元首与政府首脑级别的委员会分别召开了 11 和 14 次会议[①]。可见，独联体及欧亚经济共同体主要决策机构的定期会议基本能够按照制度规定召开。

表 6 - 1　独联体国家元首理事会与政府首脑理事会召开情况（2000 ~ 2008 年）

会议类别	2000 年	2001 年	2002 年	2003 年	2004 年	2005 年	2006 年	2007 年	2008 年	总数
国家元首理事会	4	3	2	3	1	2	2	2	3	22
政府首脑理事会	3	3	2	2	2	2	2	2	2	20

资料来源：Vinokurov, E., *The System of Indicators of Eurasian Integration 2009*（Almaty：RUAN Publishing Company, 2010），p. 100。

　　主要机构通过决议的执行情况也是制度有效性的重要标准。独联体主要机构没有超国家性因素，所有决议均采用"一致通过"原则表决，难以形成有效的约束力，其通过的决议多数得不到执行。在独联体的框架下成员国批准协议不受时间限制，成员国有权决定是否批准签署的协议。所以到 2000 年仅有一半的国家批准了其所签署协议的 40% ~ 70%，批准的协议也通常不被执行[②]。与独联体相比，两个主要次区域一体化组织欧亚经济共同体与集体安全条约组织的制度构建具有一定进步性，欧亚经济共同体条约第 9 条规定，所有决议对成员国具有强制性[③]。《集体安全条约组织章程》也规定，所有机构通过的决议是成员国必须遵守的。从实际执行情况来看，与独联体相比，两个次区域组织决议的执行比例有较大提升，自独联体成立到 2008 年，其决议的执行仅占通过决议的 15%，而欧亚经济共同体与集体安全条约组织的这一比例分别达到 52% 与 67%（见表 6 - 2）。但总体而言，无论是生效的决议还是真正执

[①]　Vinokurov, E., *The System of Indicators of Eurasian Integration 2009*（Almaty：RUAN Publishing Company, 2010），p. 100.

[②]　Kaveshnikov, N., "Developing the Institutional Structure of the Eurasian Economic Community," *Eurasian Integration Yearbook 2011*, ed. Vinokurov, E.（Almaty：RUAN Publishing Company, 2011），p. 110.

[③]　Kaveshnikov, N., "Developing the Institutional Structure of the Eurasian Economic Community," *Eurasian Integration Yearbook 2011*, ed. Vinokurov, E.（Almaty：RUAN Publishing Company, 2011），p. 110.

行的决议比例都不高，表明独联体区域主要一体化制度的有效性还比较弱。

表6－2　独联体及主要次区域组织通过决议及执行情况

	欧亚经济共同体(2000~2008)		集体安全条约组织(2000~2008)		独联体(1991~2008)	
总决议	90	100%	27	100%	1850	100%
生效决议	58	64%	22	81%	1831	99%
执行决议	47	52%	18	67%	284	15%

资料来源：Vinokurov, E., *The System of Indicators of Eurasian Integration 2009* (Almaty: RUAN Publishing Company, 2010), p. 105。

第二节　具有一体化性质的集体安全合作与政治合作

独联体国家间集体安全合作与政治合作主要是在集体安全条约组织的框架下进行的，依托这一机制，各国在区域政治一体化方面取得了一定成就，同时也面临一些困难。

一　集体安全合作

在独联体区域内，安全合作一直是区域一体化合作的重点。除了独联体成员国之间的一般性安全合作之外，在次区域级别上建立了集体安全条约组织这样的一体化机制。独联体区域的集体安全合作主要体现在集体安全条约组织内部的合作中。

（一）强力部门的合作

集体安全条约组织成员国强力部门之间已经建立了良好的合作关系，如国防部长委员会、边防部队领导人委员会、安全和情报部门负责人委员会、内务部长委员会、检察长委员会、海关委员会、比什凯克反恐中心、杜尚别打击有组织犯罪协调委员会等。

（二）军事力量构建取得进展

1. 地区联合部队的组建

地区联合部队是成员国统一部队的一部分，由成员国部分武装力量及装备组成，接受联合司令部指挥并部署在成员国国内。该部队既可以遏制对成员国的侵略，又可以在联合国等国际组织的授权下参与维和行动。部队主要来自以下 3 个地区。在东欧方向，俄罗斯与白俄罗斯在俄白联盟国家军事组织框架下，根据 1997 年 12 月签署的《关于联合保障地区军事领域安全协议》和 2000 年 7 月俄白联盟国家国务委员会的决议组建了俄白联合部队。俄白联合部队在培训、动员、部署、使用及后勤与技术保障方面采取联合措施。在高加索方向，俄罗斯与亚美尼亚根 2000 年 9 月双方签署的《关于共同规划使用联合部队保障共同安全协议》建立了俄亚联合部队。俄亚联合部队在指挥、定期演习、干部培训、军事基础设施使用、情报交流等方面采取联合措施。在中亚方向，根据 2001 年 5 月集体安全条约埃里温峰会批准的《关于集体安全中亚地区联合快速反应部队的规定》等文件，俄罗斯与哈萨克斯坦、吉尔吉斯斯坦、塔吉克斯坦 3个中亚国家组建中亚联合快速反应部队。部队平时归属本国领导，战时接受联合快速反应部队司令部统一指挥①。

2. 集体快速反应部队的建立

因为俄美在独联体地区争夺的白热化，加上俄格冲突、恐怖主义、宗教极端主义不断威胁着独联体南部国家安全，集体安全条约组织加大了行动力度。2009 年 6 月俄罗斯、哈萨克斯坦、吉尔吉斯斯坦、塔吉克斯坦、亚美尼亚五国签署了《建立集体快速反应部队协议》，10 月白俄罗斯补签。集体快速反应部队由各签字国机动部队、护法机构、安全机构、应对紧急情况机构人员组成。和平时期在各自常住地驻扎，发生紧急情况时由集体安全条约组织理事会统一部署。主要任务是抵御军事侵略，打击国际恐怖主义和极端主义，打击有组织的国际犯罪和贩毒活动，以及应对自然灾害和其他各种紧急局面。它标志着集体安全条约组织成员国拥有了应对安全威胁的快速反应机制。

3. 联合军事行动的开展

为抵抗侵略、反恐、维和及进行统一防空，在独联体及集体安全条

---

① 柳丰华：《俄罗斯与中亚——独联体次地区一体化研究》，经济管理出版社，2010，第184 页。

约组织框架下，独联体相关国家已开展多次联合军事演习。2004 年 8 月 9 日集体安全条约组织六国举行"防线—2004"反恐军演；独联体联合防空系统于 2005 年 6 月 25 日进行了"友谊—2005"军事演习；集体安全条约组织 2006 年 8 月 23 日在哈萨克斯坦境内举行代号为"边界—2006"的大规模联合军事演习；集体安全条约组织 2008 年 10 月 22 日在亚美尼亚举行"边界—2008"大规模军事演习；2009 年 10 月 17 日集体安全条约组织"协作—2009"联合军演；2010 年 10 月 25 日集体安全条约组织快速反应部队在俄罗斯举行代号为"协作—2010"的演习；2011 年 9 月 23 日集体安全条约组织联合代号为"中央—2011"的战略军事演习；2012 年 9 月 15 日代号为"合作—2012"的集体安全条约组织联合军事演习在亚美尼亚境内举行；2013 年 10 月 7 日，在俄罗斯举行代号为"牢不可破的兄弟情—2013"的集体安全条约组织成员国联合维和演习。

4. 统一防空体系初见成效

苏联的解体和冷战的结束，瓦解了苏联构建的统一、庞大的防空系统。新独立国家为确保各自领空免遭侵犯，除阿塞拜疆和摩尔多瓦外的 10 个独联体国家，于 1995 年 2 月 10 日签署《建立联合防空体系协定》，该协定明确了联合防空体系的主要任务、建设原则、工作机制，初步建立起联合防空体系。独联体国家间联合防空体系的建立，开启了独联体国家间集体安全合作与军事一体化的大门。为完善防空体系，解决作战效率低下等问题，俄罗斯制定了先在东欧、中亚、高加索 3 个地区建立区域性防空体系，最终建成整个独联体区域统一防空系统的方针。目前俄罗斯已与白俄罗斯、中亚部分国家、亚美尼亚签署了统一防空系统协议，统一防空体系已见成效。

5. 在军事技术、军事经济以及军人培训方面的合作

集体安全条约组织建立以后，成员国间在军事技术方面的合作逐步展开。主要内容包括在军工产品研制与生产、军工产品供应及维修与改进、干部与专家培训、军事基础设施的使用等方面开展合作。与军事技术相关的军事经济合作，目的在于恢复成员国军工企业之间的联系。为此，2006 年对原属于独联体的军事—经济合作国际委员会进行重组，2008 年在该

委员会下设立了由集体安全条约组织成员国大型军工企业负责人组成的事务委员会，保证了有效务实的合作。在集体安全条约组织的框架内俄罗斯仍然保持同这些国家的军工企业的合作，或购买这些国家的军工产品，或进行投资，或共同合作完成对第三国的出口，等等。军人培训也是集体安全条约合作的重要内容，2005 年 6 月签署了集体安全条约组织成员国军事干部培训协议。军事干部培训由固定的军事院校来组织，培训费用由接收方负责，因此俄罗斯在军人培训方面承担很大的责任。

6. 边境安全保障体系实现平稳过渡

苏联解体后，在尝试建立统一武装力量失败的情况下，各国独立建军。但大部分国家尤其是中亚各国没有独立保卫自己边界的能力，所以解体初期，独联体大多数国家的边界由俄罗斯帮助守卫。随着各国军事能力的增强，俄罗斯逐渐把边界防务向各国边防军移交，边境安全保障体系平稳转换为成员国自主管理体系。但俄罗斯保留了大部分边防设施或边防局作战组，为各国边防部门提供咨询服务。此外，俄罗斯与集体安全条约组织成员国经常交换边界形势和边防军活动的信息，共同制订和实施打击边界犯罪活动的计划。

7. 打击和防范非传统安全威胁成果显著

通过集体安全条约组织，成员国不仅在以上传统安全合作方面取得一定成绩，而且在打击和防范非传统安全威胁方面也取得显著成果。例如，集体安全条约组织成员国每年举行的反恐军事演习及反恐活动的制度化，为全球反恐贡献了力量。在打击毒品走私方面，成员国从 2003 年起每年举行"通道"的联合演习，切断了毒品从阿富汗北部的运送通道。在自然灾害的处理上，2007 年成立紧急状态协调委员会以应对自然灾害。此外，在打击非法移民方面，集体安全条约组织成员国密切配合，打掉多个贩卖团伙，处罚大量非法移民，并与相关国际组织密切合作，提高了集体安全条约组织的合作水平。

二 政治合作

独联体区域的政治合作主要表现为外交政策和立场的协调与统一，以及以一个整体的力量在国际事务中发挥重要作用。

（一）对外政策的协调与配合

集体安全条约组织的主要职能之一就是成员国就国际和地区热点问题进行磋商，协调政策，统一立场，用一个声音说话，这是政治一体化的主要表现。集体安全条约组织成员国在前面所述各级磋商机制下，就很多重大国际问题进行了立场的协调与外交的合作。例如，就阿富汗问题，集体安全条约理事会多次发表联合声明，强调通过联合国调节冲突，并表示积极参与国际反恐联盟的行动，呼吁尽最大努力恢复阿富汗局势；关于伊拉克问题，集体安全理事会发表政治声明，强调必须尽快恢复伊拉克主权，并间接谴责美国在伊拉克的单方行动；关于外国在成员国领土建立军事基地问题达成协议，规定任何成员国要想在其领土上建立外国军事基地，必须得到所有成员国同意；针对伊朗核问题以及朝鲜核问题，集体安全条约组织都提出使用政治和平手段来解决问题的声明。此外，就莫斯科人质事件、格鲁吉亚政变、乌兹别克斯坦恐怖袭击进行磋商活动；关于北约东扩问题，成员国进行磋商并统一立场；就欧洲反导系统、叙利亚局势表达共同立场，在面对非传统安全威胁时采取联合行动。虽然集体安全条约组织成员国在外交与安全领域的政策协调与配合还没有达到欧盟那样的水平，但基本实现了外交与安全政策的协调与配合。

（二）作为一个整体与其他国际组织建立联系

独联体在建立初期，经常以一个整体的名义参加各种体育赛事，如参加巴塞罗那奥运会。集体安全条约组织作为一个整体与联合国签署了合作宣言，并获得联合国大会观察员地位。除联合国外，集体安全条约组织还与欧洲安全条约组织保持交往，经常参加欧洲安全组织有关安全问题的论坛，参加成员国外长会议，以及欧安会秘书处的活动。此外，集体安全条约组织还同区域内一些一体化组织，如欧亚经济共同体、上海合作组织及独联体等建立了工作关系，并将同北约进行合作。

第三节　构建一体化政治共同体的努力

在政治学的视野中，政治共同体是个宽泛的概念，不同政治学家对政治共同体的理解有所不同①。其一般性要素是，共同体成员要具有共同的利益，并且拥有共同的治理机构。从这一意义上说，亨廷顿认为，每个国家都是政治共同体，对国家政治制度的合法性具有绝对多数的共识②。政治制度与政治力量之间的关系反映了政治共同体的发展程度。对于普通政治共同体而言，可能只是建立在纯粹的民族、宗教或职业基础之上，不需要有高度发达的政治机构和制度，然而，社会成分越复杂，种类越繁多，其政治共同体的成就取得与维护就越依赖于政治制度的运作。因此，复杂社会中政治共同体的优劣取决于社会上政治组织的力量和运作程序③。根据政治共同体的一般性构成要素及亨廷顿对国家政治共同体的论述，国家间由于共同的利益也可能建立政治共同体，其共同的利益在于共同的政治、经济与安全利益，为了有效实现共同利益，这些国家集团往往会建立处理有关各成员国经济、外交和安全事务的政治机构和制度。国家间政治共同体的水平取决于成员国是否向政治机构让渡主权以及让渡主权的程度。区域政治一体化的最高目标是建立具有超国家性的政治共同体，实现一种类似于联邦制或民族国家式的政体，彻底改变成员国间政治关系。

一 独联体的性质与一体化政治共同体的萌芽

威斯特伐利亚体系所确立的国家主权独立与平等原则一直是处理国际关系的基本准则，之后出现的各类体系和条约，其原则均未超出主权独立与平等的范围，现代国际关系的性质仍是主权国家间独立平等的关系。在主权国家间建立政治共同体，要求建立超越国家的管理机构并向其让渡国

---

① S. P. 亨廷顿认为，政治共同体包括 3 个基本要素，对政治和道德规范的某种共识、共同的利益、体现道德一致性和共同利益的政治机构及政治制度。同时认为，一个社会所达到的政治共同体的水平，反映了构成该社会的各种社会势力与政治制度之间的关系。K. W. 多伊奇认为政治共同体是"辅之以强制和服从的社会互动者"，它由形形色色的政治行为者构成。E. B. 哈斯认为政治共同体最主要的因素不是地理区域而是政治关系，尤其是公共的政治权利以及公民对核心政治机构的忠诚。D. 伊斯顿对政治共同体的理解是，它以共同体成员共同的政治利益为基础，并拥有共同的治理机构。

② Samuel P. Huntington, *Political Order in Changing Societies* (New Haven and London: Yale University Press, 1973), p. 1.

③ Samuel P. Huntington, *Political Order in Changing Societies* (New Haven and London: Yale University Press, 1973), pp. 8 – 12.

家主权，在超国家机构内通过共同的制度规则管理内部的运行，实现有效治理。对于以地区一体化的渐进方式构建的国家间政治共同体来说，随着一体化的建立和深入，成员国国家主权与管理机构的权力关系反映了政治共同体的阶段——是具有较多主权转让、范围全面的超国家性政治共同体的最高阶段，还是没有主权转让的初级阶段，抑或是处于两者之间仅有部分主权让渡和范围仅限于政治安全领域的过渡阶段①。

为了防止苏联解体后可能出现的区域混乱，同时维护新独立国家的主权独立，在逐步克服分离主义倾向之后，独联体被赋予了实现区域合作乃至一体化的职能。为了实现这些共同利益，独联体设置了一套繁杂的治理机构，包括决策机构、执行机构、管理机构、立法机构与司法机构。在独联体的合作机制下，各国共同决策，如在国际安全、裁军、军备监督、军队建设以及经济合作方面实行政策协调。独联体国家对于经济与安全方面的相互依赖有着共同的认知，认识到共同利益的存在及对其进行保护的必要性，并通过正式的或非正式的地区合作规范与制度来维护这一共同利益，所以从构成要素来看，独联体具有政治共同体的性质。在独联体这一地区机制下，独联体的地区秩序与无政府状态下的地区秩序已有所不同，后者主要以地区形势和国家间关系处于不确定和紧张状态为特征，而独联体地区国家间关系在独联体这一机制下有着良性的互动，避免了区域的混乱。

但独联体的建立更多的是出于维护成员国主权独立的根本利益，其制度设计并不存在超国家性的成分。独联体虽然建立了司法机构、立法机构、执行机构等政治机构，但其职能并没有高于成员国国内的相应机构，对于国内的相应机构来说，独联体的机构仅发挥一种补充和协调作用。独联体决策机构的所有决议均使用"一致通过"的方式做出，而不是统一的超国家性的方式，可见各成员国并不存在向独联体政治机构让渡主权的行为。因此，独联体虽具有政治共同体的性质，但就其水平而言，仅是政治共同体的初级阶段。

---

① 多伊奇等将共同体分为安全共同体和政治共同体两种形式，并认为前者是共同体的低级阶段，后者为高级阶段。参见 Karl W. Deutsch et al. , *Political Community and the North Atlantic Area* (New Jersey, Princeton University Press, 1957), pp. 5 –7。

二　向最终一体化过渡的安全共同体

政治共同体是成员出于安全和经济的需要而建立的。因而，政治共同体需要解决如下问题，即把无政府、安全困境、经济危机、不稳定、不确定等结构性和制度性的不安全因素减到最少，甚至是消除，提供区域治理的规范及安全经济发展等公共产品。

独联体框架下的次区域一体化组织集体安全条约组织与独联体既有共同点，又有不同之处。集体安全条约组织同样是成员国出于共同利益而建立的，是为了处理并防止独联体国家内部及整个地区的武装争端，增强联合抵御能力，建立共同的防御空间。为了实现这一政治目标，该组织设有集体安全理事会、常务理事会等政治机构，从构成要素看是典型的政治共同体。

从水平上看，集体安全条约组织在某种程度上超越了萌芽状态的独联体。这是因为这一次区域政治组织集中了成员国的许多主权因素。比如，集体安全条约组织规定，各机构做出的决议是成员国必须遵守的；集体安全条约组织具有动用武装力量和发动局部军事打击的权力，这是国家主权的核心组成部分。这些权力的让渡使集体安全条约组织具有一体化超国家性政治共同体的特征。

但这种政治共同体与国家间政治一体化所要建立的超国家性政治共同体的最终目标还有很大距离。一方面，集体安全条约组织所提供的规范和公共产品并不涉及所有事物，虽然其成员与欧亚经济共同体类似，但集体安全条约组织并没有经济功能，作为政治共同体，其职能范围有限，因而仅是安全意义上的共同体；另一方面，集体安全条约组织的超国家性有限，其主要政治机构决议均以"一致通过"方式做出，超国家性机构缺乏权威，更谈不上联邦制式的统一中央政权。

三　俄白政治共同体

区域政治一体化的最终目标是建立类似于联邦制或民族国家式政体的超国家性政治共同体。独联体成员国的相互差异巨大，因此，区域内合作具有多重性和次区域特征。在一体化政治共同体建设方面也是如此。比如，俄白政治共同体是独联体区域政治一体化的最高样式，是独联体区域政治一体化向超国家性政治共同体迈进的先行者，是未来政治一体化共同体的核心。全区域一体化政治共同体建设方面可能还存在各种障碍和问题，道路和前景还不明朗，但俄白政治共同体的建立是这种区域政治共同体建立的有益尝试。

在独联体所有国家中，白俄罗斯与俄罗斯的关系最为密切。苏联时期，白俄罗斯是重要的"装备车间"，其重要工业是以机器制造为主的制造业，因此在原料供应方面严重依赖其他的苏联加盟共和国，尤其是俄罗斯①。同时，白俄罗斯国内亲俄反西方政党占统治地位，因此与乌克兰认为对俄罗斯的经济依赖是一种威胁不同，白俄罗斯将这种依赖看作实现国家利益和安全的重要战略基础。白俄罗斯在经济方面对俄罗斯比其他独联体国家更依赖，这决定了其在对外政策方面与俄罗斯会有更密切的合作。而且，这种合作可为白俄罗斯带来实实在在的利益，如经济方面的具体收益，政治安全方面可以获得俄罗斯的安全保护，以及提高在独联体国家中的地位等。对于俄罗斯来说，与白俄罗斯的合作可以增加独联体的向心力，增强俄罗斯在独联体区域一体化中的主导地位，更重要的是可以缓解北约东扩的压力，具有安全收益。俄白结盟符合两国的国家利益。俄白政治共同体的建立经历了共同体、同盟、联盟3个阶段。根据俄白联盟条约及行动纲领的规定，俄白联盟具备超国家性政治共同体的特征。两国将建立统一的最高国务委员会、部长理事会、法院、议会及审计院等超国家性机构，实行共同防卫、共同预算，拥有共同的安全空间及经济空间，可能还会有自己的国歌、国旗、宪法，并统一公民国籍。可见俄白联盟虽不是一个统一的民族国家，但又不同于独联体及集体安全条约组织等政治共同体的萌芽及过渡模式，已初步具备了高级阶段超国家性政治共同体的一些特征。

第四节　独联体区域政治一体化的困境

综观独联体区域的政治一体化，虽然取得了一定成就，但就其整体而

---

① 根据 Burant，1993 年，白俄罗斯 86% 的石油和 100% 的天然气从俄罗斯进口。俄罗斯 51% 的卡车、44.4% 的拖拉机、42.8% 的冰箱、42.8% 的冷冻机和 42.8% 的丝绸购自白俄罗斯，俄白经济具有相互依赖性，尤其是白俄罗斯对俄罗斯的依赖较大。

言水平仍然较低。独联体区域各一体化组织的主要机构的性质仍为政府间性；独联体区域的经济治理仅完成制度性搭建，其治理效果并未显现；安全、防务等领域也仅限于集体安全和某些政治议题的协调与合作，与让渡政治主权才能形成的共同安全与防务政策还相距甚远；在政治共同体建设方面，俄白联盟被普遍认为具有超国家性政治共同体含义，是独联体区域政治一体化的典型，但实际上俄白联盟的进展并不顺利，甚至停滞不前；俄罗斯提出的超国家实体欧亚联盟构想，主要参与国更多强调经济一体化，而对政治一体化持明确保留态度，其实质性进展也仅限于经济一体化。

独联体区域政治一体化的较低水平或者说停滞不前，对于其原因的解释，有的强调独联体区域国家的不同质性、外部力量的约束、俄罗斯因素等，而更多的是强调新独立国家特殊的国家主权敏感性，但对主权敏感性的来源及其与区域政治一体化的互动缺乏应有的解释。因此，要真正了解独联体区域政治一体化的困境，还需像乔治·凯南所揭示的那样，去了解其行为的内在根源，要认识独联体区域政治一体化的特殊性——转型因素在多大程度上影响了其政治一体化的决策和进程。

一　转型因素对独联体区域政治一体化的影响

全球化及国际格局调整的体系因素决定了独联体区域国家政治一体化选择中的类似特征，体现了国际关系各主流理论所强调的体系因素对单位（国家）对外决策的重要影响。然而，不可否认，国内政治同样是影响国家对外政策选择的重要因素，国内政治也因此成为学者解释国家区域一体化政策选择的重要工具。但由于国内政治变量具有多元性与复杂性，学界不仅对国内政治变量本身缺乏明确统一的界定，而且对各变量与区域一体化政策选择间的因果关系也没有取得共识。例如，最早关注国内政治对区域一体化影响的西蒙·布尔默（Simon Bulmer）认为，欧洲一体化进展缓慢的原因在于各国政治组织、政党、利益集团和议会等行为体都介入了国家及欧共体的决策，同时各国在政策结构、机制、内部条件、利益、集权程度以及与外部世界的关系等方面存在不同，共同决定了成员国在共同体

中的行为及敏感性不同①。安德鲁·莫劳夫奇克（Andrew Moravcsik）认
为，国家政府作为理性的行为者，主要追求国内目标和利益②。塞杨安
（Se Young Ahn）在解释中、日、韩 FTA 进展缓慢的原因时，主要关注选
民的不同利益、选民的反映、政治家与团体的政治活动、政治领导人等国
内政治变量对各国 FTA 政策的影响③。亚历山大·钱德勒（Alexander
C. Chandra）认为印度尼西亚参与东盟区域整合的障碍在于民众对区域整
合信息不了解以及参与机制不完善④。南辛格（Jewellord T. Nem Singh）
认为只有成员国国内制度民主化、透明化，才能实现东南亚区域一体
化⑤。国内学者赵银亮也认为东南亚区域主义的发展根源在于各成员国国
内政治向民主化的转型⑥。韦红、邢来顺认为东盟各国脆弱的政治生态对
东盟一体化进程产生了消极影响，而不是有些学者所认为的缺乏民主⑦。
从中可见，国内政治不仅是解释区域一体化政策选择的重要工具，也是考
察区域一体整合困境的重要视角，只是不同国内政治变量对解释不同区域
一体化都有其适用性和解释力的适度性。因此，在具体的区域一体化案例
分析中，仍然需要找到更为适合的分析变量，以理解和解释不同区域一体
化的困境。

苏联解体后，新独立国家都面临着建立独立主权国家与转型的双重任
务。既要通过制度转型建立新的国家制度，同时又要在转型过程中确保国
家的主权与独立不受外部干扰。政治一体化在本质上主要体现为主权的让

① 肖欢容：《地区主义理论的历史演进》，博士学位论文，中国社会科学院研究生院，2002，第 63 页。
② Obydenkova, A., "Comparative Regionalism: Eurasian Cooperation and European Integration. The Case for Neofunctionalism?" *Journal of Eurasian Studies* 2 (2), 2011, p. 90.
③ Ahn, Se Young, "Domestic Politics of FTAs and Negotiation Strategy for Economic Integration in East Asia: The Korean Perspective," Asia-Pacific Economic Association Conference, University of Washington, Seattle, 2006, pp. 10 – 11.
④ Chandra, A. C., *Indonesia and the ASEAN Free Trade Agreement: Nationalists and Regional Integration Strategy* (Kentucky: Lexington Books, 2008).
⑤ Singh, Jewellord T. Nem, "Process of Institutionalisation and Democratisation in ASEAN: Features, Challenges and Prospects of Regionalism in Southeast Asia," *UniSci Discussion Papers* (16), 2008, pp. 141 – 168.
⑥ 赵银亮：《民主化与区域主义相关性研究》，《东南亚研究》2011 年第 2 期。
⑦ 韦红、邢来顺：《国内政治与东盟一体化进程》，《当代亚太》2010 年第 2 期。

渡，因此转型及由其导致的国内政治因素是考察独联体区域政治一体化必须考虑的重要问题。正如亚历山大·利布曼（Alexander Libman）所言："转型加剧了独联体区域国家的分散化。"[①]

（一）转型中政治秩序衰微，加剧主权敏感性

纳扎尔巴耶夫多次强调，哈萨克斯坦并不希望因为过多参与欧亚一体化进程而缩小自己的外交和国际经贸合作空间，更不愿意看到自己的政治主权让渡。哈萨克斯坦的最终目的是实现本国经济利益最大化[②]。白俄罗斯也强调，欧亚联盟的基石是国家主权。可见，独联体区域政治一体化的较低水平及停滞主要源于各国不愿牺牲主权和独立，即各国对主权让渡具有高度敏感性。而独联体区域国家之所以对主权高度敏感，除了传统观念与历史记忆外，一个重要原因在于转型进程中的独联体区域国家政治秩序的脆弱性，加剧了主权敏感性。

苏联解体后，各新独立国家即开启了转型之路。或激进或渐进，但无一例外都与苏联时期的制度与模式决裂。但突变式的政权转换没有取得预期效果，旧制度轰然倒地，新制度还没有建立起来，国家治理能力滞后。新政权无法在短时间内完成各领域纷繁复杂的转型任务，也没有能力对改革的优先顺序做出合理的安排。多数国家内部政局不稳，民族矛盾激烈，动乱频现，国家政权面临被颠覆的危险。在这种情况下，各国最迫切的任务是建立新的国家认同感，消除动乱，维护政权稳定与国家安全。独立后各国政治秩序的脆弱性从一开始就赋予了独联体区域一体化两个基本的特征。一是将"尊重国家主权，互不干涉内政"作为处理成员国间关系的基本准则。这在《明斯克协定》《独联体宪章》等重要独联体区域一体化条约中都有所体现。二是将经济一体化视为维护国家安全、政权稳定及国家有效治理的重要工具。可以说在独联体区域经济一体化最初的一段时间里，经济收益不是其主要目标，主要目标是维护政权稳定、国家安全，更好地实现国家治理。

独联体区域国家政治秩序的脆弱性至今没有得到根本性改变，国家政

---

① Libman, A., "Federalism and Regionalism in Transition Countries: A Survey," *Munich Personal RePEc Archive Paper*, 2008, p. 1.

② 李兴：《普京欧亚联盟评析》，《俄罗斯研究》2012 年第 6 期。

权的合法性、稳定性、安全性及各种其他转型性危机在多数国家都不同程
度地存在着。随着转型进程的推进，各国在形式和结构上确立了西方的民
主制度，但事实上多数国家的政治结构仍以集权和不同权威水平的层次关
系为主要特征①。例如，有些国家逐渐确立了总统集权制的威权政体②。
总统集权虽是这些国家迫于政治动荡不得已进行制度调整的结果，并在一
定程度上确保了国家统一及社会稳定，能够实现一时的有效治理。但权力
封闭会造成政治腐败、政治权力对经济领域的过度控制、权力转移的非常
规化或非秩序化等内生性矛盾，总统集权政体无疑对其缺乏调节能力。如
果这些矛盾持续发酵，必然会极大地削弱大众对现有体制的政治认同感，
从而造成转型时期的政治合法性危机，难以实现永久的有效治理。有些国
家则一直在总统和议会的权力中摇摆，如乌克兰，独立至今有多次重大权
力转换，政权更迭频繁，陷入政治危机的恶性循环之中，国家治理能力衰
弱，国家政权不稳，腐败现象丛生，民族矛盾仍然激烈，国内政治秩序衰
微似乎已成为常态。总之，独联体区域多数国家当下仍处在一种不稳定的
发展状态中，其政治秩序的巩固还需要漫长的时间，转型进程仍在继续。

　　独联体区域多数国家仍没有完成转型任务，对外还没有形成足以应对
国际风云变幻的完善政治经济制度，对内也缺乏健全的维护政治秩序的国
家治理体制，因此转型期不可避免地存在政权合法性缺失、政治秩序衰微
等国家治理危机。转型期各国仍面临诸多内部危机，再加上西方等外部力
量的渗透，独联体区域多数国家对具有主权转移性质的政治一体化望而却
步，而仍然固守主权至上、不干涉内政的原则。对主权的高度敏感性使独
联体区域国家在一体化过程中难以建立超国家性的管理及监督机构，即使
已经建立，也缺乏强制力去保证相关条约的实施，致使政治一体化进程
受阻。

　　本书无意评价独联体区域国家的转型绩效，也并不旨在强调政治民主

---

① Libman, A., "Federalism and Regionalism in Transition Countries: A Survey," *Munich Personal RePEc Archive Paper*, 2008, p.1.

② 如俄罗斯、阿塞拜疆、吉尔吉斯斯坦等，虽实现了政权的合法、顺利转移，但在位总统有的通过修宪等手段提前取消了任期限制，有的则延长自身的任期。白俄罗斯、哈萨克斯坦、塔吉克斯坦、土库曼斯坦、乌兹别克斯坦等则从未发生权力转移。

化与区域一体化之间的因果关系，而主要关注独联体区域国家由于没有完成制度重建的转型过程，因此缺乏制度相对稳定国家那样的治理有效性，从而加剧主权敏感性，阻碍政治一体化进程。正如亨廷顿所指出的："各国之间最重要的政治分野，不在于它们政府的形式，而在于它们政府的有效程度。有的国家政通人和，具有合法性、组织性、有效性和稳定性，另一些国家在政治上则缺乏这些素质；这两类国家之间的差异比民主国家和独裁国家之间的差异更大。"①

（二）转型进程不同，政治多样性制约政治一体化

一个原来被看作内聚性的地区一旦被打开，立即表现出了政治上和经济上的多样性②。尽管独联体区域国家的转型过程有着某种趋同的表象，即对民主与市场的共同追求。然而不同的逻辑起点、不同的约束条件、不同的目标模式，尤其是不同的转型方式，使独联体区域国家的转型表现出多样性特征。转型多样性的重要表现，是到目前为止独联体区域各国的制度构建状况与国家治理能力不同。有的国家仍处于转型启动后到新制度体系基本形成的阶段，有的国家则处于新制度矩阵基本确立到制度矩阵适应性效率发挥出来的阶段③。对于后一类国家来说，其已完成经济市场化与政治民主化的制度构建，有足以应对国际风云变幻的完善的政治经济制度，对内拥有健全的政治体制，即国家具备一定的对外行动及对内治理能力。而前一类国家可能并不具有这些能力或者说能力较弱。如已经完成符合本国国情的民主化进程并被欧盟、美国确认为"市场经济国家"的俄罗斯，与其他没有实现民主化并处于市场经济发展初期的独联体区域国家之间，在对外行动能力及国家治理方面就存在着较大的差距，其主权敏感性也不同。制度构建较为成功的国家相对于不成功或者没有完成制度构建

---

① 〔美〕塞缪尔·P.亨廷顿：《变化社会中的政治秩序》，王冠华等译，上海人民出版社，2008，第1页。
② 冯绍雷：《原苏东、南欧、拉美与东亚国家转型的比较研究》，《世界经济与政治》2004年第8期。
③ 程伟、徐坡岭将转型启动到最终结束的一个完整的转型时间段分为三个时间节点，依次为"从改革到转型启动"、"从转型性无序到新秩序形成"和"从新秩序形成到新制度矩阵发挥出适应性效率"。引自程伟、徐坡岭《中东欧独联体国家转型比较研究》，经济科学出版社，2012，第47页。

的国家而言，主权敏感性较低①。独联体区域各国处于不同的转型时间节点，具有不同的主权敏感性，制约着各国政治一体化的取向。

独联体区域国家转型的多样性、历史及政治起点的差异成就了各国政治的多样性，表现为各国政治制度、意识形态、文化、经济政策以及民族与宗教领域等的不同。而正如卡尔·多伊奇所言，成员间主体价值的互适性和相互行为的可预测性是区域一体化启动特别是一体化深入的一个很重要的条件。因此独联体区域国家在政治上的多样性必然会对各国在政治上的协调与合作产生消极影响。例如，由于政治制度和意识形态存在差异，某些独联体国家提出建立意识形态同盟，乌克兰与格鲁吉亚倡导建立"民主选择共同体"以分裂甚至瓦解独联体，这必然会限制独联体区域政治一体化的深化与发展。更重要的是，政治多样性本身就是低水平政治一体化的表现。

二 对新共同体性质的质疑

尽管普京多次强调，独联体区域一体化是建立在自愿及新政治经济原则基础上的，俄罗斯并不打算复苏帝国，但美欧等西方国家及一些观察人士仍将俄罗斯借助区域一体化的战略视为复兴苏联的举措。自普京 2011年提出欧亚联盟的构想，就遭到美国和其他西方国家的激烈反对，被西方国家斥为"恢复帝国，重建苏联"。

美国原国务卿希拉里曾警告说，普京把苏联加盟共和国团结在一起组建欧亚联盟和关税同盟的倡议是"4 使该地区重新苏联化的举动"②。美国《国家利益》杂志认为，"欧亚联盟"寄托了普京"复活苏联"的梦想③。

---

① 如果以西方民主、市场的标准来衡量，学界一般认为，乌克兰和格鲁吉亚已完成民主化，俄罗斯也完成了符合本国国情的民主模式，中亚各国和白俄罗斯则属于前一类国家，实质上的民主并没有实现。在市场化方面，参考世界银行、欧洲复兴开发银行及学者们的观点：俄罗斯、格鲁吉亚、亚美尼亚和乌克兰市场化进程最快；白俄罗斯、乌兹别克斯坦、塔吉克斯坦、土库曼斯坦最慢；其他国家处于中等水平。

② 新华网：《俄报：普京痛批希拉里"苏联复活言论"》，http://news. xinhuanet. com/world/ 2012 – 12/12/c_ 124083528. htm/，2012. 12. 12。

③ 世界新闻报：《普京上台推进"欧亚联盟"战略 美媒称其复活苏联》，http:// www. southcn. com/nfdaily/ international/ content/ 2012 – 6/5/content _ 47321064. htm/， 2012. 6. 5。

同时，乌克兰等多数独联体国家也对俄罗斯力推一体化的做法有所疑虑。各方对独联体区域一体化的最终目标即建立超国家性政治共同体的怀疑决定了独联体政治一体化不可能一帆风顺。究其原因，这与独联体区域一体化的特殊性及俄罗斯的大国沙文主义传统有关。

与其他区域的一体化相比，独联体区域一体化的特征之一在于，它是在苏联基础上的一体化。尽管苏联是否存在一体化值得商榷，但一个不争的事实是：独联体区域各国均脱胎于苏联，苏联遗产必然会对独立后各国的一体化产生重要影响。一方面，各国相互联系、相互依存成为构建区域一体化的重要物质基础；另一方面，苏联时期遗留下来的矛盾和问题也会成为各国一体化的羁绊。苏联曾是一个伟大的国家，在很多方面取得了辉煌的成就，影响深远。其极权主义的政治制度和高度集中的计划经济模式在建国初期发挥了重要的作用，但由于缺乏必要的权力监督，效率低下等弊端逐渐暴露并最终走进了死胡同，苏联体制对许多人来说是一种悲剧。因此尽管独立后一些国家及政治精英表达了对苏联解体的惋惜，但并不想回归苏联。更重要的是，各加盟共和国在历史上都不同程度地受到大俄罗斯沙文主义的压迫与歧视。对于其他独联体国家来说，影响其安全的主要外部因素就是俄罗斯，俄罗斯既是其安全的"提供者"，也是"威胁者"。其他独联体区域国家对俄罗斯安全的依赖成为其与俄罗斯政治一体化的重要动力，同时俄罗斯对独联体其他国家安全的威胁又成为政治一体化的阻碍因素，各国不想因与俄罗斯的一体化而使国家安全、独立与自由受到威胁。正如阿纳斯塔西娅所言，"过去的阴影"，是俄罗斯发起的区域一体化最严重的障碍[①]。

俄罗斯富有扩张的传统，是极具"帝国"特性的国家。300 多年的农奴制历史、俄罗斯人眼中特殊的地缘政治条件，使得暴力、扩张成为俄罗斯政治文化的重要组成部分。大俄罗斯主义、帝国野心、大国情结逐渐变成俄罗斯社会及其民族特性的主要方面，这在苏联时期党和国家的对内外政策上表现得淋漓尽致。苏联时期虽推行民族平等政策，但大俄罗斯思想

---

① Obydenkova, A., "Comparative Regionalism: Eurasian Cooperation and European Integration. The Case for Neofunctionalism?" *Journal of Eurasian Studies* 2 (2), 2011, p. 98.

仍根深蒂固，表现在着力突出俄罗斯联邦的重要地位。就俄罗斯与其他加盟共和国的关系而言，大俄罗斯沙文主义对各加盟共和国不同程度的压迫与歧视，不仅引发苏联时期各加盟共和国与俄罗斯关系的敌对，也使独立后的各国深感一个崛起的俄罗斯对自身的威胁。随着俄罗斯的实力不断强大，由其主导推进的独联体区域一体化是不是其企图恢复昔日帝国的手段，成为独联体区域其他国家不断质疑的问题。苏联解体后，俄罗斯虽多次声明将保证各国的独立与主权，在经济领域也很好地照顾了各国的利益，但在整个发展过程中，仍表现出自己是独联体区域国家间政治经济关系的主导力量的特征。由俄罗斯领导的经济一体化、俄格战争，加上普京的民族主义言论，引发了独联体区域国家的极大关注。即使是普京一直坚持的建立在平等基础上的欧亚联盟构想，也有学者认为它体现了俄罗斯以帝国至少是区域性帝国的方式崛起的路径依赖[1]。乌克兰危机以来俄罗斯的表现，更是让一些学者认为欧亚一体化从一开始就是俄罗斯的新霸权主义策略[2]，而这对独联体国家来说可能是无法接受的。

可见，只要俄罗斯不能在"帝国"问题上打消独联体国家的疑惧，独联体区域一体化尤其是政治一体化就难以取得突破性的进展。

三 有限政治一体化

独联体区域政治一体化是相关独联体国家维护主权独立和区域内安全及提升区域影响力等共同意愿的结果，同时也是大国俄罗斯出于自身利益需求而主导推进的。独联体区域内外的安全问题及大国俄罗斯因素既是独联体区域政治一体化的动因和推动力量，同时也是政治一体化的阻碍因素。"战争、内战、民族冲突是任何形式区域一体化的阻碍"[3]，独联体区域的战争与冲突多数并没有解决，而成为前文所说的"冻结的冲突"，影响相关国家政治一体化的决策。俄罗斯对于其他独联体区域国家而言，既

---

[1] 庞大鹏：《欧亚战略与俄罗斯的发展道路选择》，《世界知识》2014 年第 2 期。

[2] Molchanov, M. A. , "The Eurasian Union and the Reconstitution of the Regional Order in Central Asia," *The FLASCO – ISA Joint Conference*, 2014, p. 6.

[3] Obydenkova, A. , "Comparative Regionalism: Eurasian Cooperation and European Integration. The Case for Neofunctionalism?" *Journal of Eurasian Studies* 2 (2), 2011, p. 99.

是这些国家主权独立与国家安全的"提供者"，也是其独立与安全的"威胁者"。因此无论是"亲俄罗斯"者，还是"去俄罗斯"者，其与俄罗斯的关系都将会维持在一定的限度之内，这些因素决定了独联体区域政治一体化水平的有限性。同时鉴于独联体区域多数国家并没有完成转型过程，国内政治无序，缺乏政治稳定性，这赋予其特殊的国家主权敏感性。随着经济一体化的发展，独联体区域政治一体化有沦为经济一体化框架下的政治合作的风险。

独联体区域政治一体化水平的有限性除受独联体区域内安全问题、俄罗斯因素、转型所致的主权敏感性影响外，还受制于独联体区域经济一体化的实际收益。独联体区域一体化有着不同于欧盟一体化的路径，政治与安全方面的合作优先于经济一体化。拉美、非洲等发展中国家的区域政治、安全合作同样是在经济一体化收益不佳的情况下实现的。可见，区域经济一体化的成功并不是其向政治一体化外溢的充要条件。但理性地讲，区域政治一体化要实现从较低水平、有限领域的政治、安全合作向建立超国家性政治共同体等更高程度的一体化突破，在很大程度上仍取决于区域经济一体化的发展程度，或至少是成员国对经济一体化收益的预期。独联体区域国家没有形成高度发达的和多元化的加工工业，相应地也没有作为经济一体化基础的较高水平的区内贸易。目前，独联体区域经济一体化更多的是形式上的，或者说仅仅建立了经济一体化的制度框架，并没有取得实质性效果。独联体区域内还没有形成推动一体化由经济领域向政治领域发展的有利条件，即难以实现由经济一体化向政治一体化的外溢。

由大国俄罗斯主导下的独联体区域政治一体化应该对其他成员国是有利的或者至少是无害的，这种一体化一旦与其他某些成员国的利益发生了冲突且难以调和，那么鉴于大国俄罗斯的主导地位，就会发生成员国退出的情况，这决定了独联体区域政治一体化参与成员的有限性。因利益冲突而退出的情况在独联体区域政治一体化进程中经常可以看到，格鲁吉亚因与俄罗斯的冲突退出独联体；阿塞拜疆、格鲁吉亚、乌兹别克斯坦作为独联体集体安全条约成员国，在1999年条约续签之时选择退出；其后建立的集体安全条约组织，其成员也仅包括俄罗斯、白俄罗斯、哈萨克斯坦、塔吉克斯坦、吉尔吉斯斯坦，亚美尼亚几个独联体国家；乌兹别克斯坦更是基于自身利益多次进入、退出集体安全条约组织。

　　独联体政治一体化将以何种速度向前发展，达到何种程度，既取决于俄罗斯，也取决于独联体区域其他国家，同时，还将受到美国等独联体区域外因素的影响，可以肯定的是，独联体区域政治一体化之路将是曲折艰难的。

第七章
结论与启示

第一节　独联体区域一体化向何处去

独联体区域一体化的前景受制于多种因素。由于区域一体化是目前国际政治经济发展的潮流和方向，同时国际政治经济格局又处于剧烈变动之中，在这种情况下，要弄清楚独联体区域一体化的发展前景，必须抓住主要矛盾，看清影响独联体区域一体化合作的核心影响因素。根据前文对独联体区域一体化的特点、约束条件、发展路径、主要进展与问题的分析，可以得到以下初步判断。

（一）区域外力量仍将影响独联体区域一体化的方向和进程

由于俄罗斯的经济发展在短期内还难以进入快车道，其区域影响力难以与外部竞争力量抗衡，区域外力量如美国、欧盟、日本、印度等在独联体区域的影响力和参与度都将逐步提升。中国对独联体区域尤其是中亚地区的经济影响也将明显增强。各国利用自身的优势不断实现自身在独联体区域利益的最大化。美国在"9·11"事件后，不断扩大在独联体区域的影响力，不仅试图在中亚地区建立一个排除中、俄并以自身为主导的政治经济秩序，而且逐步向东欧、高加索地区渗透，乌克兰危机就是美国在独联体区域存在感的体现；欧盟通过《欧洲睦邻政策》及《新伙伴关系协定》等不断向独联体区域国家输出制度、标准与价值观，同时宣誓自己与独联体区域国家的特殊关系，试图将部分独联体区域国家纳入其中；土耳其提出建立"突厥语国家联盟"；日本也通过援助、科技合作等多种手段发挥对独联体区域的影响力；中国则通过上海合作组织、"丝绸之路经济带"、亚投行等区域合作机制与中亚等独联体国家展开稳步合作。此外，印度也积极向中亚地区推进，伊朗、巴基斯坦等也经常向独联体区域国家提供俄罗斯所不能提供的商品与服务。独联体区域由单一战略力量主导的历史已经结束，各主要力量平衡与抵抗的战略博弈将在独联体区域一体化的发展中折射出来。多种力量的博弈及长期存在可能会带来独联体区域地缘政治发展与一体化前景的多样性。

（二）次区域一体化将继续领先于整体一体化

独联体区域多元力量的存在在某种程度上会成为俄罗斯在该区域的竞争者，因此，俄罗斯为与其他力量争夺利益，可能会让出部分利益，从而保证一些制度的落实，尤其是经济方面有关制度的落实。通过前文对独联体区域一体化进展的分析可知，独联体区域一体化并没有取得制度层面的预期效果，主导国俄罗斯更希望通过制度层面的落实把整个区域封闭起来，而不急于取得一体化的政治经济效果。欧亚经济联盟的成立印证了俄罗斯以牺牲部分利益为代价，保证制度落实的决心。据悉，在条约签署之前，俄罗斯、白俄罗斯、哈萨克斯坦三国在有关商品的市场限制上仍存在较大分歧，主要集中于石油、天然气、石化产品及农产品的出口补贴，以及医药、医疗器械、烟草及酒类等商品的市场限制问题上。但普京仍决定搁置争议，寻求妥协方案，积极推动按时签署欧亚经济联盟条约。甚至在极为困难的情况下，俄罗斯仍拿出 25 亿美元资助白俄罗斯，目的就是顺利完成签约。基本可以判断，由于俄罗斯与其他力量存在争夺现象及自身力量有限，独联体区域一些次区域的一体化仍将优先于整体一体化获得推进。

（三）乌克兰危机对独联体区域一体化的影响

乌克兰危机对独联体区域一体化的影响是多重的，既有积极的方面，也有消极的方面。

1. 俄罗斯主导和推动独联体区域一体化的意愿与能力的变化

独联体区域一体化是由俄罗斯主导和推动的，这不仅需要俄罗斯的国家意愿，更需要俄罗斯的国家能力。从叶利钦执政后期起，俄罗斯的这种国家意愿一直比较强烈，独联体区域的一体化组织除古阿姆集团外，均由俄罗斯主导和推进。在国家能力方面，虽然与美国对北美一体化提供公共物品的能力有较大差距，但俄罗斯也不是无所作为，可以说在经济领域俄罗斯很好地照顾了各国的利益。乌克兰危机对俄罗斯推动独联体区域一体化的意愿和能力都有较大影响。在意愿上更加强烈了，一方面，乌克兰向欧盟和北约的靠拢使俄罗斯更加清醒地意识到，只有通过独联体区域一体化才能保存自身不断被蚕食的地缘政治空间；另一方面，由危机引发的欧美制裁使俄罗斯经济遭受沉重打击，在国际关系中陷于孤立，在这种形势下，俄罗斯会更加热衷于借独联体区域一体化寻求合作与发展空间，摆脱经济困境与西方的孤立，欧亚经济联盟如期运行就是很好的证明。俄罗斯没有什么时候比现在更愿意推动一体化机制发挥作用了，至少从象征意义上也要维持它，从这方面看这是乌克兰危机对独联体区域一体化的积极影响。但危机后俄罗斯推动一体化的国家能力显然下降了。乌克兰危机以来俄罗斯经济更加低迷，未来几年俄罗斯经济更多的是处于恢复期，前景并不明朗。在这种条件下，俄罗斯为其他独联体国家输血还能坚持多久？俄罗斯要推动一体化向纵深发展，从一般意义上来说，最需要的就是要使一体化的利益和好处更加明显。白俄罗斯的表态就是证明。"白俄罗斯未来对于欧亚经济联盟的立场取决于能够从中得到什么，假如什么也得不到，那么还要这个联盟有什么意义。"[1]

2. 乌克兰危机可能加速独联体区域分离化与碎片化的发展趋势

乌克兰危机带来独联体地区地缘政治剧烈变动，首先是克里米亚以全民公投的形式并入俄罗斯。在克里米亚并入俄罗斯1周年之际，南奥塞梯也与俄罗斯通过签署联盟协议的形式实现两国一体化，其程度与正式合并相差不远。俄罗斯与阿布哈兹也签署了类似的联盟条约。俄罗斯一系列行为引发周边独联体国家尤其是中亚国家的警惕和忧虑，担心克里米亚会成为俄罗斯解决问题的模板。俄罗斯合并克里米亚主要强调两点原因：一是俄罗斯居民在克里米亚居民中占多数，所以俄罗斯一直将克里米亚公民视为自己公民；二是克里米亚对俄罗斯极其重要。独联体区域中亚国家与克里米亚具有类似特征，中亚国家也有大量说俄语的人，同时，在失去乌克

---

① 崔珩：《变了味的欧亚经济联盟》，环球网，http://opinion. huanqiu. com/opinion_world/2014 -06/ 5011582. html/，2014.6.4。

兰后，中亚国家在俄罗斯对外战略中的重要性大大上升。与克里米亚类似的特征，使中亚国家担心俄罗斯对其采取"克里米亚模式"，中亚各国在乌克兰危机后均谨言慎行。

乌克兰危机进一步引发其他独联体国家对俄罗斯主导的独联体区域一体化行为的重新评估。独联体区域任何形式的一体化，前提都是成员国相互承认领土完整。无论是 20 世纪 90 年代的叶利钦时期还是 2000 年以后的普京时期，均强调独联体区域一体化的重要原则之一是各国保持主权的独立性。乌克兰危机以来，其境内发生的战争、俄罗斯兼并克里米亚的行为、俄罗斯领导人频繁使用"俄罗斯世界"的说法等，引发了其他独联体国家对俄罗斯推进独联体区域一体化动因的关注，他们害怕俄罗斯的霸权主义，担心主权、独立与自由的丧失。克里米亚事件引发了一直以来对独联体区域一体化坚定支持的哈萨克斯坦民众反对加入欧亚经济联盟的浪潮。哈萨克斯坦反对派领导人科萨诺夫表示，俄罗斯合并克里米亚和建立欧亚经济联盟是俄罗斯帝国思维的标志。乌克兰危机中俄罗斯的行为使他们不敢也不愿意与俄罗斯进行深层次的合作，他们不接受任何形式的政治合作，今后的合作可能仅限于经济领域，从而使未来独联体区域的政治一体化寸步难行。

就经济一体化而言，乌克兰危机也可能会带来一些影响。如前文所述，乌克兰危机引发的西方制裁使俄罗斯的经济遭受沉重打击，其推动一体化的意愿增强，但能力下降。此外，如果制裁进一步升级，欧美禁止俄罗斯国有银行在欧美资本市场融资的制裁令真的付诸实施，必将影响到独联体地区的货币清算，会对正在探讨的独联体区域货币一体化产生消极影响。更严重的是，欧美对俄罗斯的制裁引起俄罗斯主导的关税同盟对欧盟的反制裁，这不仅导致双方的冲突，而且引起俄罗斯与关税同盟成员国间的嫌隙。因俄罗斯的反制裁，欧盟商品通过白俄罗斯进入俄罗斯市场，引起俄罗斯对白俄罗斯的不满，甚至是引发了双方恢复共同边界检查，这违反了关税同盟的精神。

此外，乌克兰危机后独联体内部的一些力量蠢蠢欲动，包括纳卡、摩尔多瓦的德涅斯特河左岸问题在内的独联体地区"冻结的冲突"面临"解冻"的风险。阿塞拜疆希望利用乌克兰危机中欧亚地区的混乱局势，以强硬手段收复纳卡地区。乌克兰危机引发的一系列民族边界区域自治问题会加速独联体区域分离化与碎片化的发展趋势。

3. 乌克兰危机会削弱一般意义上独联体区域一体化的经济潜力，但不会从根本上动摇已经实现的制度层面的一体化

一般意义上的区域经济一体化在很大程度上是区域内国家产业分工走向细化、深化的结果。区域内国家通过生产、贸易、投资等经济活动使区域内的经济融合在一起，形成相互依赖的整体，在此基础上，相关国家或组织通过制度、法律为区域内经济的融合提供基础和保证，进行共同治理。其主要衡量标准是经济基础与实质性一体化内容，包括区域内资本、货物、人员的自由流动，区域内贸易量占总贸易量的比重等。乌克兰是欧洲重要的经济地区，资源较丰富，工业基础较好，经济结构多样化程度较高，与俄罗斯等以能源为主导产业的独联体国家的经济互补性较强，乌克兰对独联体区域经济一体化具有重要意义。为争取乌克兰加入独联体区域经济一体化，俄罗斯不惜代价。但乌克兰危机后，其加入独联体区域经济一体化的可能性越来越小。具有较强经济潜力和多元化分工的乌克兰的离去，使独联体区域一体化距离一般意义上的一体化更加遥远，削弱了一般意义上独联体区域一体化的潜力。

但独联体区域一体化不同于一般意义上的区域一体化，它是一种自上而下的制度型一体化，是先有提供公共产品的意愿，后有提供区域治理的制度安排。虽然这种制度安排最初是为了解决去一体化的问题，但其具有实现一体化的功能。但由于整个区域经济结构单一，国家间很难形成产业分工，因此由分工和市场驱动所带来的实质性经济融合内容较少。如果失去乌克兰，独联体其余国家都属于现代工业发展比较滞后的，独联体内部出现的少量经济融合也仅与原材料的交易和人员的流动有关，甚至这种原材料的交易也并非出于进口国经济的需要，而是因为出口国有特殊地理需求，如内陆国家的资源需通过进口国家的管线过境，在此基础上才有能源与原材料的采购与运输的一体化。独联体内部的经济融合很少有中间产品贸易的一体化，并不是现代分工意义上的一体化，而是一种原始意义的一体化。从特殊性来看，乌克兰的离去，并不会在很大程度上损害已经实现了的制度层面的一体化，因为独联体区域的一体化更多的是制度和公共产

品供给意义上的一体化，实质上的经济内容还较少。

（四）俄罗斯政治经济前景的决定性作用

独联体区域合作的特点是以俄罗斯为核心与主导力量，因此，俄罗斯的政治经济发展走向及其独联体政策决定着独联体区域一体化的进程和前景。

如前所述，俄罗斯与独联体其他国家实力的严重不对称性，使独联体区域结构呈现俄罗斯"一家独大"的特征。在可以预见的时间内，俄罗斯作为独联体区域一体化的主导力量不会有所改变。但这种"一家独大"结构对独联体区域一体化前景的影响是复杂的。一方面，俄罗斯的独联体政策决定着独联体区域一体化的结构特征与合作路径；另一方面，由于在独联体区域内存在多种国际力量的竞争与博弈，俄罗斯的政治经济实力及其全球竞争力将决定其主导独联体区域一体化的能力。

就目前来看，俄罗斯的国际、国内局势有很多的不确定因素。在政治上，尽管普京仍然维持着极高的民众支持率，但这是以爱国主义和民族主义为激发因素的，这种高支持率需要国家安全事件和国际压力的存在，同时也需要政府控制力和经济基本面的相对稳定。而这些方面也存在许多的不确定性，俄罗斯政治稳定性和政治制度改革的前景充满变数。必须承认，俄罗斯的政治局势和政治制度前景必将决定俄罗斯的独联体区域政策，从而影响独联体区域一体化的前景。

就经济层面而言，乌克兰危机之后，俄罗斯国内经济形势受到国际制裁、油价下跌和卢布贬值的影响，前景并不明朗。从长期看，这场危机对俄罗斯经济的影响可能并不悲观，但在短期内对俄罗斯经济的影响显然是负面的。一方面，在俄罗斯经济增长处于颓势的情况下，俄罗斯作为独联体区域一体化的主导力量，有多大能力提供区域治理的公共产品值得怀疑。同时，这种经济颓势也使得俄罗斯无法在区域经济发展中发挥主导作用，反而有可能被区域外力量削弱其经济影响力，从而使得区域一体化的驱动力削弱甚至逆转。另一方面，俄罗斯的经济危机对其他独联体国家经济有着重要影响，反过来也会影响独联体区域一体化的前景。因与俄罗斯经济联系紧密，在俄罗斯卢布大幅贬值和金融市场震荡的背景下，白俄罗斯卢布被迫贬值近50%，导致白俄罗斯实行外汇管制。俄罗斯经济增长乏力、油价下降、卢布贬值等因素使哈萨克斯坦对俄罗斯的出口下降，货币面临贬值压力。对于中小国家而言，俄罗斯的经济困难可能使其减少对这些国家劳动移民的需求和对外直接投资。外汇收入的减少会引起这些国家的货币恐慌和消费转移，2014 年末 2015 年初这种情况在摩尔多瓦和白俄罗斯曾经发生过①。出于政治的原因，俄罗斯可能会尽力保持对这些中小国家的投资，将投资的减少控制到最低程度，但俄罗斯对这一地区的直接投资仍是其经济危机影响的重要方式。俄罗斯经济危机会对这些国家的经济产生消极影响，甚至会危及这些国家的政治稳定，可能会使这些国家实施贸易保护主义，割断经济联系。同时经济危机可能也会增加主要成员国操控一体化及违规的风险，满足国内的需求，不仅对俄罗斯来说，而且对哈萨克斯坦等其他国家来说都很重要。这些无疑会损害一般意义上独联体区域经济一体化的发展趋势。因此，俄罗斯的经济前景也是独联体区域一体化发展前景的决定性因素。

第二节　基本结论

在本书的研究背景中提出了如下几个问题：在诸多内外约束条件下，独联体区域一体化走什么样的发展路径？在新形势下，俄罗斯等独联体国家采取了各种措施推动独联体区域一体化，其进展如何？未来独联体区域一体化走向如何？循着以上问题的答案得出本书的基本结论。

第一，独联体区域一体化具有二维性，既有经济一体化的内容，又有政治一体化的内容。既是独联体区域整体一体化的过程，也是各次区域一体化发展的结果。

独联体区域一体化是内部的利益诉求和相互间利益妥协的结果，更是对国际环境的反应。独联体国家无论进行政治重建还是经济重建都需要安全稳定的环境，而由于转型出现权力真空，多数国家内部政局不稳，民族矛盾激烈，动乱频现，国家政权面临被颠覆的危险。在大的国际环境方

---

① 〔俄〕亚历山大·利布曼：《乌克兰危机、俄罗斯经济危机和欧亚经济联盟》，杨茗译，《俄罗斯研究》2015 年第 3 期。

面，独联体区域一体化是在国际格局剧烈变动及全球化迅猛发展的国际环境下开始建设并推进的，因此独联体区域一体化的发展路径不可能遵循既定的、由美国提供外部安全保障的欧洲一体化的发展路径，或者是遵循并不存在实质性外部安全威胁、垂直分工明确的北美自由贸易区那样仅限于经济一体化并由一国主导的模式，而将是一种混合型的一体化。在路径上不会遵循从经济一体化到政治一体化的演进，而将根据国际和区域形势的发展，适时解决可以解决的问题，不能解决的问题暂时搁置。

第二，独联体区域一体化既取得了一定的成就，同时也存在一些问题与困境。

对于独联体区域经济一体化来说，独联体区域国家的对外贸易、投资稳步增长；独联体区域国家间相互贸易、投资额有所增加；独联体区域国家贸易、投资结构有一定优化。在政治方面，构建了独联体区域治理机制与制度，尤其是建立了具有超国家性的欧亚经济委员会；集体安全条约组织建立并在其框架下进行了联合军事行动，就国际和地区热点问题上用一个声音说话；独联体的代表参加欧洲安全合作组织会议，并以观察员身份出席联合国大会。尤其值得注意的是俄罗斯、白俄罗斯签署一体化条约，俄罗斯、白俄罗斯联盟建立，进一步推动了独联体区域政治一体化的深化。

独联体区域一体化取得一定进展与成就，但总的来说，独联体区域一体化的水平仍然比较低。在经济方面，独联体区域贸易、投资便利化水平没有明显提升，区域内贸易、投资占比仍然较小，贸易、投资结构没有发生根本性的改变，基础设施存在水平低、布局不合理、发展不平衡、一体化程度低等不足。在政治方面，一体化制度仍缺乏超国家性因素，政治一体化领域、水平有限。

在独联体区域合作机制推动该区域一体化效果不显著的情况下，其区域合作仍如火如荼。从中可见，独联体区域一体化的制度安排是先于经济和政治一体化的实践的，文本合作体现的一体化先于实质性一体化。自此可以得出结论，独联体区域一体化有人为设计和主观推动的特征，是自上而下的，而不是实践诱导、自下而上的。

第三，独联体成员国从一体化中获得的实际收益是独联体区域一体化向纵深发展的重要基础。

独联体区域某些国家间的一体化在很多领域不断深化，同时一些国家的对外联系也更加多样化。土库曼斯坦在2009年12月开通了一条通往中国的重要的天然气管道，并绕过俄罗斯，继续在南方和东方建设能源出口设施。截至2013年，在乌兹别克斯坦并不算丰富的能源产出中，有60%流向了中国①。乌克兰拒绝加入独联体区域经济一体化的关税同盟及统一经济空间，意在与欧盟建立经济联系并最终加入欧盟。阿塞拜疆对俄罗斯没能解决纳卡争端感到失望，仅参加独联体自由贸易区协定。一贯在安全与经济上依赖俄罗斯的亚美尼亚在新形势下也积极寻求多样化的伙伴关系，塔吉克斯坦同样开启了同美国的对话。这表明独联体区域国家尤其是主导国俄罗斯要推进一体化向纵深发展，首先需要使一体化的利益与好处更加明显。也就是说，各国在一体化的实践中所能够获得的好处仍是独联体区域一体化向纵深发展的重要基础。

第四，作为一体化的特殊案例，独联体成员国从一体化中获益的多少不能简单地用标准一体化的收益来衡量。

标准意义上的一体化描述的是一个自下而上的过程，而独联体区域一体化是自上而下的。目前由于结构性问题，独联体区域一体化自身发展动力不足，其一体化的实质性内容还较少。同时独联体地区作为一个特殊区域，其一体化是在全球超级区域一体化和国际格局大变动背景下开始的，其一体化总是受到区域外各种力量的影响。自身力量不足，外部诱惑又太多，独联体国家很难从内部一体化中获得标准的一体化收益，尤其是经济收益。

在全球超级区域一体化和国际格局大变动的大背景下，独联体国家从外部势力的争夺中获得的利益是独联体区域一体化的重要收益，决定了独联体国家对一体化的态度。独联体国家倾向于将独联体区域作为一个整体参与外部一体化，如俄罗斯和中亚国家用欧亚经济联盟这一平台与中国进行博弈和谈判，双方继2015年5月8日签署了《关于丝绸之路经济带建设和欧亚经济联盟建设对接合作的联合声明》后，已经启动了经贸伙伴

---

① 〔英〕理查德·萨科瓦：《欧亚一体化的挑战》，丁端译，《俄罗斯研究》2014年第2期。

合作协定的谈判，最终双方将建立自由贸易区。欧亚经济联盟将作为一个整体与欧盟开展对话，虽然结果具有不确定性，但双方的协商问题已成为欧洲政治中经常讨论的问题。在当前欧美制裁俄罗斯的背景下，欧亚经济联盟作为一个整体与欧盟的合作可能是俄罗斯与欧盟关系取得突破的一个重要渠道，或者至少可以通过两个区域组织的合作建立一座桥梁，以缓和中亚等欧亚经济联盟成员国的外部压力。对于俄罗斯来说，欧亚经济联盟还可以起到削弱其他区域性组织对独联体国家吸引力的作用，如中国的区域合作和欧盟的东部伙伴关系计划等，从而保持俄罗斯在独联体区域的传统影响力。一方面，其他独联体国家积极发展与中国及欧盟国家的双边关系，另一方面又希望在区域的平台上获取更多的收益。正如一些学者所言，独联体区域一体化的目标从来都不是促进一体化，而更多的是一个工具①。可见，独联体区域作为一个整体与外部博弈的结果也是成员国的一体化收益，决定一体化的发展前景。

第三节　启示

独联体区域一体化是世界经济政治格局变动的一个特殊案例。从独联体的成立到区域内多领域一体化的曲折进程，都具有重要的理论意义和经验价值。从理论逻辑看，独联体区域一体化发展至少在以下方面给我们以启示，激发我们的思考和研究。

第一，在冷战结束和全球化快速发展的今天，全球版图结构与边界变动的影响因素越来越复杂。在政治性影响因素中，一方面，区域一体化或去一体化受到意识形态的影响；另一方面，在区域整合的促进力量中，宗教、民族、文化和历史的影响更加显著。从政治性因素和经济性因素的影响力看，尽管经济性因素的影响力在提升，但缺乏政治秩序仍然使得区域经济一体化缺乏前提和基础，经济一体化的收益也许只能停留在"潜在"的层面。就此而言，欧盟当年的一体化能够成功推进，恰恰是因为冷战确

---

① 〔俄〕亚历山大·利布曼：《乌克兰危机、俄罗斯经济危机和欧亚经济联盟》，杨著译，《俄罗斯研究》2015年第3期。

立的政治秩序提供了一个外在的稳定框架，政治因素对欧盟一体化的影响更多地停留在经济一体化对主权管辖的挑战和协商中，而不存在像独联体区域一体化的政治民主化和政治价值观重新整合的前提。

第二，在现代国际背景下，国家间关系主要转向对实际利益的追逐，国际主要政治力量间的博弈变得更加复杂。这使得区域一体化的主导力量和核心利益诉求必须具有主导性作用，才能抵御多元化世界对区域内国家的诱惑。

冷战结束开启了美国一国独大的霸权时代，但单极霸权结构是最不稳定的国际结构。进入 21 世纪，世界多极化发展进入加速阶段。2008 年金融危机标志着世界格局的整合开启了新的时代。在这种背景下，国家间关系既有合作，也有对势力范围的激烈争夺，因此国际战略力量对区域的控制变得更加复杂。区域内走向联合的需求与区域外国际支配力量的博弈，使得独联体一体化进程更加一波三折。区域内主要力量之间的竞争也受到外部因素的制约，美国、欧洲、中国、俄罗斯以及其他世界主要力量，都处于快速变动之中。这种变动势必反映在独联体区域内部，从而影响着独联体区域一体化进程。

第三，独联体区域一体化多层次交替推进，次区域一体化与主导性一体化并行，反映了独联体区域一体化约束条件、利益诉求等问题的复杂性。这正是当前时代国际格局变动与区域整合的最主要特征。

从实践观察，包括已经成功实现深度一体化的欧盟，以及经济一体化比较成功的北美自由贸易区和东南亚国家联盟，都面临新的矛盾和任务。这些矛盾和任务一方面是区域内一体化的负面效应逐渐凸显的结果，另一方面也是国际格局变动对一体化冲击的结果。在这种背景下，独联体区域一体化表现出曲折、反复和多种矛盾交织影响的特征，是一种可以理解和正常的现象。

世界范围内区域一体化发展的新特征提示我们，在区域合作中只有以开放、包容的原则，推进共赢、共荣的合作，才能取得积极的进展。在没有利益共享的情况下，追求区域合作中的主导权和控制权是毫无意义的。

第四，独联体区域一体化在许多领域表现出文本与实体、形式与内容的不一致性，反映了俄罗斯作为独联体区域一体化主要推动力量的困境和难题。

在成功的区域一体化实践中，欧盟有法国、德国经济发展提供的经济红利，北美自由贸易区有美国的巨大市场和技术创新资源，东盟有区域内分工整合带来的经济利益。而在那些区域一体化进展缓慢或经济发展效应比较差的案例中，主导性经济利益缺失往往是区域一体化的主要障碍。独联体区域一体化的曲折过程同样验证了这一点。如果俄罗斯不能尽快恢复经济增长并向区域内成员提供经济发展和分工深化的动力，独联体区域一体化在经济领域的文本与实体、形式与内容的不一致性仍将长期存在。

对中国而言，东亚的历史和文化因素构成了一体化分工合作的重要障碍。这种障碍也使得区域外力量在分化和影响东亚区域一体化方面可以上下其手，左右逢源。但如果中国能够在推动区域一体化合作中提供足够的公共产品和经济利益，在区域一体化合作中实现与伙伴国的共赢、共荣，许多障碍都是可以克服的。因此，练好内功，注重策略，积极进取，将是中国开展周边合作和区域一体化合作的可行方案。

参考文献

▲ 英文文献

[1] Adams, J. S. , "The Dynamics of Integration: Russia and the Near Abroad," *The Journal of Post Soviet Democratization* 6 (1), 1998.

[2] Ahn, Se Young, "Domestic Politics of FTAs and Negotiation Strategy for Economic Integration in East Asia: The Korean Perspective," *Asia-Pacific Economic Association Conference Paper*, 2006.

[3] Aslund, A. , Jenish, N. , "The Eurasian Growth Paradox," *Institute for International Economics Working Paper* 06 (5), 2006.

[4] Atik, S. , "Egional Economic Integrations in the Post-soviet Eurasia: An Analysis on Causes of Inefficiency," *Procedia-Social and Behavioral Sciences* 109 (2), 2014.

[5] Ben Shepherd, Wilson, J. S. , "Trade Facilitation in ASEAN Member Countries: Measuring Progress and Assessing Priorities," *Journal of Asian Economics* 20 (4), 2009.

[6] Blockmans, S. , Kostanyan, H. , Vorobiov, I. , "Towards a Eurasian Economic Union: The Challenge of Integration and Unity," *Social Science Electronic Publishing*, 2012.

[7] Bruce M. Russett, *International Regions and the International System: A Study in Political Ecology* (Chicago: Rand & Menally & Company, 1967).

[8] Chandra, A. C. , *Indonesia and the ASEAN Free Trade Agreement:*

Nationalists and Regional Integration Strategy (London: Lexington Books, 2008).

[9] Christopher A. Hartwell, Senior Research Fellow, "Towards a Eurasian Union: Opportunities and Threats in the CIS Region," *IEMS Emerging Market Brief* (12), 2012.

[10] Constantine, M., David, T., "The Economics of Customs Unions in the Commonwealth of Independent States," *Post-Soviet Geography and Economics* 38 (3), 1997.

[11] Descalzi, C. A. G., "Russian Hegemony in the CIS Region: An Examination of Russian Influence and of Variation in Consent and Dissent by CIS States to Regional Hierarchy," *London School of Economics*, 2011.

[12] Deyermond, R., "The State of the Union: Military Success, Economic and Political Failure in the Russia-Belarus Union," *Europe-Asia Studies* 56 (8), 2004.

[13] Puchala, D. J., "Of Blind Men, Elephants and International Integration," *Journal of Common Market Studies* 10 (3), 1971.

[14] Dragneva, R., Wolczuk, K., "Russia, the Eurasian Customs Union and the EU: Cooperation, Stagnation or Rivalry?" *Social Science Electronic Publishing*, 2012.

[15] Drahokoupil, J., Myant, M., "International Integration and Resilience to Crisis in Transition Economies," Available at SSRN 1546423, 2010.

[16] Tarr. D. G., "The Eurasian Economic Union of Russia, Belarus, Kazakhstan, Armenia, and the Kyrgyz Republic: Can it Succeed Where its Predecessor Failed?" *Social Science Electronic Publishing* 54 (1), 2016.

[17] Engman, M., "The Economic Impact of Trade Facilitation," *OECD Trade Policy Working Paper* No. 21, 2009.

[18] Ernst B. Haas, *Beyond the Nation-state: Functionalism and International Organization* (California: Stanford University Press, 1964).

[19] Ernst B. Haas, *The Uniting of Europe: Political, Social, and Economic Force 1950 – 1957* (California: Stanford University Press, 1958).

［20］ Fmachlup, A. , *History of Thought on Economic Integration* (London: Macmillan Press, 1977).

［21］ Freinkman, L. , Polyakov, E. , Revenco, C. , "Trade Performance and Regional Integration of the CIS Countries," Available at SSRN 2401724, 2004.

［22］ Grinberg, R. S. , "Russia in the Post-Soviet Space: Search for Rational Behavior and Prospects of Economic Integration," The United Nations Economic Commission for Europe, 2005.

［23］ Gurova, I. , "Regional Trade and Trade Integration in the CIS," *Eurasian Integration Yearbook 2009*, ed. Vinkurov, E. (Almaty: RUAN Publishing Company, 2009).

［24］ Havlik, P. , "Russian Economic and Integration Prospects," *Integration* 34 (9), 2008.

［25］ Idrisov, G. & Taganov, B. , "Regional Trade Integration in the CIS Area," *Mpra Paper* No. 50952, 2013.

［26］ Kaveshnikov, N. , "Developing the Institutional Structure of the Eurasian Economic Community," *Eurasian Integration Yearbook 2011*, ed. Vinkurov, E. (Almaty: RUAN Publishing Company, 2011).

［27］ Kembayev, Z. , *Legal Aspects of the Regional Integration Processes in the Post-Soviet Area* (Berlin: Springer-verlag, 2009).

［28］ Karl W. Deutsch et al. , *Political Community and the North Atlantic Area* (New Jersey: Princeton University Press, 1957).

［29］ Kirkham, K. , "The Formation of the Eurasian Economic Union : How Successful is the Russian Regional Hegemony ?" *Journal of Eurasian Studies* 7 (2), 2016, p. 117.

［30］ Kuznetsov, A. , "Shifts in Sector Structure of Mutual Direct Investments of the CIS Countries," *Eurasian Integration Yearbook 2013*, ed. Vinkurov, E. (Almaty: RUAN Publishing Company, 2013).

［31］ Larrabee, F. S. , " Russia and its Neighbours: Integration or Disintegration," *The Global Century* (2), 2001.

［32］Lapenko, M. , "The Ukrainian Crisis and its Effect on the Project to Establish a Eurasian Economic Union, " *Connections the Quarterly Journal* 14 (1), 2014, p. 126.

［33］Leon, N. Lindberg, *Europe's World-Be Polity：Patterns of Change in the European Community* (Englewood Cliffs, NJ：Prentice Hall, 1970).

［34］Libman, A. , "Big Business and Quality of Institutions in the Post-Soviet Space：Spatial Aspects," *Discourses in Social Market Economy*, 2007.

［35］Libman, A. , "Interaction of the European and Post-Soviet Economic Integration in Eastern Europe," *Mpra Paper* No. 10943, 2008.

［36］Libman, A. , "Federalism and Regionalism in Transition Countries：A Survey," *Munich Personal RePEc Archive Paper*, *Mpra Paper* No. 29196, 2008.

［37］Libman, A. , Vinokurov, E. , "Regional Integration and Economic Convergence in the Post-Soviet Space：Experience of the Decade of Growth," *Mpra Paper* No. 21594, 2010.

［38］Libman, A. , "Internal Centralization and International Integration in the Post-Soviet Space," *Mpra Paper* No. 21882, 2010.

［39］Libman, A. , "Commonwealth of Independent States and Eurasian Economic Community," *International Democracy Watch*, *2011*.

［40］Libman, A. , "Russian Federalism and Post-Soviet Integration：Divergence of Development Paths," *Europe-Asia Studies* 63 (8), 2011.

［41］Lindberg, L. N. , "Integration as a Source of Stress on the European Community System," *International Organization* 20 (02), 1966.

［42］Lindberg, L. N. , *The Political Dynamics of European Economic Integration* (California：Stanford University Press, 1963).

［43］Linn, J. F. , Johannes, F. , "Economic (Dis) Integration Matters：The Soviet Collapse Revisited," The Brookings Institution, 2004.

［44］Linn, J. F. , Tiomkin, D. , "Economic Integration of Eurasia：Opportunities and Challenges of Global Significance," *CASE Network Studies and Analyses* (298), 2005.

[45] Lúcio, V. D. S. , "An Initial Estimation of the Economic Effects of the Creation of the EurAsEC Customs Union on its Members," *World Bank-Economic Premise* (47) , 2011.

[46] Machlup, F. , *A History of Thought on Economic Integration* (London: Macmillan, 1977) .

[47] Runiewicz, M. , Antonova, H. , "The Role of Commonwealth of Independent States (CIS) in the Economic Integration and Political Stability of the Region," *TIGER Working Paper Series* (83) , 2006.

[48] Margareta Drzeniek Hanouz, Hierry Geiger, Sean Doherty, *The Global Enabling Trade Report 2014* (Published by the World Economic Forum, 2014) .

[49] Mayes, D. G. , Korhonen, V. , "The CIS-Does the Regional Hegemon Facilitate Monetary Integration? " *Social Science Electronic Publishing* 107 (3) , 2007.

[50] Molchanov, M. A. , "The Eurasian Union and the Reconstitution of the Regional Order in Central Asia," *The FLASCO-ISA Joint Conference*, 2014.

[51] Mostafa, G. , "The Concept of 'Eurasia': Kazakhstan's Eurasian Policy and its Implications," *Journal of Eurasian Studies* 4 (2) , 2013.

[52] Myant, Martin, Drahokoupil, Jan, "Central Asian Republics: Forms of International Integration and the Impact of the Crisis of 2008," *Geophysical Journal International* 5 (1) , 2013.

[53] Nashiraliyev, Y. , "Economic Integration in the Commonwealth of Independent State— Perspectives, Problems, Solution," *Arkansas Historical Quarterly* 24 (1) , 2009.

[54] Neufeld, N. , "Trade Facilitation Provisions in Regional Trade Agreements Traits and Trends," *WTO Staff Working Paper*, 2014.

[55] Obydenkova, A. , "Comparative Regionalism: Eurasian Cooperation and European Integration— The Case for Neofunctionalism? " *Journal of Eurasian Studies* 2 (2) , 2011.

［56］ Petrov, R. , "Regional Integration in the Post-USSR Area: Legal and Institutional Aspects," *Law and Business Review of the Americas* 10 (3), 2004.

［57］ Raven, J. , *Trade and Transport Facilitation: A Toolkit for Audit, Analysis, and Remedial Action* (World Bank Publications, 2001).

［58］ Shadikhodjaev, S. , "Trade Integration in the CIS Region: A Thorny Path Towards a Customs Union," *Journal of International Economic Law* (3), 2009.

［59］ Samuel P. Huntington, *Political Order in Changing Societies* (New Haven and London: Yale University Press, 1973).

［60］ Singh, J. T. IV. , "Process of Institutionalisation and Democratisation in ASEAN: Features, Challenges and Prospects of Regionalism in Southeast Asia," *Unisci Discussion Papers* (16), 2008.

［61］ Terzi, N. & Turgan, E. , "An Analysis of Trade Integration in the Commonwealth of Independent States Region," International Conference on Eurasian Economies, 2010.

［62］ Ursu, A. , "Monetary Integration in the Ex-Soviet Union: Some Preliminary Findings from Generalized PPP Theory," Available at SSRN 1716002, 2010.

［63］ Van der Loo, G. , Van Elsuwege, P. , "Competing Paths of Regional Economic Integration in the Post-Soviet Space: Legal and Political Dilemmas for Ukraine," *Review of Central and East European Law* 37 (4), 2012.

［64］ Lúcio, V. D. S. , "An Initial Estimation of the Economic Effects of the Creation of the EurAsEC Customs Union on Its Members," *World Bank-Economic Premise* (47), 2011.

［65］ Vinokurov, E. , "Russian Approaches to Integration in the Post-Soviet Space in the 2000s," *The CIS, the EU and Russia: The Challenges of Integration*, ed. Malfliet, K. Verpoest, L. , Vinokurov, E. (London: Palgrave Macmillan, 2007).

［66］ Vinokurov, E., Dzhadraliyev, M., Shcherbanin, Y., "The EurAsEC Transport Corridors," *Eurasian Integration Yearbook 2009*, ed. Vinokurov, E. (Almaty: RUAN Publishing Company, 2010).

［67］ Vinokurov, E., *The System of Indicators of Eurasian Integration 2009* (Almaty: RUAN Publishing Company, 2010).

［68］ Vinokurov, E., Libman, A., "Eurasia and Eurasian Integration: Beyond the Post-Soviet Borders," *Eurasian Integration Yearbook 2012*, ed. Vinkurov, E. (Almaty: RUAN Publishing Company, 2012).

［69］ Vinokurov, E., Libman, A., "Post-Soviet Integration Breakthrough—Why the Customs Union has more Chances than its Predecessors," *Mpra Paper* No. 62026, 2012.

［70］ Vinokurov, E., "Emerging Eurasian Continental Integration Trade, Investment, and Infrastructure," *Global Journal of Emerging Market Economies* 6 (1), 2014.

［71］ Vinokurov, E., "Eurasian Economic Union: Current State and Preliminary Results," *Russian Journal of Economics* 3 (1), 2017.

［72］ Wilson, J., Mann, C. L. & Otsuki, T., "Trade Facilitation and Economic Development Measuring the Impact," *World Bank Policy Research Working Paper* 2988, 2003.

［73］ Wilson, J. S., Mann, C. L. & Otsuki, T., "Assessing the Potential Benefit of Trade Facilitation: A Global Perspective," *World Bank Policy Research Working Paper* 3224, 2004.

［74］ Wilson, J. S., Otsuki, T., "Regional Integration in South Asia: What Role for Trade Facilitation?" *World Bank Policy Research Working Paper* 4423, 2007.

▲ 中文文献

［1］〔俄〕K. C. 哈吉耶夫：《后苏联空间》，《俄罗斯中亚东欧研究》2006 年第 2 期。

［2］〔俄〕亚历山大·利布曼：《乌克兰危机、俄罗斯经济危机和欧亚经

济联盟》，杨茗译，《俄罗斯研究》2015年第3期。

[3]〔美〕塞缪尔·P. 亨廷顿：《变化社会中的政治秩序》，王冠华等译，上海人民出版社，2008。

[4]〔美〕安德鲁·莫劳夫奇克：《欧洲的抉择——社会目标和政府权力：从墨西拿到马斯特里赫特》，赵晨、陈志瑞译，社会科学文献出版社，2008。

[5]〔美〕多米尼克·萨瓦尔多：《国际经济学》（第9版），杨冰译，清华大学出版社，2008。

[6]〔美〕布热津斯基：《大棋局——美国的首要地位及其地缘战略》，中国国际问题研究所译，上海人民出版社，1998。

[7]〔美〕汉斯·摩根索：《国家间政治》，徐昕、郝望等译，中国人民公安大学出版社，1990。

[8]〔美〕卡尔·多伊奇：《国际关系分析》，周启朋等译，世界知识出版社，1992。

[9]〔美〕肯尼斯·沃尔兹：《国际政治理论》，胡少华、王红缨译，中国人民公安大学出版社，1992。

[10]〔美〕罗伯特·基欧汉：《霸权之后：世界政治经济中的合作与纷争》，苏长和等译，上海人民出版社，2001。

[11]〔美〕罗伯特·吉尔平：《国际关系政治经济学》（第2版），杨宇光等译，上海人民出版社，2011。

[12]〔美〕罗伯特·吉尔平：《全球政治经济学——解读国际经济秩序》，杨宇光、杨炯等译，上海人民献出版社，2006。

[13]〔美〕曼瑟尔·奥尔森：《集体行动的逻辑》，陈郁等译，格致出版社，2011。

[14]〔美〕小约瑟夫·奈：《理解国际冲突：理论与历史》，张小明译，上海人民出版社，2002。

[15]〔美〕亚历山大·温特：《国际政治的社会理论》，秦亚青译，上海人民出版社，2000。

[16]〔美〕约翰·伊特韦尔、默里·米尔盖特、彼得·纽曼编《新帕尔格雷夫经济学大词典》（第2卷），经济科学出版社，1996。

[17] 〔美〕詹姆斯·多尔蒂、小罗伯特·普法尔茨格拉夫：《争论中的国际关系理论》（第 2 版），阎学通、陈寒溪等译，世界知识出版社，2003。

[18] 〔英〕大卫·兰恩：《世界体系中的后苏联国家：欧盟新成员国、独联体成员国和中国之比较》，《俄罗斯研究》2010 年第 5 期。

[19] 〔英〕亚当·斯密：《国民财富的性质和原因的研究》（上卷），郭大力等译，商务印书馆，1972。

[20] 〔英〕理查德·萨克瓦：《欧亚一体化的挑战》，丁端译，《俄罗斯研究》2014 年第 2 期。

[21] 〔德〕贝娅特·科勒-科赫、托马斯·康策尔曼和米歇勒·克诺特：《欧洲一体化与欧盟治理》，顾俊礼等译，中国社会科学出版社，2004。

[22] 白靖宸：《独联体内部经贸关系发展初探》，《世界经济》1988 年第 12 期。

[23] 保建云：《国际区域合作的经济学分析：理论模型与经验证据》，中国经济出版社，2008。

[24] 毕洪业：《独联体经济一体化影响因素分析》，《今日东欧中亚》1999 年第 2 期。

[25] 毕洪业：《后冷战时期俄罗斯的外交构想及评价》，《东北亚论坛》2009 年第 7 期。

[26] 毕洪业：《欧亚经济联盟：普京"重返苏联"?》，《世界知识》2014 年第 14 期。

[27] 边桂利：《独联体各成员国要独也要联》，《世界经济与政治》1995 年第 1 期。

[28] 包良明：《俄罗斯、白俄罗斯、哈萨克斯坦加快一体化进程》，《东欧中亚研究》1995 年第 6 期。

[29] 陈新明：《独联体前景析论》，《现代国际关系》2006 年第 11 期。

[30] 陈新明：《俄罗斯与独联体国家关系：新趋势与新战略》，《俄罗斯中亚东欧研究》2009 年第 4 期。

[31] 陈玉刚：《国家与超国家：欧洲一体化理论比较研究》，上海人民出

版社，2001。

［32］ 陈玉荣：《俄罗斯"现代化外交评析"》，《国际问题研究》2011 年第 4 期。

［33］ 程伟、徐坡岭等：《经济全球化与经济转轨互动研究》，商务印书馆，2005。

［34］ 程伟、徐坡岭等：《中东欧独联体国家转型比较研究》，经济科学出版社，2012。

［35］ 程亦军：《后苏联空间一体化前景暗淡》，《俄罗斯学刊》2013 年第 1 期。

［36］ 程敏：《普京欧亚联盟构想及其发展前景》，《国际研究参考》2013 年第 7 期。

［37］ 段景辉、黄丙志：《贸易便利化水平指标体系研究》，《科学发展》2011 年第 7 期。

［38］ 房乐宪：《欧洲政治一体化：理论与实践》，中国人民大学出版社，2009。

［39］ 冯绍雷：《普京外交》，上海人民出版社，2004。

［40］ 冯绍雷：《原苏东、南欧、拉美与东亚国家转型的比较研究》，《世界经济与政治》2004 年第 8 期。

［41］ 冯绍雷：《"颜色革命"：大国间的博弈与独联体的前景》，《俄罗斯研究》2005 年第 3 期。

［42］ 冯绍雷：《俄罗斯与大国及周边关系》，上海人民出版社，2005。

［43］ 冯玉军：《色彩革命与独联体的未来》，《俄罗斯研究》2005 年第 3 期。

［44］ 冯玉军：《上海合作组织的战略定位与发展方向》，《现代国际关系》2006 年第 11 期。

［45］ 顾志红：《评析普京在新任期内的独联体政策》，《俄罗斯中亚东欧研究》2004 年第 5 期。

［46］ 顾志红：《评俄罗斯的新独联体政策》，《俄罗斯中亚东欧研究》2006 年第 2 期。

［47］ 顾炜：《双重结构与俄罗斯地区一体化战略》，《世界经济与政治》2013 年第 10 期。

[48] 顾炜：《地区战略与大国崛起时对周边小国的争夺——俄罗斯的经验教训及其对中国的启迪》，《世界经济与政治》2015年第1期。

[49] 郭连成：《经济全球化与转轨国家经济联动效应论》，《世界经济与政治》2001年第12期。

[50] 郭晓琼：《"梅普"时期的俄罗斯经济：形势、政策、成就及问题》，《东北亚论坛》2012年第6期。

[51] 贺成全：《论独联体经济一体化》，《经济地理》1999年第2期。

[52] 东北师范大学、中国科学院地理研究所：《苏联经济地理》，科学出版社，1983。

[53] 黄登学：《俄格冲突的影响探析》，《国际论坛》2009年第1期。

[54] 黄登学：《俄罗斯构建"欧亚联盟"的制约因素》，《当代世界社会主义问题》2012年第4期。

[55] 姜文学：《国际经济一体化的新特性与大国战略》，东北财经大学出版社，2009。

[56] 姜振军：《俄罗斯外交调整的背景和意图探析——俄罗斯对外政策十年综述》，《西伯利亚研究》2004年第3期。

[57] 解超：《试析独联体国家经济关系的新特征》，《今日东欧中亚》1995年第3期。

[58] 解建群：《独联体的国际地位及前景》，《国外理论动态》2004年第2期。

[59] 金安：《欧洲一体化的政治分析》，学林出版社，2004。

[60] 康瑞华：《试析影响独联体一体化的因素》，《当代世界社会主义问题》1998年第4期。

[61] 勒会新：《独联体以及影响其走向的内部因素分析》，《俄罗斯中亚东欧研究》2006年第4期。

[62] 陆南泉、李建民：《独联体的未来经济格局》，《国际技术经济研究》1995年第4期。

[63] 陆南泉、蒋菁：《当今研究俄罗斯与中亚国家关系应关注的几个问题》，《探索与争鸣》2014年第7期。

[64] 李福川：《俄、白、哈关税同盟及其对上海合作组织的影响》，《俄

罗斯中亚东欧市场》2011 年第 7 期。

［65］ 李格琴：《从社会学视角解读“安全”本质基启示》，《国外社会科学》2009 年第 3 期。

［66］ 李建民：《独联体经济一体化现状及趋势》，《东欧中亚研究》1999 年第 3 期。

［67］ 李建民：《独联体经济一体化十年评析》，《东欧中亚研究》2001 年第 5 期。

［68］ 李建民： 《独联体国家投资环境研究》，社会科学文献出版社，2013。

［69］ 李同升：《苏联地区地缘政治格局及其演变分析》，《世界地理研究》1997 年第 2 期。

［70］ 李新：《俄罗斯推进欧亚经济一体化战略分析》，《学术交流》2010 年第 10 期。

［71］ 李新：《普京欧亚联盟设想：背景、目标及其可能性》，《现代国际关系》2011 年第 11 期。

［72］ 李兴：《论上海合作组织的发展前途——基于中俄战略构想比较分析的视角》，《东北亚论坛》2009 年第 1 期。

［73］ 李兴：《普京欧亚联盟评析》，《俄罗斯研究》2012 年第 6 期。

［74］ 李亚龙、吴丽坤： 《欧亚国际运输走廊问题及中国的应对之策》，《俄罗斯学刊》2011 年第 6 期。

［75］ 李亚林：《独联体存在的问题与前途》，《俄语学习》2009 年第6 期。

［76］ 李淑云：《地缘政治与中亚五国民族问题》，《俄罗斯中亚东欧研究》2005 年第 4 期。

［77］ 李义虎：《论国际格局的作用规律及其对政策偏好的影响》，《山西大学学报》2004 年第 6 期。

［78］ 李越：《天然气管网数值模拟》，硕士学位论文，中南石油学院，2005。

［79］ 李允华：《俄白决定建立联盟国家的原因及影响》，《西伯利亚研究》1999 年第 3 期。

［80］ 李中海：《普金八年：俄罗斯复兴之路（2000～2008）（经济卷）》，

经济管理出版社，2008。

[81] 李中海：《俄罗斯经济外交理论与实践》，社会科学文献出版社，2011。

[82] 林丽华：《独联体演进态势的交易成本视角分析》，博士学位论文，辽宁大学，2007。

[83] 林治华：《白俄罗斯、哈萨克斯坦、俄罗斯、乌克兰统一经济空间研究举要》，《俄罗斯中亚东欧研》2006 年第 3 期。

[84] 刘桂玲：《俄罗斯外交政策新调整》，《国际资料信息》2011 年第 1 期。

[85] 刘侣萍、崔启明：《俄罗斯海外军事存在的现状及前景分析》，《俄罗斯研究》2007 年第 1 期。

[86] 刘小军：《独联体一体化将如何发展》，《世界经济与政治》1996 年第 3 期。

[87] 柳丰华：《苏联解体后俄罗斯的西部安全环境与西部安全战略》，博士学位论文，中国社会科学院，2002。

[88] 柳丰华：《俄罗斯与中亚——独联体次地区一体化研究》，经济管理出版社，2010。

[89] 乐峰：《东正教史》，中国社会科学出版社，2005。

[90] 欧阳向英：《欧亚联盟——后苏联空间俄罗斯发展前景》，《俄罗斯中亚东欧研究》2012 年第 4 期。

[91] 潘广云：《独联体经济一体化举步维艰》（上），《中国经济时报》第 4 版，2006 年 11 月 16 日。

[92] 潘广云：《欧亚经济共同体经济一体化及其效应分析》，《东北亚论坛》2010 年第 7 期。

[93] 潘广云：《独联体框架内次区域经济一体化问题研究》，北京师范大学出版社，2011。

[94] 庞大鹏：《普京八年：俄罗斯复兴之路（2000~2008）（政治卷）》，经济管理出版社，2008。

[95] 庞大鹏：《欧亚战略与俄罗斯的发展道路选择》，《世界知识》2014 年第 2 期。

[96] 钱颖一：《理解现代经济学》，《经济社会体制比较》2002 年第 2 期。

[97] 秦放鸣：《中亚国家铁路运输的现状、问题与发展探析》，《开发研究》2007 年第 4 期。

[98] 曲文轶：《普京新政与俄罗斯经济政策走向》，《国际经济评论》2012 年第 3 期。

[99] 沈铭辉：《东亚国家贸易便利化水平测算及思考》，《国际经济合作》2009 年第 7 期。

[100] 沈铭辉：《金砖国家合作机制探索——基于贸易便利化的合作前景》，《太平洋学报》2011 年第 10 期。

[101] 宋锦海：《独联体国家建立自由贸易区的现状和前景》，《东欧中亚市场研究》2000 年第 4 期。

[102] 宋新宁：《欧洲一体化研究的政治经济学方法》，《国际观察》2004 年第 5 期。

[103] 宋志芹：《普京建立欧亚联盟计划的动因和变数分析》，《西伯利亚研究》2013 年第 1 期。

[104] 孙光荣：《俄白联盟国家发展的新情况、原因及前景》，《俄罗斯研究》2002 年第 4 期。

[105] 孙晓谦：《独联体经济一体化进展概况》，《西伯利亚研究》1997 年第 2 期。

[106] 孙忠颖：《区域经济组织的贸易便利化研究》，博士学位论文，南开大学，2009。

[107] 谭德峰：《俄罗斯独联体政策研究》，博士学位论文，吉林大学，2009。

[108] 滕仁：《古阿姆集团发展走势的地缘政治分析》，《俄罗斯中亚东欧研究》2010 年第 2 期。

[109] 田国强：《现代经济学的基本分析框架与研究方法》，《经济研究》2005 年第 2 期。

[110] 王海运：《独联体发展的主要影响因素分析》，《俄罗斯研究》2005 年第 3 期。

[111] 王郦久：《试论俄罗斯的国际定位与战略走向》，《现代国际关系》2005 年第 4 期。

[112] 王郦久：《俄罗斯的独联体政策及其走势》，《现代国际关系》2005年第11期。

[113] 王郦久：《俄"欧亚联盟"战略及其对中俄关系的影响》，《现代国际关系》2012年第4期。

[114] 王树春、万青松：《试论欧亚联盟的未来前景》，《俄罗斯研究》2012年第2期。

[115] 王维然、朱敏、吴维君：《俄白哈关税同盟的贸易结构和效应研究》，《俄罗斯中亚东欧市场》2011年第12期。

[116] 王晓军：《俄罗斯中亚地区军事安全战略与军事政策解析》，《俄罗斯中亚东欧研究》2011年第1期。

[117] 王新俊、王用林：《独联体十年发展与俄罗斯的选择》，《俄罗斯研究》2002年第4期。

[118] 王彦、李凤艳：《俄罗斯对独联体地区安全的影响力分析》，《国际论坛》2012年第5期。

[119] 王彦：《独联体地区安全结构分析》，《俄罗斯中亚东欧研究》2011年第3期。

[120] 王彦：《独联体集体安全条约组织安全合作模式分析》，《外交评论》2007年第98期。

[121] 王彦：《后苏联空间地区化视角下的俄白联盟》，《西伯利亚研究》2007年第1期。

[122] 王鹤：《欧盟经济概论》，中国社会科学出版社，2014。

[123] 韦红、邢来顺：《国内政治与东盟一体化进程》，《当代亚太》2010年第2期。

[124] 吴大辉：《新世纪初的独联体：转机与挑战》，《俄罗斯中亚东欧研究》2003年第2期。

[125] 吴大辉：《美国在独联体地区策动"颜色革命"的三重诉求》，《俄罗斯中亚东欧研究》2006年第2期。

[126] 肖欢容：《地区主义理论的历史演进》，博士学位论文，中国社会科学院，2002。

[127] 邢广程：《中国和新独立的中亚国家关系》，黑龙江教育出版社，

1996。

[128] 徐坡岭：《俄罗斯国家发展新战略》，《国际经济评论》2012 年第
3 期。

[129] 徐坡岭：《俄罗斯经济转型轨迹研究》，经济科学出版社，2002。

[130] 许志新：《独联体向"灰色区域"演变——论俄罗斯对独联体政策
的危机》，《欧洲研究》2005 年第 3 期。

[131] 许志新：《俄罗斯对独联体政策（1992～2000 年)》，《欧洲研究》
2001 年第 5 期。

[132] 杨基明：《独联体与地区经济一体化实验》，《经济社会体制比较》
1998 年第 3 期。

[133] 杨恕、张会丽：《评上海合作组织与独联体集体安全条约组织之间
的关系》，《俄罗斯中亚东欧研究》2012 年第 1 期。

[134] 杨小凯、张永生：《新兴古典经济学与超边际分析》，中国人民大
学出版社，2003。

[135] 于滨：《普京三任外交启动：光荣、梦想与现实》，《俄罗斯研究》
2012 年第 6 期。

[136] 张弛：《独联体经济一体化问题的若干分析》，《俄罗斯中亚东欧研
究》2005 年第 1 期。

[137] 张弘：《"古阿姆"与独联体的未来走向》，《国际论坛》2009 年第
3 期。

[138] 张弘：《独联体经济一体化中的认同困境》，《俄罗斯中亚东欧研
究》2014 年第 3 期。

[139] 张宁：《欧亚经济共同体在海关、能源和交通领域的合作现状》，
《俄罗斯中亚东欧市场》2007 年第 1 期。

[140] 张蕴岭：《世界区域化的发展与模式》，世界知识出版社，2004。

[141] 赵绪生：《冷战后国际格局多极化问题的再思考》，《中共福建省委
党校学报》2002 年第 8 期。

[142] 赵银亮：《民主化与区域主义相关性研究》，《东南亚研究》2011
年第 2 期。

[143] 郑润宇：《从俄罗斯全球战略视角剖析俄哈关系安全模式》，《俄罗

斯研究》2011 年第 5 期。

[144] 郑润宇:《海关同盟:俄哈促进的欧亚一体化的起点》,《国际经济评论》2011 年第 6 期。

[145] 郑羽、柳丰华:《普金八年:俄罗斯复兴之路(2000~2008)(外交卷)》,经济管理出版社,2001。

[146] 郑羽:《独联体:1991-2002》,社会科学文献出版社,2005。

[147] 郑羽:《独联体十年:现状、问题、前景》(上、下卷),世界知识出版社,2001。

[148] 郑羽:《俄罗斯的独联体政策:十年间的演变》,《东欧中亚研究》2001 年第 4 期。

[149] 周茜:《贸易便利化测评体系及其对我国对外贸易影响研究》,硕士学位论文,湖南大学,2007。

[150] 周尚文、胡键:《俄白联盟与一体化理论解读》,《国际观察》2002 年第 6 期。

[151] 周延丽、王兵银:《推进上海合作组织发展——俄罗斯实施区域经济一体化的重要战略选择》,《俄罗斯中亚东欧研究》2006 年第 3 期。

[152] 朱立群:《欧洲一体化理论:研究问题、路径与特点》,《国际政治研究》2008 年第 4 期。

[153] 朱显平、邹向阳:《上海合作组织框架下的区域经济一体化:进展与动力》,《俄罗斯中亚东欧研究》2010 年第 3 期。

[154] 朱玉荣:《转轨国家参与区域经济合作的战略选择》,《世界贸易组织动态与研究》2012 年第 2 期。

[155] 祝政宏:《论当前阻碍俄罗斯复兴的三大因素》,《新疆社会科学》2011 年第 1 期。

[156] 左长青:《独联体经济一体化的推进与俄罗斯的作用》,《东北亚论坛》1996 年第 3 期。

▲ 主要网址

[1] http://aric. adb. org/integrationindicators.

[2] http://comtrade. un. org/db/mr/daCommoditiesResults. aspx? px = BE&cc

= TOTAL.

[3] http：//news. 163. com/14/0103/08/9HLBII8300014MTN. html.

[4] http：//news. xinhuanet. com/world/2012 – 12/12/c_124083528. htm.

[5] http：//ru. mofcom. gov. cn/aarticle/ztdy/201203/20120308028649. html.

[6] http：//unctad. org/en/Pages/Statistics. aspx.

[7] http：//www. eia. gov/emeu/cabs/caspian. html.

[8] http：//www. hljdeny. com/cn_public_html/CR_NewsList_view. Asp？ id = 762.

[9] http：//www. mofcom. gov. cn/aarticle/i/jyjl/m/201110/20111007766748. html.

[10] http：//www. rmlt. com. cn/2014/0918/320299. shtml.

[11] http：//www. southcn. com/nfdaily/international/content/2012 – 06/05/content_47321064. htm.

[12] http：//www. wto. org/english/thewto_ e/whatis_ e/tif_ e/org6_ e. htm.

[13] http：//www. xjass. com/zys/content/2008 – 06/11/content_6400. htm.

图书在版编目（CIP）数据

独联体区域一体化：路径与进展/肖影著. -- 北
京：社会科学文献出版社，2018.5
（转型国家经济政治丛书）
ISBN 978 - 7 - 5201 - 2664 - 9

Ⅰ.①独… Ⅱ.①肖… Ⅲ.①区域经济一体化 - 研究
- 独联体 Ⅳ.①F151.2

中国版本图书馆 CIP 数据核字（2018）第 086205 号

· 转型国家经济政治丛书 ·

独联体区域一体化：路径与进展

著　　者 / 肖　影

出 版 人 / 谢寿光
项目统筹 / 周　丽　高　雁
责任编辑 / 颜林柯

出　　版 / 社会科学文献出版社 · 经济与管理分社（010）59367226
　　　　　 地址：北京市北三环中路甲 29 号院华龙大厦　邮编：100029
　　　　　 网址：www. ssap. com. cn
发　　行 / 市场营销中心（010）59367081　59367018
印　　装 / 三河市龙林印务有限公司

规　　格 / 开　本：787mm × 1092mm　1/16
　　　　　 印　张：13　字　数：206 千字
版　　次 / 2018 年 5 月第 1 版　2018 年 5 月第 1 次印刷
书　　号 / ISBN 978 - 7 - 5201 - 2664 - 9
定　　价 / 79.00 元